제왕의 스승

장 량

제왕의 스승

장량

위리 지음 | 김영문 옮김

더봄

일러두기

1. 이 책은 『風神謀士-張良傳』(魚麗 著, 上海遠東出版社, 2008)의 한국어 완역본이다.

2. 이 책의 중국어 고유명사 우리말 표기는 원칙적으로 국립국어원 중국어표기법을 따랐다. 다만 중국 고대 지명 표기는 우리말 한자음으로 표기하고, 괄호 안에 한자와 현대 중국 지명을 밝혔다.

3. 중국 지명 중 '陝西省'과 '山西省'은 모두 우리말로 '산시성'이라 표기되지만 이 책의 '산시성'은 모두 '陝西省'을 가리키므로 첫 번째 경우를 제외하고는 한자를 병기하지 않았다.

4. 이 책의 원본에 오자나 오류가 있는 경우에는 따로 표시하지 않고 바로 교정하여 번역했다.

5. 이 책의 각주는 모두 옮긴이의 주석이다. 이 주석 중 몇 대목은 옮긴이의 번역본 『원본 초한지-서한연의』(교유서가, 2019)를 참고했다.

6. 부록에 실은 소식(蘇軾)의 「유후론(留侯論)」과 「장량 연보」는 장량을 이해하기 위한 필수 자료이므로 원본에는 없지만 옮긴이가 보충해 넣었다.

'자객의 삶'에서
'제왕의 스승'으로!

　'오지자방'吾之子房이란 말이 있다. 말 그대로 '나의 자방'이란 뜻이다. '자방'子房은 한 고조 유방이 '건국 삼걸'로 꼽은 '장량, 소하, 한신' 중에서 장량의 자字다. 중국 삼국시대 조조曹操는 자신의 가장 뛰어난 모사謀士 순욱荀彧을 '나의 자방'이라 불렀다. 명明 태조太祖 주원장朱元璋도 자신의 건국 대업에 결정적인 책략을 제공한 모사 유기劉基를 '나의 자방'이라 일컬었다. 조선시대 세조世祖도 왕위 찬탈에 꾀주머니 역할을 한 한명회韓明澮를 '나의 자방'이라 칭했다. 역사를 살펴보면 어떤 나라의 건국 제왕이나 한 시대를 풍미한 영웅호걸들이 자신의 가장 뛰어난 참모를 '나의 자방'이라 부르는 사례가 흔하다. 이처럼 장량은 역대 모사의 모범으로 인정되어 왔고, 지금도 중국에서는 장량을 '모성'謀聖이라고 일컫는다. 모사로서 성인의 경지에 올랐다는 뜻이다.

　장량의 일생을 추적해보면 확실히 다른 모사들과 구별되는 특징을 보인다. 흔히 장량을 주나라 무왕武王을 도와 천하를 평정한 강태공姜太公과 비교하기도 하지만, 강태공은 동방의 강대국 제齊나라에 분봉되어 신하로서 최고의 명예를 누린 반면, 장량은 제나라의 3만 호 식읍을 마음대로 선택하라는 한 고조의 제의를 사양하고 전체 호구가 겨우 2천 호에 불과한 유현留縣을 자신의 봉읍으로 자청했다. 한 고조가 '삼걸'로 꼽은 사람 중에서 장량과 같은 문신文臣인 소하가 8천 호의 식읍을 받았고, 또 한 명의 삼걸인 한신이 초왕楚王에 분봉된 사실을 상기해보면 장량의 겸양이 단순한 겸양 이상의 의미를 담고 있음이 분명하다.

또 역사에서는 "공을 세우고 뒤로 물러난"功成身退 경력에 비추어 장량을 춘추시대 월왕越王 구천勾踐의 재상 범려范蠡에 비견하기도 한다. 실제로 범려는 경쟁국이었던 오나라를 멸망시키고 구천을 춘추오패春秋五霸의 한 사람으로 만든 후 "교활한 토끼가 죽으면 사냥개는 삶긴다"狡兔死, 走狗烹라는 말을 남기고 강호로 물러났다. 이 점에서 범려의 행적은 장량의 선성先聲이었다 해도 무방할 정도다.

하지만 정계에서 은퇴한 후 두 사람이 보인 행적은 완전히 상이하다. 범려는 미인 서시西施를 데리고 강호로 잠적하여 이름을 도주공陶朱公으로 바꾼 후 천하제일의 갑부가 되었다. 정치에서 모든 것을 이루고 강호로 물러나 미인과 돈까지 갖춘 삶을 살았으니 세속적인 욕망은 전부 달성했다고 할 만하다. 반면에 장량은 조정에서 은퇴한 후 명예와 이익을 끊고 생식과 도인술로 '신선'이 되려 했다. '신선'의 존재 유무에 대한 쓸 데 없는 논쟁보다 세속을 벗어난 삶의 한 상징으로서 '신선'을 바라볼 수 있다면 장량의 삶은 어느 시대에도 다시 소환될 만한 가치를 지니고 있다.

그리고 장량을 흔히 중국 삼국시대 촉한의 승상 제갈량諸葛亮과 비교하기도 한다. 제갈량 자신도 장량에 대해 "그 모습을 쳐다보면 위엄이 없는 듯하지만 장막 안에서 계책을 마련하고 천 리 밖에서 승리를 결정지으면서 제왕의 스승이 되었다. 우리는 그에게 탄복하고, 그를 존경하고 본받아야 한다"仰其像不威, 然運籌帷幄, 決勝千里, 成帝王之師. 吾輩歎之, 敬之, 效之라고 칭송했다. 요즘 말로 하면 제갈량의 '롤모델'이 바로 장량이었던 셈이다. 그러나 현실적 성취로만 판단하면 제갈량은 장량의 비교 대상이 될 수 없다. 장량은 자신의 주군 유방을 도와 천하를 쟁취했지만, 제갈량은 천하통일의 꿈을 이루지 못하고 오장원五丈原 진중에서 세상을 떠났기 때문이다.

이처럼 모사로서 가장 큰 성취를 이루고도 뒤로 물러난 장량의 일생은 수많은 사람들이 경탄하고 숭배한 대상이었다. 역사의 명인들이 자주 언급한 '나의 자방'이란 말도 바로 장량이 이룬 업적을 한마디로 표현한 찬사였다고 할 만하다. 게다가 북송北宋의 대문호 소식蘇軾은 "장량이 아니었다면 그 누가 한 고조를 온전히 보호할 수 있었겠는가?"非子房其誰全之? 라고 호평했고, 명말明末 왕부지王夫之는 "장량은 지모智謀가 많았지만 마음에 진실로 사사로움이 없었다"良雖多智, 而心固無私라고 칭송했다. 우리나라의 성호星湖 이익李瀷도 "자방의 영웅됨은 천고의 단 한 사람일 뿐 상대가 없다"子房之英雄, 隻千古而無對라고 극찬했다.

물론 역사에서 장량의 성취를 긍정 일변도로만 평가했던 것은 아니다. 논란이 된 몇 가지 지점이 있다. 첫째, 장량의 전 생애를 살펴보면 창해군, 황석노인, 상산사호 등과 관련하여 허황하고 비현실적인 측면이 강하다. 둘째, 장량이 초기에는 한韓나라 복수와 재건에 진력하다가 역이기가 유방에게 육국의 후예를 분봉하여 육국을 재건하자고 건의할 때는 오히려 여덟 가지 이유를 들어 육국 재건을 극력 반대한다. 셋째, 장량은 홍구강화 합의문의 먹물도 마르기 전에 유방에게 약속을 파기하라고 종용하여 인간의 신의를 내팽개친다. 특히 송나라 성리학자들은 이 몇 가지 이유를 들어 장량을 전국시대 종횡가縱橫家의 아류일 뿐이라고 혹평했다. 대의명분을 중시한 우리나라 성리학자들도 이 같은 논리를 따르는 사례가 많았다.

하지만 지금 여기 우리의 입장에서는 역사 속 인물을 과거의 호평이나 혹평에만 근거하여 바라볼 수는 없다. 어떤 인물을 평가하려면 유기적 통일성이란 시각을 견지해야 한다. 장량도 마찬가지다. 이런 의미에서 송나라 소식의 「유후론」留侯論은 장량의 삶을 이해함에 있어서 매우 근본적이면서도 중요한 관점을 제공해준다. 말하자면 장량이 청년 시절 섭정이나 형가와 같은 자객을 숭배하며 진시황 저격을 시도하다가, 황석노인을 만난 이후에는 개인의 혈기만 내세우는 '자객의 삶'을 뛰어넘어, 백성과 천하의 안위를 임무로 삼는 '제왕의 스승'帝王師으로 살게 되었다는 것이다. 소식의 「유후론」은 장량이 '자객의 삶'에서 '제왕의 스승'으로 질적 상승을 이룬 부분에만 초점을 맞추고 있지만, 이런 유기적 관점은 장량의 전 생애로도 확장이 가능하다. 가령 한漢나라 복수와 재건에 진력하던 장량이 육이기의 육국 분봉 건의를 저지한 여덟 가지 논리도 시대의 변화와 현실의 수요에 따른 인식의 발전으로 해석할 수 있고, 홍구강화 파기도 천하대세의 흐름에 따라 더 이상 병졸과 백성을 희생시키지 않으려는 고육책이었다고 분석할 수 있다. 나중에 장량이 높은 봉작과 막대한 이익에 탐닉했다면 이런 이율배반적 행위가 가식과 허위로 평가받을 수밖에 없겠지만, 잘 알려져 있다시피 장량은 만년에 세속의 명예와 이익을 끊고 검소하고 담박한 삶을 살았다. 바로 이 점이 장량의 삶을 유기적 통일성이란 시각으로 파악해야 하는 이유다.

이 책의 미덕이 바로 장량의 삶을 분절하지 않고 유기적 통일성으로 파악한다는 점이다. 장량의 전 생애를 감싸고 있는 신비적 요소와 치밀한 지모智謀를 현실의 변화와 위민적爲民的 수요라는 바탕 위에서 유기적으로 분석한다. 그러면서도 치밀한 논증 중심의 학술서가 아니라 평이한 묘사를 통한 대중서의 특성을 보인다. 전체적으로 마치 중국 전통의 연의소설과 같은 필법을 보이지만 주요 대목마다 『사기』「유후세가」, 「항우본기」, 「회음후열전」 등의 정사正史 원문을 병기하여 서술의 정확성과 객관성을 확보하려고 노력했다. 의외로 장량의 사상이나 행적에 관한 책을 거의 찾아보기 힘든 지금 상황에서 이 책은 역사 속 장량을 다시 불러내 현재적 의미를 새롭게 부여하는 매개가 될 것으로 기대된다. 이는 장량의 삶과 지혜를 통해 제왕학, 경영학, 처세학, 참모학 등의 정수를 짚어내려는 노력보다 더욱 심원한 삶의 의미를 탐색하려는 시도와 연관된다.

　좋은 책을 출간하기 위해 애쓰시는 '더봄'의 김덕문 대표에게 감사의 마음을 전한다. 나는 2015년에 『동주열국지』를, 2019년에 『원본 초한지』를 완역했다. 이 선행 작업이 이 책 번역의 튼튼한 기초가 되었다. 김덕문 대표는 이 선행 작업의 의미를 충분히 이해하고 이 책 번역을 내게 의뢰해왔다. 시의적절한 안목과 기획력에 박수를 보낸다. 그리고 이 책 출간에 함께 애써준 모든 분들의 노고에도 깊이 감사드린다.

2021년 봄, 청청재靑靑齋에서
김영문

차례

제6장 │ 국가

진시황을
저격하다

기원전 218년 봄, 역사 속 여느 봄날과 마찬가지로 날씨는 따뜻하고 햇살은 포근했다.

중국 하남河南 땅 양무현陽武縣 박랑사博浪沙 (허난성河南省 위안양현原陽縣 동쪽 교외)의 역로에 크고 화려한 마차가 천천히 전진하고 있었다. 마차 앞뒤에는 수행원들의 긴 대열과 크기가 좀 작은 수행 마차 10여 대가 큰 마차를 호위하고 있었다. 대열의 수레와 수행원들은 온갖 무늬의 장식을 갖춰 겉으로 보기에도 그 자태가 비범했다.

마차 안에 좌정한 사람은 진시황이었고, 이 행차는 그의 세 번째 순행이었다. 진시황의 미묘한 심리 탓에 여러 차례 순행이 이루어졌다.

기원전 221년, 진왕秦王 영정嬴政(BC 259~BC 210)은 호랑이처럼 한韓나라, 조趙나라, 위魏나라, 초楚나라, 연燕나라, 제齊나라를 끊임없이 집어삼킨 후 천하통일의 대업을 완성했다.

이를 바탕으로 그는 계속해서 웅대한 재능과 계책을 펼쳐 일찍이 없었던 큰일을 이루었다. 그는 군현제도를 시행했고, 법치제도를 확립했으며, 문자와 도량형을 통일했고, 수레 운행을 위한 도로의 폭과 바퀴 폭도 규격화했다. 또 궁궐을 짓고 능묘를 수축했으며, 장생불사를 위한 단약丹藥과 불사약不死藥도 찾으려 했다. 바쁘기는 해도 즐거운 나날들이었다.

하지만 진시황은 망국 후에도 진나라에 복종하지 않는 전국시대 육국六國의 귀족들이 언제든지 반란을 일으킬 수 있다는 사실을 잘 알고 있었다. 이 때문에 그는 육국 귀족의 후예들 및 영향력이 큰 권세가들을 포함한 12만 가구를 전부 진나라 도성인 함양咸陽(산시성陝西省 셴양시市)으로 옮겨오게 했다. 그들을 편하게 감시하기 위한 조치였다.

또 그는 정부의 정식 군대에 제공하는 무기를 제외하고 천하의 무기를 모두 모아 녹인 후 거대한 동인銅人 열두 개를 만들었다. 동인 하나의 무게는 무려 24만 근에 달했다. 그는 무기를 압수해야 육국 백성이 반란을 일으킬 수 없다고 생각했다.

이 밖에도 그는 늘 전국 각지로 순행을 나갔다. 이는 다음과 같은 목적이 있었다. 첫째, 명산대천에 제사를 올리고 자신을 찬양하는 문장을 비석에 새겨 후세 사람들에게까지 자신의 공적을 알리려 했다. 둘째, 그는 무력으로 천하를 쟁취했기에 자신의 무력과 위세를 과시하여 육국 사람들에게 공포심을 유발하려 했다. 이런 연유로 천하 순행은 자연스럽게 진시황의 국정 수행에서 가장 중요한 일로 간주되었다.

진시황은 모두 10년 동안 중국을 통치하면서 평균 2~3년에 한 번씩, 다섯 차례 순행을 나갔다. 예컨대 앞 두 차례의 순행 경로를 역사책에서는 대략 다음과 같이 기록했다.

진시황은 첫 번째 순행은 서쪽으로 향했다. 함양에서 서쪽으로 길을 잡아 농서隴西(지금의 간쑤성甘肅省)를 거쳐 계두산鷄頭山1)에 이르렀다가 다시 함양으로 돌

제왕의 스승 장량

진시황

---

1) 계두산: 지금의 중국 간쑤성 전위안현(鎭原縣) 카이볜진(開邊鎭) 소재지 동쪽 약 1킬로미터 밖에 있는 바위 봉우리다. 수탉이 고개를 들고 있는 모습이어서 계두산이라고 한다.

진시황릉에서 출토된 청동 마차(산시성陝西省 화상석)

아왔다. 이 순행의 목적은 서쪽 지역 백성을 진무鎭撫하기 위함이었다.

두 번째 순행은 동쪽으로 향했다. 이번 순행의 목적은 육국의 근거지를 안정시키기 위함이었다. 이번에는 태산泰山에 올라 봉선례封禪禮2)를 행하고 기념 각석을 세웠으며, 이를 통해 천하 사람들에게 위력을 과시했다. 전설에 의하면 귀환 도중 상수湘水(후난성湖南省 샹장湘江)를 지날 때 상수의 신神 상군湘君이 그의 길을 막으려 해서 사람들을 시켜 상산湘山 위의 나무를 모두 베어내고 산에 불

---

2) 봉선례: 역대 중국에서 큰 업적을 쌓은 제왕들은 하늘과 땅에 봉선례를 올리며 자신의 위세를 과시했다. 봉(封)은 높은 산에 제단을 쌓고 하늘에 올리는 제사이며, 선(禪)은 낮은 산에서 땅을 쓸고 땅에다 올리는 제사다. 대개 태산에서 봉례(封禮)를 올렸고, 태산 북쪽 양보산(梁父山)에서 선례(禪禮)를 시행했다. 역대로 봉선례를 올린 제왕은 진 시황(秦始皇), 전한(前漢) 무제(武帝), 후한 광무제(光武帝), 송(宋) 진종(眞宗) 등이 있다.

을 질렀다고 한다.

진시황의 두 차례 순행의 위세를 당唐나라 중기의 시인 이하李賀(791?~817?)는 이렇게 묘사했다.

진시황이 범을 타고 팔방을 순행하니, 秦王騎虎遊八極
검광이 창공 비춰 하늘 절로 푸르렀네. 劍光照空天自碧3)

이 시에서도 진시황 순행의 위풍당당함을 엿볼 수 있다.

앞서 두 차례 순행의 효과가 좋았으므로 진시황은 세 번째 순행을 시작했다. 이번에는 도성 함양을 출발, 함곡관函谷關(허난성 링바오시靈寶市 한구관진鎭)을 경유해서 동쪽으로 향했다. 태산에 올라 또 봉선례를 행했다. 진시황이 순행한 지역은 동쪽에 집중되어 있었다. 특히 연나라, 제나라, 초나라 동쪽 등지가 대부분이었다. 그의 잠재의식 속에는 동방의 육국이 언제나 반란의 씨앗으로 작용할 것이라 인식되어 있었다. 특히 제나라와 노魯나라 일대는 함양에서 거리도 멀 뿐 아니라 공자孔子와 맹자孟子의 고향이기도 해서 진나라 반대 세력의 힘이 컸다. 심지어 제나라는 육국을 통일할 때 최후까지 저항한 지역이었다. 이 때문에 진시황은 그 지역으로 반복해서 순행할 필요성을 느꼈다.

그러나 이번에는 심상치 않은 사건이 발생하여 순행 대열이 혼란에 빠졌고, 진시황의 명예와 자존심도 잠시 땅에 떨어지게 되었다.

4월의 박랑사에는 따뜻한 바람이 불고 고운 햇살이 비쳤다. 진시황의 행

---

3) 이하의 「진왕음주(秦王飮酒)」 시에 나온다.

차는 황하黃河 연안을 따라 기세등등하게 치달려 하남 땅 양무에 이르렀다. 순행에 나설 때마다 진시황은 장중한 의장대와 성대한 수레 대열의 호위를 받았는데, 이번에도 예외는 아니었다. 수행 마차 대열이 하늘 가득 모래를 휘날리는 가운데 병사들과 백관들도 진시황의 수레를 앞뒤로 둘러싸고 위풍당당하게 행진했다. 펄럭이는 깃발은 모두 흑색이었다. 진나라는 흑색을 숭상했기 때문이다.4)

박랑사는 황하를 사이에 두고 정주鄭州(허난성 정저우시)를 바라보는 곳이었다. 치도馳道5) 양쪽에는 쑥덤불이 우거졌고 인적이 드물었다. 황량하고 외진 곳이라 사람들의 주의를 끌기 어려웠다. 먼지가 휘날리고 깃발이 펄럭이는 가운데 순행 수레 대열이 천천히 그곳으로 다가갔다.

"철추鐵椎6) 형, 준비됐소?"

빽빽한 관목 숲에서 낯빛이 백옥 같은 젊은이가 낮은 목소리로 곁에 있는 거한에게 속삭였다.

"희姬 공자! 마음 놓으시오!"

'철추 형'으로 불린 그 거한은 정신을 집중하며 고개를 끄덕였다.

"철추 형, 이처럼 어려운 일에 목숨도 아끼지 않고 나서주시어 감격을 금할 수 없소."

'철추 형'의 눈빛은 전혀 흔들리지 않았다.

---

4) 『사기(史記)』「진시황본기(秦始皇本紀)」에 의하면 주(周)나라는 화덕(火德)을 얻었고, 진나라는 수덕(水德)을 얻었다고 한다. 따라서 수극화(水克火)의 원리에 의해 물이 불을 이기므로 음양오행에서 물의 색깔인 흑색(黑色)을 숭상한다는 것이다.

5) 치도: 진시황이 천하 통일 후 건설한 전국 간선도로의 일종이다. 동쪽으로 연나라와 제나라 땅에까지 닿았고, 남쪽으로 오나라와 초나라 땅에까지 미쳤다. 『한서(漢書)』「가산전(賈山傳)」에 자세한 내용이 나온다.

6) 철추: 쇠몽둥이란 뜻으로 본래 사람 이름은 아니다. 이 책에서는 장량이 초빙한 자객이 쇠몽둥이를 사용했으므로 편의상 철추를 사람 이름처럼 표기한 듯하다.

"희 공자께서 평소에 저를 지기知己로 인정하셨으니 공자의 원수는 저의 원수이기도 하오. 이것이 제 신념이고 사명이오. 더 이상 여러 말 하지 마시오."

이런 대화를 주고받는 사이에 수레를 끄는 말발굽 소리와 행진 대열의 발자국 소리가 두 사람을 향해 점점 다가왔다. 두 사람은 숨을 죽였다. 심장 박동이 빨라지며 눈도 깜박일 수 없었다. 기세등등하게 다가오는 황제 행차를 노려보았다. 호위 부대의 투구와 갑옷, 창과 칼, 달려오는 말발굽과 수레바퀴, 휘날리는 깃발이 하나하나 그들의 눈앞을 스쳐 지나고 있었다. 빠른 속도로 말발굽 소리에 바퀴 소리가 엇섞이면서 여러 마차와 부거副車7)가 차례로 통과하고 있었다. 기세가 당당하고 장식이 화려한 대형 수레가 두 사람 앞에 나타났을 때 희 공자가 소리쳤다.

"지금이오!"

그 거한은 땅을 박차고 나가 100여 근이나 되는 철추를 힘껏 내던졌다. "쾅!" 하는 소리와 함께 철추는 진시황이 탄 어거御車 앞을 스쳐 그 옆의 부거 위에 떨어졌다. 부거는 묵중한 철추에 맞아 뒤집어지며 박살이 났다. 호위 군사들이 그 모습을 보고 소리를 지르며 어지럽게 흩어졌다.

순식간에 묵중한 철추의 위력에 겁을 먹은 사람들은 앞으로 다가가지 못하고 분분히 뒷걸음치며 황제의 동태를 살폈다.

희 공자와 거한은 일찌감치 모의를 한 듯 날쌔게 깊은 도랑으로 뛰어든 후 각각 길을 나눠 도주했다. 그들은 나는 듯이 도랑을 건너 깊은 산속으로 몸을 감췄다.

기원전 218년에 발생한 이 일을 역사에서는 '박랑사 진시황 저격 사건'

---

7) 부거: 임금의 행차를 수행하는 수레.

형가가 진왕을 칼로 찌르다(한漢나라 화상석)

이라 부른다.

진시황이 자객을 만난 것은 이번에 벌써 세 번째였다. 이들 사건의 내막을 추적해보면 진시황을 암살하려는 시도와 과정이 단순하지 않다는 사실을 발견할 수 있다. 이 사건들 이면에는 원한 깊은 육국 인사들의 복수 심리가 숨어 있다.

첫 번째는 형가荊軻(?~BC 227)[8]가 진시황을 칼로 찌른 사건이었다. 진나라가 중국을 통일하기 한 해 전에 진왕 영정은 연나라를 공격하기 위해 칼을 갈았다. 그러자 연나라 태자 단丹(?~BC 226)[9]은 장사壯士 형가를 사신으로 파견했다. 형가는 연나라 지도를 가져가서 화친을 구했다. 그러나 화친 도모는 속임수였고 진왕 암살이 목적이었다. 진왕 영정을 만난 후 형가는 지도를 펼쳐 보이는 체하면서 지도 속에 감춘 비수를 꺼내 그를 찔렀다. 영정은 비수를 발견하고 대전의 기둥을 빙빙 돌며 칼날을 피했고, 형가도 기둥을 따라

---

8) 형가: 본래 위(衛)나라 사람으로 경가(慶軻)라 불리기도 한다. 연나라에 머물던 중 전광(田光)의 추천으로 태자 단을 만났다. 태자 단의 부탁으로 진왕 영정을 저격했으나 실패하고 살해당했다.

9) 태자 단: 연왕(燕王) 희(喜)의 아들이다. 자객 형가(荊軻)를 진(秦)나라로 보내 진왕을 암살하려 했으나 실패했다. 이후 진나라의 보복 공격을 받자 연왕이 태자 단의 목을 잘라 진나라에 바쳤다.

제왕의 스승 장량

돌며 진왕을 추격했다. 그러나 형가는 결국
실패하여 목숨을 잃었다.

두 번째는 고점리高漸離가 진시황을 저격
한 사건이었다. 고점리는 형가의 친구로 축筑
이라는 악기 연주에 뛰어났다. 형가가 살해

『사기』「유후세가」留侯世家 원문

진시황이 동쪽으로 순행할 때, 장
량과 그의 문객이 박랑사에서 진
시황을 저격했지만 부거副車를 잘못
맞췄다. 秦皇帝東遊, 良與客狙擊秦皇帝博浪沙中, 誤中
副車.

된 후 그는 이름을 숨기고 복수의 기회를 노렸다. 진나라가 육국을 병탄하고
천하를 통일한 후 그는 줄곧 힘든 일을 하다가 한번은 주인집 마루에서 축
을 타며 노래를 부를 기회를 얻었다. 마침 진시황이 그의 연주를 듣고 그를
궁궐로 잡아가서 눈을 멀게 하고 악공樂工으로 삼았다. 마침내 고점리는 진시
황에게 접근할 수 있게 되었다. 그는 무거운 납을 축 속에 넣고 궁궐로 들어
가서 진시황이 다가오자 축을 들어 내리쳤다. 그러나 결국 맞추지 못했다.

세 번째 진시황 저격 사건의 주인공은 바로 후대 사람들에게 '제왕의 스
승'帝王師으로 존경 받는 장량張良(?~BC 189)이다. 그는 자신이 추진한 진시황
저격 사건이 그처럼 천하를 뒤흔들 것이라고는 예상하지 못했다. 하지만 이
무렵 진시황은 과거의 진왕 영정과는 그 지위가 완전히 달랐다. 천하 유일의
제왕을 저격한 장량의 대담한 용기는 역사의 지면紙面에 짙은 흔적으로 남아
있다.

역사에서는 진시황 29년(BC 218)에 "양무 박랑사에 이르러 도적에게 매
우 놀랐다"至陽武博浪沙中, 爲盜所驚10)라고 간단하게 기록했다. 그러나 장량의 진시황
저격 사건을 둘러싸고 후세 사학자들은 분분한 논쟁을 계속해왔다. 예를 들
어 근대 임칙서林則徐(1785~1850)11)는 이렇게 인식했다.

10) 『사기』「진시황본기」에 나온다.

11) 임칙서: 청(淸)나라 말기 대신으로 호광총독(湖廣總督)을 맡아 아편을 엄금했다. 그의 금연 정책은 아편전
   쟁의 발단이 되었다.

박랑사 철추가 일찌감치 명중했다면, 博浪沙椎如果中

이후 10년 동안 산림에 편히 누웠으리. 十年應以臥山林12)

　　장량이 진시황을 저격한 사건이 성공했다면 생애 후반을 산림에서 소요
하며 즐겁게 보냈을 것이라는 의미다. 그러나 역사는 우리에게 완전히 상이
한 광경을 보여준다. 진시황 저격 사건이 실패함으로써 장량의 기이한 일생
이 비로소 펼쳐지기 시작하는 것이다. 역사의 한 장면에서 장량도 자신이 복
수자의 신분으로 등장하리라고는 전혀 상상하지 못했으리라.

---

12) 임칙서의 칠언절구 「과자백산유후묘(過紫柏山留侯廟)」 2수 중 첫째 시에 나온다.

1장

복수

승상부의
공자公子

일반적으로 역사 속 유명 인물이 된 사람은 유명한 어록 몇 마디를 남기곤 한다. 유명한 모사도 이와 같다. 예컨대 춘추시대 월越나라 범려范蠡는 "교활한 토끼가 죽으면 사냥개는 삶아 먹는다"狡兔死, 走狗烹13)는 말을 남겼고, 당唐나라 위징魏徵(580~643)은 "사람을 거울로 삼으면 나의 잘잘못을 밝게 비춰볼 수 있다"以人爲鏡, 可以明得失14)는 말을 남겼다. 전한을 무대로 활동한 유명 인물 장량도 소위 "장막 안에서 계책을 마련하여, 천 리 밖에서 승리를 결정짓는다"運籌帷幄, 決勝千里15)는 명언을 남겼다. 이 간단한 말 한마디에 한漢나라 건국에 위대한 공을 세운 그의 행적이 포괄되어 있다. 사마천司馬遷(BC 145?~BC 86?)의 『사기』에는 장량의 지위가 소하蕭何(BC 257~BC 193)와 조참曹參(?~BC 190) 다음으로 기록되어 있다. 게다가 장량의 일생을 총괄하여 '제왕의 스승'帝王師이라

---

13) 『사기』 「월왕구천세가(越王勾踐世家)」에 나온다.
14) 『정관정요』 「임현(任賢)」에 나온다.
15) 『사기』 「고조본기(高祖本紀)」에 나온다.

는 한마디 말로 결론을 내리고 있다.

　이 말은 한 고조 유방劉邦(?~BC 195)이 장량에게 내린 평가이지만 기실 탁월한 사학자인 사마천이 그에게 내린 평가이기도 하다. 그의 일생과 공적을 살펴보면 정말 전무후무한 인물이라 할 만하다.

　하지만 장량의 처음 행적은 제왕의 스승이라는 탁월한 자질과 크게 다른 모습을 보인다. 물론 역사에서 위대한 성취를 이룬 사람들의 수법은 각각 상이하지만, 장량의 성장 역정을 자세히 분석해보면 온전히 스스로 뜻을 세워 부단히 노력한 '분투자 버전'에 속한다는 사실을 알 수 있다.

　장량은 본래 한韓나라 사람인데, 어려서는 '희량'姬良으로 불렸다. 한나라

장량

가 본래 희성姬姓 국가이기 때문이다. 그의 선조는 주周나라 왕실에서 나왔기 때문에(주 문왕文王은 희창姬昌이고, 주 무왕은 희발姬發임) 그 후손들이 모두 '희'姬 자를 성으로 삼았다.

　역사에는 어린 시절 장량의 신변과 가문에 관한 기록이 매우 드물다. 이 때문에 후세 학자들은 자신의 추측에 근거하여 상이한 유형의 장량 버전을 만들어냈다. 장량이 어릴 때 그의 아버지가 세상을 떠나서 그를 떠받치던 하늘의 절반이 무너졌으므로 장량 어머니의 처지가 얼마나 곤궁

했을지 쉽게 짐작이 간다. 장량에게는 남동생이 하나 있었다. 그의 어머니는 늘 형제를 업고 남몰래 장탄식을 내뱉곤 했다.

장량은 조금 나이를 먹고 철이 들자 어머니의 장탄식에 마음이 울적해져서 이렇게 물었다.

"어머니! 왜 늘 탄식하며 눈물을 흘리세요?"

어머니는 그와 동생의 손을 꼭 붙잡으며 슬픈 목소리로 말했다.

"너희 할아버지와 아버지는 모두 한나라 왕실의 승상을 지내셨다. 우리는 그렇게 빛나는 가문이었다. 너희 할아버지가 돌아가신 후에도 너희 아버지는 가문을 지탱하기 위해 전력을 다하셨다. 그러나 너희 아버지도 일찍 세상을 떠나시고 이제 이렇게 어린 너희 형제만 남았으니 이후의 일을 어찌하면 좋으냐?"

이렇듯 원래 장량은 한나라 승상부에서 태어났다. 그의 조부 장개지張開地는 소후昭侯(?~BC 333), 선혜왕宣惠王(?~ BC 312), 양애왕襄哀王(?~BC 296)[16]의 재상을 역임했다. 그의 부친 장평張平도 희왕釐王(?~BC 273)[17]과 도혜왕悼惠王(?~BC 239)[18]의 재상을 지냈다.

흥미롭게도 한나라는 본래 춘추시대 진晉나라에서 분리되었다. 기원전 453년 진나라 대신이었던 조씨趙氏, 위씨魏氏, 한씨韓氏 세 가문이 사리사욕을 탐하여 진나라를 분할했다. 그 후 조나라, 위나라, 한나라는 중원의 대국이 되었고, 여기에 본래 있던 진秦나라, 제나라, 초나라, 연나라를 보태서 '전국칠

---

16) 양애왕: 양왕(襄王)으로도 불린다.

17) 희왕: 『사기』에는 희왕(僖王)을 모두 '釐王'으로 표기했고, 『사기정의(史記正義)』에서는 '釐'의 발음이 '僖'와 같다고 했으므로 '釐'는 '리(이)'가 아니라 '희'로 읽어야 한다. 중국어 발음도 '釐王'과 '僖王' 모두 'Xīwáng'으로 읽으므로 우리말 발음으로는 '희왕'으로 읽어야 옳다.

18) 도혜왕: 환혜왕(桓惠王)이라고도 한다.

웅'戰國七雄이라고 부른다.

하지만 전국칠웅 중에서 한나라가 가장 약소국이었다. 마치 동네북처럼 줄곧 이웃 나라의 공격을 받았다. 한나라 동쪽은 위魏나라였다. 당시에 위 문후文侯(?~BC 396)는 이회李悝(BC 455~BC 395)를 임용하여 위나라 변법 업무와 법치제도를 주관하게 했다. 그는 부국강병을 추구하여 위나라를 중원의 패자로 만들었다. 한나라 북쪽은 조나라였다. 무령왕武靈王(?~BC 295)이 북방 호족胡族으로부터 말을 타고 활 쏘는 기술을 배운 이래, 소매가 넓고 옷자락이 긴 중원의 의복을 소매가 좁고 옷자락이 짧은 호족의 복장으로 바꿨다. 또 묵중한 병거 전술을 가벼운 기마병 전술로 바꿔서 국가를 훨씬 더 강성하게 만들었다. 한나라 서쪽의 진秦나라는 본래 약소국이었으나 진 효공孝公(BC 381~BC 338)이 '현인을 구하는 명령'求賢令을 내려 상앙商鞅(?~BC 338)[19]을 초빙했다. 그는 대변법大變法을 시행하여 마침내 진나라를 서쪽 땅 패주가 되게 했다. 한나라 남쪽의 초나라는 춘추시대부터 전국시대까지 쉬지 않고 영토를 개척했다. 한나라 주위의 강대국들은 모두 대대적으로 개혁을 단행하느라 눈코 뜰 새가 없었다.

물론 한나라도 당시 시세를 살피고 강대국들과 힘의 균형을 맞추며 낙후되지 않으려 했다. 특히 한 소후 시대에는 신불해申不害(?~BC 337)를 재상으로 임명하여 국력을 하나로 모아 치세를 도모하면서 대규모 정치 개혁을 이루었다. 한때 '한나라를 강성하게 하자'强韓라는 말이 한나라 정치의 핵심어가 되었고, 이 때문에 후세 역사가들도 이 시기를 '한 소후의 중흥 시대'라고 일컫는다.

---

19) 상앙(商鞅, ?~BC 338): 본래 성명은 위앙(衛鞅)이었으나 상(商) 땅에 봉해져서 상앙이라 부른다.

제왕의 스승 장량

그러나 한 소후가 죽은 이후 한나라 국력은 나날이 쇠퇴하여 또다시 강대국의 공격 대상이 되었다. 한왕 안韓王安(?~BC 226)[20]이 즉위했을 때는 서쪽 진나라가 갈수록 심하게 핍박해왔다.

어려서부터 장량은 이런 배경 하에서 성장했다. 한나라는 강대국 사이에 끼여 생존을 도모하느라 노심초사했고, 장량도 구국의 방책을 찾으려고 뼈와 살이 다 녹아내릴 정도였다. 당시 한나라 재상 신불해가 개혁 정

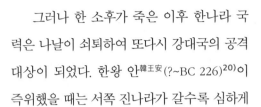

책을 시행하여 상당한 효과를 거뒀으나 기성세력과의 불협화음으로 끊임없는 갈등에 시달려야 했다. 그가 죽은 후에는 장량의 조부와 부친이 부패한 정치에서 벗어나려고 고심에 고심을 거듭했다. 하지만 오래지 않아 그의 조부와 부친도 정계를 떠났다.

한나라 5세 동안 재상을 역임한 가문의 공자였던 장량은 어려서부터 재상부에서 자랐으나 그가 태어날 때부터 진나라는 호시탐탐 한나라를 병탄하려 했다. 이 때문에 그의 일생은 떨치지 못한 국치와 복수의 심리로 점철되어 있다.

장량은 어려서부터 보통 아이들과 다른 면모를 보이며 검술을 좋아해서 예닐곱 살 때는 이미 상당한 수준에 이르렀다. 그는 특히 협객의 삶을 흠모했다.

모친이 들려준 자객 섭정聶政(?~BC 397) 이야기는 그에게 깊은 인상을 남

---

20) 한왕 안: 진나라의 공격을 받고 멸망하여 망국의 군주가 되었다.

섭정이 한나라 왕을 저격하다(한漢나라 화상석)

겠다.

　섭정은 본래 한韓나라 사람이었다. 그는 살인을 한 후 제나라로 도주하여 자신의 어머니 및 누나와 살았다. 당시에 한나라 대신 엄수嚴遂도 상국相國 협루俠累(?~BC 397)와 불화하여 목숨의 위협을 당하자 역시 제나라로 도주했다. 엄수는 협객 섭정의 명성을 듣고 섭정의 어머니 생일에 거액의 금전과 비단을 바치고 자신을 대신하여 협루에게 복수를 해달라고 간청했다. 당시에 섭정은 모친이 건재했기에 엄수의 요청에 대답하지 않았다. 그러다가 섭정은 어머니가 병으로 돌아가시자 바로 엄수와 작별한 후 칼을 차고 한나라로 들어갔다. 그는 곧바로 승상부로 진격하여 협루를 죽이고 자결했다.

　당시에 장량은 아직 어렸지만 이 이야기를 듣고 섭정의 행동에 큰 감동을 받았다. 하지만 섭정의 죽음이 다소 무모하고 무익해 보였으며, 그의 길이 자신이 추구하는 길과 좀 다른 듯 느껴지기도 했다.

제왕의 스승 장량

그래도 장량의 집안은 대대로 승상 벼슬을 지냈기에 가문의 바탕이 중후했고, 모친도 장량을 위해 적지 않은 훈장을 초빙하여 공부를 시켰다. 장량의 모친은 아들이 자신의 조부와 부친의 가업을 계승하여 장차 포부가 큰 정치가로 성장하기를 바랐다. 장량도 모친의 희망을 저버리지 않고 계속해서 이런 방향으로 발전해나가려고 노력했다. 하지만 장량의 부친이 세상을 떠난 지 20년 만에 장량이 추구하던 한나라 재상의 꿈은 철저하게 파괴되었다.

　그 무렵 진나라는 일련의 개혁 정책을 시행하여 이미 천하에서 첫손가락에 꼽히는 강국으로 성장했다. 기원전 350년 진나라는 도읍을 함양으로 옮기고 전국을 통일하려는 야심만만한 계획을 마련했다. 진나라는 군사를 단련하고 군마를 튼튼히 하며 전국 통일 계획을 추진하면서 가장 먼저 상대적으로 약소했던 한나라를 공격의 목표로 삼았다.

　진나라는 내사內史 등騰(勝이라고도 함)에게 국왕 직속의 정예병을 이끌게 하여 한나라를 공격했다. 당시에 한나라는 이미 허약할 대로 허약해져 진나라와 대등하게 맞설 실력이 없었으므로 진나라 군사는 신속하게 한나라 도성 양적陽翟(허난성 위저우시禹州市)을 함락하고 한왕 안과 귀족들을 사로잡아 함양으로 압송했다. 또 한나라 귀족들에게는 한 달 안에 진나라 도성 근교로 거주지를 옮기라고 명령했다. 만약 이 명령에 복종하지 않는 자는 구족九族을 멸하겠다고 위협했다. 한나라 땅은 이때부터 진나라의 영천군潁川郡이 되었다.

　진나라가 한나라를 침략할 때 장량은 이미 전도유망한 청년으로 자랐다. 한나라 멸망을 목격하며 그의 오장육부는 분노의 불길로 가득 찼다. 역사의 기록에 의하면 장량은 나라의 원수와 가문의 원한을 갚기 위해 매우 특이한 두 가지 일을 했다.

　첫째, 진나라 군사들이 한나라 도성을 격파할 때 무고한 목숨이 희생되었고, 장량의 아우도 진나라 군사의 칼을 맞고 죽었다. 아우의 죽음을 마주하고도 장량은 관을 마련하여 시신만 보존했을 뿐 특별히 염도 하지 않고 안장도 하지 않았다.

둘째, 장량은 집안의 노예와 하인들을 전부 해산하고, 자신은 1만 관^貫의 재산으로 자객을 구해 되도록 빨리 한나라를 위해 복수를 하려고 했다.

이 일들은 역사의 기록이 지극히 간략하여 장량의 행동이 가볍고 담박한 듯 보이지만 기실 이 두 가지는 매우 엄중한 일이었다. 장량이 아우를 안장하지 않은 행동을 통해서는 치욕을 참고 은인자중하면서도 원한을 잊지 않으려는 그의 결심을 엿볼 수 있다. 또 집안의 하인들을 모두 해산한 일에서도 그가 대의를 위해 아무것도 돌보지 않으면서 마지막 남은 한 줄기 퇴로까지 끊었다는 사실을 알 수 있다. 이런 일에서 장량이 보여준 과감한 결단은 이후 그가 모사로서 발휘할 우수한 자질을 충분히 드러냈다고 할 만하다.

장량은 승상부에서 성장한 배경에 부끄럽지 않게 자기 인생의 경력이 대변동을 맞이한 시기에도 보통 사람들과 다르게 행동했다. 그는 나라가 멸망하고 가문이 박살나는 고통을 겪었지만 즉시 자신의 감정을 조절하여 인생의 또 다른 계획을 마련했다. 실제로 당시에 장량이 품은 복수의 욕망은 마치 평소의 호흡처럼 자연스러워졌지만, '한나라의 복수'라는 말은 창공을 찌르는 칼날처럼 예리하게 느껴졌다. 이후 그는 한나라의 원수를 갚기 위한 일에 자신의 모든 정력을 쏟아부었다.

이제 박랑사에서 진시황을 저격하는 일이 곧 막을 올릴 것이다. 그 전주곡이 울리는 가운데 장량은 자신의 소망을 실현하기 위해 먼 곳으로 떠난다.

동방의
은자

동방의 은사 창해군倉海君

『사기』에 다음과 같은 대목이 나온다.

동방에서 창해군을 만나다.東見倉海君21)

전설에 의하면 장량은 멀고 먼 동쪽 한반도까지 흘러가서 당시의 은자
인 창해군을 만났다고 한다.22) 사마천의 문필은 너무 간단하기 때문에 후세

---

21) 『사기』 「유후세가」에 나온다.

22) 장량이 당시에 한반도까지 왔다는 사실은 여러 가지 기록으로 확인된다. 『사기집해(史記集解)』에서는 "진
(秦)나라 군현에는 창해(倉海)가 없으므로 혹자는 동이(東夷)의 군장이라고 한다.(秦郡縣無倉海, 或曰東夷君
長.)"라고 했다. 『사기색은(史記索隱)』에서는 "한 무제 때 동이 예(穢)의 군장이 항복해서 창해를 설치했
다고 했는데, 아마 이전 이름을 그대로 따라 쓴 듯하다.(以武帝時東夷穢君降, 爲倉海郡, 或因以名.)"라 했다. 『사
기정의(史記正義)』에서는 "동이 예(穢)의 군장 남려(南閭) 등이 항복해서 창해군을 설치했는데 지금의 맥예
국(貊穢國)이다.(東夷穢君南閭等降, 爲倉海郡, 今貊穢國.)"라고 했다. 『괄지지(括地志)』에서는 "예맥은 고구려 남
쪽, 신라 북쪽에 있다.(穢貊在高麗南, 新羅北.)"라고 했다.

사람들은 이 대목에서 추측과 상상의 나래를 펼쳐볼 수밖에 없다.

역사의 기록으로는 창해군이란 사람을 고찰할 수 없지만 이런 이름을 쓸 수 있는 사람을 추정해보건대 평범한 사람이 아닌 것만은 분명하다. 장량의 입장에서도 그가 마침내 순조롭게 제왕의 스승으로 성장할 수 있었던 배경이 기실 창해군과의 만남이었고, 이 출발점이야말로 장차 장량이 걷게 될 인생 역정의 복선이라 할 만하다. 그가 훗날 맞닥뜨리는 기이한 만남들, 예컨대 반신반인半神半人의 황석공黃石公과 만난 일, 신기한 『태공병법』太公兵法을 얻은 일, 신비한 상산사호商山四皓를 초빙한 일, 적송자赤松子와의 교유 등이 바로 창해군과의 만남에서 그 단서가 시작되고 있다.

창해군은 틀림없이 생생하게 살아 숨 쉬는 인물이었을 것이다. 추측컨대 창해군은 협객으로 의협심을 발휘하며 천하의 의인들과 사귀기를 좋아하고 위기와 곤경에 처한 사람들을 즐겨 구제하는 인물이었던 듯하다. 즉 마음이 맞으면 자신의 속마음을 다 보여주며 위나라 신릉군信陵君(?~BC 243)[23]처럼 행동하는 사람 말이다. 이런 사람에게는 수시로 명성을 추구하는 사람들이 몸을 의탁해오기 때문에 그의 문하에는 지모와 계책에 뛰어난 인사가 많았을 터이다.

"공자公子께선 회양淮陽(허난성 저우커우시周口市 후이양구淮陽區)에서 오셨지요?"

첫 만남에서 창해군은 장량에게 이렇게 말했다. 비록 이곳에 은거해 있지만 천하대사를 손바닥 위에서 살피듯 환하게 알고 있었다.

"창해군께선 어떻게 아셨소?"

장량은 의아한 마음을 감출 수 없었다. 사실은 장량이 이곳으로 오기

---

23) 신릉군: 위(魏)나라 소왕(昭王)의 막내아들로, 인재를 좋아해 식객 3000명을 부양했다. 제나라 맹상군(孟嘗君), 조나라 평원군(平原君), 초나라 춘신군(春申君)과 함께 전국시대 4군(君)으로 불린다.

『사기』, 사마천 지음

전에 창해군의 문객들이 세상의 모든 일을 탐문하여 신선한 정보를 심심풀이삼아 그에게 알려줬다. 이 때문에 창해군은 이미 장량에 관한 모든 정보를 알고 있었다.

당초에 나라가 망하고 가문이 멸문지화를 당한 후 장량은 천하의 여러 나라를 주유하며 복수를 위한 호걸과 지사를 찾으려 했다. 그는 등에 칼 한 자루를 메고 황하 연안의 옛길을 따라 그가 그리는 이상국을 찾기 위해 동쪽으로 길을 잡았다.

장량은 창해군을 만나기 전에 '회양' 일대로 가서 예禮를 배웠다. 회양은 지금의 허난성 동부 지역이다. 그가 배운 것은 주나라 예법 및 이와 연관된 예의범절이었다. 장량은 '5세 동안 한나라에서 재상을 지낸' 가문의 공자였지만 평소 예禮에 관한 지식이 매우 천박하다고 느꼈다. 체계적이고 목적이

사마천

있는 공부를 통해 장량은 예에 관한 다양한 지식과 언행을 정밀하게 익히면서 많은 걸 깨달았다.

장량이 예를 공부한 목적은 세 가지였다. 첫째, 이미 멸망한 한나라를 다시 일으켜 세우기 위해서다. 둘째, 몰락한 자신의 귀족 가문을 찬란하게 중흥하기 위해서다. 셋째, 흩어진 한나라의 유민을 찾기 위해서다. 이 중에서 '한나라 부흥'이 가장 중요한 목표였다. 구체적인 목표가 있었기에 장량은 공부에 더욱 힘을 쏟으며 부지런한 모습을 보였다. 게다가 그는 타고난 자질까지 총명하여 신속하게 예의 정수를 파악했다.

예를 배운 후 장량은 다시 동쪽을 향해 출발했다. 소문에 의하면 동방에 고상한 은사隱士가 거주한다고 했다. 장량의 잠재의식 속에도 현명한 은사에 대한 동경심이 숨어 있었다. 그는 마침내 소원대로 창해군을 만났다. 두 사람은 첫 만남에서 오랜 친구를 만난 듯한 느낌이 들어 마침내 나이를 초월한 친교를 맺었다.

창해군은 장량의 처지를 이해하고 나서 그에 대한 동정심이 더욱 깊어졌다. 창해군이란 사람은 원래 성격이 호쾌하면서도 치밀해서, 눈앞의 장량이 수척한 체형임에도 그의 뼈 속에 소박하면서도 굳건한 의지가 깃들어 있음을 간파했다. 이런 연유로 창해군은 마음 깊이 장량을 좋아했다.

하지만 장량이 만 리 길을 멀다 하지 않고 창해군을 찾아온 것은 그와 친교를 맺고 그의 권위와 명성에 기대 적절한 자객을 찾아 복수를 하려는 의도였다. 그는 창해군에게 이렇게 말했다.

"저는 진시황을 저격할 검객을 찾아 복수의 사명을 완수하려 하오."

장량의 마음속에는 형가와 고점리가 각인되어 있었다. 그는 하루 빨리 진왕을 죽일 세 번째 자객을 찾아 자신의 사명을 완수하려 했다.

"안 되오. 공자의 생각은 너무 경솔하오. 내키는 대로 자객 한 명을 찾아 진왕을 죽이려는 것은 계란으로 바위를 치는 일과 같고, 이는 지혜롭지 못한 일이오."

창해군은 그의 조급함을 저지했다.

"무슨 이유요? 저는 우리 집 노복 300명을 해산한 후 전 재산을 가지고 온갖 방법을 강구하여 진왕을 죽일 수 있는 자객을 찾고 있소. 부디 선생께서 제 일을 이루어주시오."

"이유는 간단하오. 공자는 생각해본 적이 있소? 형가 등이 진왕을 살해하려 할 때는 육국이 아직 건재해서 진왕도 육국 사람들을 두렵게 여겼소. 그러나 지금은 그가 이미 천하를 통일하여 더욱 거만한 마음을 품고 있으므로 초인과 같은 담력이 없다면 이 경천동지할 장거를 감당할 수 없을 것이오. 게다가 지금은 진시황에게 다가가는 일이 갈수록 어려워지고 있소. 특히 고점리 사건이 발생한 이후부터 진시황은 더욱더 육국 출신을 곁에 두려 하지 않소. 그러니 진시황 저격 계획은 천천히 생각해야 하오."

창해군이 가닥가닥 현재의 상황을 분석하자 장량도 점점 자신이 너무 무모하다는 사실을 깨달았다. 자객 한 사람을 찾는 일은 어렵지 않지만 마음에 맞는 자객을 찾는 일이 더 어려운 일이었다.

"복수는 조급해서는 안 되오. 공자께서는 조급한 마음으로 일을 처리하지 마시고 인내심을 갖고 때를 기다려야 할 것이오."

창해군의 진심 어린 권유에 장량은 마음을 가라앉히고 그곳에 거주지를 마련했다. 일이 없을 때 창해군은 그를 데리고 바닷가로 가서 바람을 쐬며 술을 마셨다. 창해군은 장량에게 도가道家의 은사들에 대한 이야기를 들려줬다. 창해군이 있는 곳에서 장량은 느긋하게 12년을 보냈다. 그의 나이는 순식간에 서른으로 접어들었다.

장량이 진시황 암살을 모의하다

이 기간 동안 창해군은 장량에게 마음을 쓰면서 자신의 문객들을 몰래 움직여 적당한 자객을 찾았다. 진시황을 암살하려는 장량의 결심에 도움을 주려는 호의였다. 그러던 어느 날 창해군이 장량에게 힘센 역사力士 한 사람을 추천했다.

이 역사는 본래 남방의 어부로, 어떤 사람이 그를 비웃고 욕하며 무시하자 젊은 나이에 화를 참지 못하고 그 사람을 칼로 찔러 죽였다. 그 이후로 끝도 없이 도망치다가 창해군에게 몸을 의탁했다. 그는 이곳에서 자신과 비슷한 신세였던 장량과 만났다.

장량은 이 역사를 처음 보는 순간 바로 그에게 끌렸다. 그의 뼛속에는 진

제왕의 스승 장량

나라의 위협 따위는 전혀 두려워하지 않고 맞서 싸울 수 있는 강인한 정신이 깃들어 있는 듯했다. 장량은 일이 없을 때 수시로 그 역사와 마음을 주고받으며 대화를 나눴다. 장량은 한동안 역사와 함께 지내며 그가 큰일을 감당할 만한 사람임을 알고 나서 자신의 소망과 가문의 내력을 모두 이야기해줬다.

전국시대의 선비들은 모두 숭고한 협객 정신을 품고 있었다. 자신을 알아주는 사람을 만나면 늘 "선비는 자신을 알아주는 사람을 위해 죽는다"士爲知己者死24)는 신념에 몸을 맡겼다. 역사는 비록 일개 어부 출신이지만 '선비'의 기질을 지니고 있었다. 그는 본래 의협심이 강하여 천하의 불공평한 일을 해결하기를 좋아했다. 지금 창해군이 자신에게 은혜를 베풀 뿐 아니라 장량도 자신을 지기知己로 생각하며 이처럼 친절하게 대해주고 있으므로 이 두 사람의 진심을 팽개칠 수 없었다. 게다가 그의 잠재의식 속에도 "선비는 자신을 알아주는 사람을 위해 죽는다"는 신념이 자리 잡고 있었다. 그는 장량이 자신에게 진시황 암살 임무를 맡기고 싶다고 했을 때 바로 승낙했다.

장량은 특별히 솜씨 좋은 대장장이를 초청하여 무게가 120근(약 30킬로그램. 중국 고대의 1근은 약 250그램이었음)이나 나가는 대형 철추를 만들었다. 모양은 오이처럼 생겼고 손잡이가 달려 있는 철추였는데, 이 철추로 사람을 치면 단번에 목숨을 끊을 수 있을 정도였다. 장량도 자신의 몸에 날카로운 검을 지니고 다녔다. 때가 되면 바로 거사를 실행할 수 있도록 만반의 준비를 했다.

이 역사는 보통 사람들과 달랐다. 그는 특히 힘과 무예가 뛰어나서 120

---

24) 『전국책(戰國策)』「조책(趙策)」에 나온다.

『사기』「유후세가」원문

장량은 일찍이 회양에서 예를 배웠
다. 동방에서 창해군을 만나 역사
를 얻고 무게가 120근이나 나가는
철추를 만들었다. 良嘗學禮淮陽. 東見倉海君. 得

力士. 爲鐵椎重百二十斤.

근이나 나가는 철추를 휘두르면 그 동작이
빠르고 치밀하여 바람이나 물조차 스며들 수
없을 정도였다. 장량은 그 모습을 보고 기쁨
을 감추지 못했다. 장량은 마침내 가장 적합
한 자객을 찾았다고 느꼈다. 이때부터 장량
은 역사를 만날 때마다 '철추 형'이라고 불렀다.

장량은 때가 오기를 기다렸다. 그 무렵 드디어 진시황이 세 번째 순행에
나선다는 소문이 돌았다. 장량은 흥분을 억누르지 못하고 사람을 보내 진시
황의 순행 노선을 탐문했다. 그리고 그 사람에게 순행 노선을 직접 답사해보
고 가장 적합한 저격 장소를 물색하라고 지시했다.

마침내 그가 보낸 사람이 박랑사라는 장소를 발견했다. 숲이 우거져서
몸을 감추기 좋은 곳이라고 했다. 장량은 보고를 받고 기쁨을 감출 수 없었
다.

"이제 심원한 계획을 세워야 하오. 반드시 살아남아 장차 할 일을 해야
하오. 형가처럼 죽어서 후세 사람들에게 명성이나 남기려는 행동을 해서는
안 되오. 첫째, 절대로 목숨을 가볍게 여기지 말고, 둘째, 무명으로 사는 삶
도 마다하지 마시오. 이 두 가지를 꼭 기억해야 하오."

창해군은 장량이 진시황 암살 계획에만 전념하느라 다른 일은 전혀 돌
보지 않는 것을 보고 이렇게 그를 일깨웠다. 기실 창해군은 세속의 명성에
얽매이지 말고 자신의 목숨을 소중히 여겨야 한다는 사실을 오랜 은거 생활
을 통해 천천히 깨달았다.

"따라서 만약 일이 잘못 되더라도 목숨을 보전하여 후퇴할 방법을 강구
해야 하오."

창해군의 생각은 아주 분명했다. 그는 장량에게 도주할 경로를 적극 탐

제왕의 스승 장량

색해 놓으라고 권유했다. 창해군은 평소에도 장량에게 일의 성사 여부와 관계없이 먼저 퇴각 방법을 마련하는 것이 인간의 도리에 부합하고, 이 점이야말로 도가에서 말하는 "굽은 것이 온전하다"曲則全25)는 원리라고 말했다.

창해군의 말을 듣고서야 장량은 자신이 아직도 서생에서 벗어나지 못했음을 깨달았다. 평소에 창해군과 교류하며 그의 정신세계를 온전히 파악했다고 여겼지만 기실 진시황 저격 준비 과정을 통해 살펴볼 때 자신이 다소 탁상공론식으로 현실 분석에 임했음을 알아차렸다. 확실히 장량은 다급하게 속전속결로 일을 마무리하려 하면서 '진나라를 멸하고' '한나라를 부흥시키는' 일을 자기 인생에서 가장 큰 일로 여겼다. 그러나 일을 너무 서두르면 목표에 도달할 수 없는 법이다. 만약 진시황 암살 계획이 실패한 후 도주할 수 없으면 그렇게 오랜 세월 동안 고생하며 준비한 과정이 결국 도로아미타불이 되고 만다.

장량은 창해군의 건의에 따라 구체적인 암살 과정과 도주 노선을 세밀하게 마련했다. 창해군의 건의는 정말 일리 있는 대비책이었다. 결국 장량과 역사의 박랑사 저격 사건은 성공하지 못했다. 진시황이 자객 체포령을 내렸지만, 당초 장량의 계획이 주도면밀했기 때문에 두 사람은 신속하게 황하 연안 샛길을 따라 몸을 피할 수 있었다.

장량이 진시황을 암살하기 위해 계획을 세우는 동안 진나라는 이미 조, 위, 연, 초, 제 등의 나라를 모두 멸망시켰다. 진나라가 육국을 멸망시키는 데 걸린 시간은 겨우 10년에 불과했다. 장량이 박랑사에서 진시황 암살 거사를 실행했을 때는 이미 진시황이 천하를 통일하고 나서 3년이 흐른 시

---

25) 『노자(老子)』 제22장에 나온다.

점이었다.

위풍당당한 순행 과정에서 자객을 만난 진시황은 낭패감에 젖어 잠시 국가대사의 중심을 자객 체포로 옮겼다.

온 천하를 열흘 동안 크게 수색했다.大索天下十日26)

하지만 장량은 이미 아주 먼 곳으로 도주한 뒤였다. 그를 향해 쏜 화살은 그를 맞추지 못했다.

---

26) 『사기』 「진시황본기」에 나온다.

2장

천애

병서
이야기

하비에 몸을 숨기다

대수색 기간 열흘이 지나갔다. 당시 진나라 법률은 상당히 엄격했다. '천하제일자객'을 체포하기 위해 진시황은 황제로서 진정한 힘을 발휘했다. 그가 내린 '대수색령'은 모든 관리와 군사를 동원하여 하늘 아래 모든 곳을 샅샅이 뒤지는 명령인데, 지금의 용어로 대체하자면 바로 '전국수배령'에 해당한다. 일반적인 수색령은 대개 '대수색 3일' 또는 '대수색 5일'에 그치지만 이번의 황제 암살 미수 사건은 대역 사건이기 때문에 '대수색 10일'의 명령을 내렸다. 당시 진시황이 사태를 얼마나 엄중하게 보고 있었는지, 또 얼마나 분노했는지 알 수 있다.

진나라 관리의 체포를 피하기 위해 장량은 황하 연안을 따라 동쪽으로 달아났다. 계속 샛길을 따라 걷다가 마지막에는 하남 땅에서 강소江蘇 땅으로 방향을 바꿔 하비下邳(장쑤성江蘇省 피저우시邳州市 남쪽)라는 곳에 몸을 숨겼다.

하비는 아마 세계에서 가장 오래된 도시 중 하나일 것이다. 그곳은 강물

가에 자리 잡은 도시로, 어디를 가든 물을 만날 수 있다.

변수도 흐르고, 汴水流

사수도 흘러, 泗水流

과주 옛 나루에 닿네. 流到瓜州古渡頭

이것은 당나라 백거이白居易(772~846)가 「장상사」長相思에서 묘사한 풍경이다. 여기에 나오는 사수泗水(지금의 쓰허泗河 하류)가 바로 하비성을 돌아서 흘러간다.

전국시대에 추기鄒忌(BC 385?~BC 319)라는 사람이 제 위왕威王(?~BC 320)에게 허심탄회하고도 은근하게 간언을 올려 천하의 명성을 얻었고, 그 공로로 하비 땅을 봉토로 받았다.

'邳'라는 글자 모양은 매우 아름답다. 글자 자체의 변화 과정에도 하비라는 도시처럼 낭만적이고 신비한 색채가 깃들어 있다. '邳'는 고대에 본래 '不'자로 썼는데 형체가 비상하는 새 모양이다. 이것으로 나중에 또 꽃받침을 표시했다. 흥미로운 점은 현대 학자 궈모뤄郭沫若(1892~1978)[27]가 다음과 같이 '邳' 자를 해석했다는 사실이다.

'不' 자는 꽃의 씨방을 상형한 글자다. 씨방은 성숙하면 반드시 크게 팽창한다. 이 때문에 옛사람들은 이 글자로 '크다'는 뜻을 표시했다.

---

27) 궈모뤄: 중국 현대의 유명한 문학가, 역사학자, 정치가다. 1920년대에 낭만주의와 프롤레타리아 문학을 도입했다. 중국문련(中國文聯) 주석, 중국공산당 중앙위원, 전국정협(全國政協) 부주석을 역임했다. 시집 『여신(女神)』, 『갑골문자연구(甲骨文字研究)』 등의 저작을 남겼다.

제왕의 스승 장량

당시에 하비는 교통의 요지였다. 사수와 기수沂水(산둥성山東省 이허沂河) 두 강물이 흘러와 하비에서 합류했다. 이로 인해 이곳은 물류가 모이는 번화한 도시여서 협객과 준걸들이 모여들었고, 뜻을 얻지 못한 인사들도 흔히 이곳에 은거했다. 끊임없이 흐르는 강물처럼 사람들의 왕래가 빈번했다. 장량에게는 이곳이 몸을 숨길 만한 가장 적합한 장소였다.

도처에 역사의 흔적이 가득 남아 있는 도시에서 장량은 진나라 군사의 수색과 체포를 피하기 위해 본래 성과 이름을 숨겼다. 이때부터 진·한秦·漢 교체기를 풍미한 장량張良이란 이름이 정해졌고, 이 이름에 장량 인생 중후반기의 영광과 적막이 깃들게 되었다.

황석공을 위해 신발을 주워주다

당나라 시인 이상은李商隱(813?~858?)은 다음과 같은 시구를 남겼다.

장량은 황석의 술법으로, 張良黃石術
바로 제왕의 스승이 됐네. 便爲帝王師[28]

송나라 대문호 소식蘇軾(1037~1101)도 이렇게 읊었다.

이교 위에서 황석 만났단 소문 일찍이 들었더니, 曾聞圯上逢黃石

---

[28] 이상은의 장편 오언고시 「교아시(驕兒詩)」에 나온다.

오래오래 유후는 기만당하지 않았네. 久矣留侯不見欺29)

위의 시에서는 모두 작은 돌멩이 황석을 언급하고 있다. 그것이 무엇이기에 이처럼 오래도록 강한 매력을 발산할까? 실제로 장량이 마침내 전한 초기에 제왕의 스승이 된 것도 이 작은 돌멩이 황석과 밀접하게 연관되어 있다.

장량이 하비에 은거하고 나서 순식간에 몇 달이 흘렀다. 외부에서 철저한 수색 소문이 전해왔으므로 장량은 감히 성안으로 들어가지도 못했고, 큰길로 나서지도 못했다. 그는 저녁 무렵 사방에 인적이 드물어지면 혼자 집 밖으로 나가 인근 들판을 좀 거닐 뿐이었다. 그가 늘 가는 곳은 기수라는 강이었다. 기수를 지도에서 찾아보면 북에서 남으로 흐르며 배가 불룩한 모습으로 하비를 지나간다.

그날 저녁 장량은 또 기수를 따라 천천히 걸었다. 기수는 수려하고도 은은하게 강변 고을을 신비한 기운으로 덮고 있었다. 그것은 마치 장량이 마음속으로 그리던 산수화처럼 보였다. 장량은 양손으로 뒷짐을 지고 옷섶을 풀어헤친 채 바람을 쐬었다. 그의 마음은 쾌적했다. 자신이 당초에 도피 행각에 나서던 일이 뇌리를 스쳐가자 장량은 씩씩하고 운치가 넘치는 회고시懷古詩(옛날을 생각하는 시)라도 한 수 써야 할 것만 같았다.

그러나 그의 마음 한구석에는 말로 표현할 수 없는 슬픔이 숨어 있었다. 나라는 망하고 가문은 깨어져서 고향을 떠날 수밖에 없었지만 진시황 암살 계획은 아직 이루지 못했고, 비장한 소망도 성취하지 못했다. 나이는 벌써 서른을 넘었지만 한 가지 일도 제대로 완수하지 못했다. 그는 이교圯橋 위를 걸

---

29) 소식의 칠언절구 「기구양숙필(寄歐陽叔弼)」에 나온다. 소식의 동생인 소철(蘇轍)의 칠언율시 「채주호공관유도사(蔡州壺公觀劉道士)」에도 똑같은 시구가 나온다.

제왕의 스승 장량

으며 생각에 잠겼다. '이교'는 기수를 가로지르는 무지개형 다리다.

장량이 천천히 다리 위를 걸으며 깊은 생각에 빠져든 그때 거친 베옷 잠방이를 입은 한 노인이 맞은편에서 그를 향해 다가왔다. 장량의 면전을 지나치려는 순간 그 노인은 어찌된 영문인지 갑자기 신발을 다리 아래로 떨어뜨렸다. 노인은 장량을 보고 말했다.

"젊은이! 얼른 내려가서 내 신발 좀 주워와!"

분명히 자신이 내려가기는 좀 귀찮다는 목소리였다. 장량은 노인의 말을 듣고 뜨악해

『사기』「유후세가」원문

장량이 일찍이 하비의 이교圯橋 위를 조용히 거닐 때, 어떤 노인이 거친 베옷을 입고 장량이 있는 자리까지 다가와서 곧바로 자기 신발을 다리 아래로 던지고는 장량을 돌아보며 말했다. "젊은이, 내려가서 신발 좀 주워와!" 장량은 뜨악해하며 노인을 때리려 하다가 상대가 나이 많은 늙은이였기에 억지로 참고 내려가서 신발을 주워 왔다.良嘗間從容步遊下邳圯上, 有一老父, 衣褐, 至良所, 直墮其履圯下, 顧謂張良曰, '孺子, 下取履!' 良愕然, 欲毆之. 爲其老, 彊忍, 下取履.

하다가 잠시 후 좀 불쾌한 기분이 들었다. '이 영감탱이가 어찌 이리 무례한가?' 그는 소매를 떨치고 자리를 뜨려 하다가 상대방이 연세가 높은 노인임을 깨닫고는 화를 누르고 다리 아래로 내려가서 신발을 주워 올라왔다.

그러나 누가 짐작이나 했겠는가? 그 노인이 한마디 감사 인사도 하지 않고, 자신은 나이가 많으므로 당연하다는 듯이 다리를 앞으로 내밀며 다음과 같이 말할 줄이야!

"어서 신발을 신겨줘!"

장량은 이미 신발까지 주워왔으므로 좋은 일을 잘 마무리하자는 생각에 무릎을 꿇고 노인에게 신발을 신겼다. 노인은 신발을 신고 나서 고개를 끄덕이며 껄껄 웃다가 몸을 돌렸다. 장량은 멀어지는 노인의 뒷모습을 바라보며 기이한 느낌에 잠시 넋을 놓았다.

그런데 오래지 않아 그 노인이 다시 돌아와서 미소를 띠며 장량에게 말

이교圯橋 위에서 병서를 받다

했다.

"가르쳐볼 만한 괜찮은 젊은이로다! 닷새 후 이른 새벽에 이곳으로 오너라. 내가 네게 해줄 말이 있다."

장량은 노인의 몸에 신비한 기운이 서려 있음을 깨닫고는, 이제 노인이 그에게 특별한 만남을 선사해줄지도 모른다는 예감을 갖게 되었다. 장량은 놀랍고도 기쁜 마음으로 얼른 공손하게 꿇어앉아 예를 표하며 대답했다.

"네, 알겠습니다."

닷새 후에 장량은 새벽에 일어나 약속한 장소로 갔다. 그러나 그가 이교로 다가가자 먼저 와 있던 노인이 장량을 보고 꾸짖었다.

"어른과 약속을 하고 어찌 이리 늦게 올 수 있단 말이냐?"

노인은 화난 표정으로 장량에게 닷새 후에 좀 더 일찍 오라고 하고는 가버렸다.

닷새가 지난 후 장량은 새벽닭이 우는 소리를 듣고 바로 일어나 약속 장소로 달려갔다. 그런데 이번에도 노인이 벌써 와 있었다. 그는 늦게 도착한 장량을 또 꾸짖었다.

"어찌 또 늦었단 말이냐? 정말 기억력이 나쁜 녀석이구나. 닷새 후에 다시 오너라."

다시 닷새가 지난 후 장량은 자정도 되기 전에 일찌감치 이교로 가서 노인을 기다렸다. 시간이 한참 지난 후 노인이 다가오며 미소를 지었다.

"좋아! 진작 그랬어야지."

이어서 노인은 주머니에서 죽간 한 권을 꺼내 장량에게 건네주며 말했다.

"이 책을 숙독하면 제왕의 스승이 될 수 있다. 10년 후에 너는 하산하여 제왕을 보좌할 것이다. 또 13년 후에 네가 제북濟北 땅을 지날 때 나를 다시 만날 것이다. 그곳 곡성穀城 산 아래에 놓인 황석黃石 한 덩어리가 바로 나다."

노인은 말을 마치고 장량만 다리 위에 남겨둔 채 몸을 돌려 바람처럼 사라졌다. 날이 점점 밝아오던 무렵이라 장량은 그 책이 『태공병법』임을 알아보았다.[30] 죽간을 손으로 쓰다듬자 문득 평범하지 않은 감촉이 전해왔다. 우선 대충 뒤적여보니 "청정하고 텅 빈 마음으로 자신을 지키고, 낮고도 부드

---

30) 『태공병법(太公兵法)』: 『사기』 「유후세가」에는 장량이 황석공에게서 받은 책이 『태공병법』이라고 기록되어 있지만, 이 책이 강태공(姜太公)이 전한 병법서라는 말인지, 구체적인 책 제목으로서 『태공병법』인지는 분명하지 않다. 대체로는 강태공이 전한 병법서 『육도(六韜)』를 가리킨다고 인식한다. 하지만 지금 우리에게 전해지는 『육도』는 후세인의 위작으로 인정하는 사람이 많다.

러운 태도로 자신을 견지하라."淸虛以自守, 卑弱以自持31)는 등의 구절이 눈에 띄었다. 마음을 수양하는 말이 많아서 장량은 즉시 이 책에 빠져들었지만 문득문득 의구심이 들곤 했다.

'이런 책을 읽어서 제왕의 스승이 될 수 있을까?'

박랑사에서 진시황을 저격한 일이 실패한 후 장량은 줄곧 막연한 감정에 빠져 있었다. 그는 하비의 이교 위를 거닐면서도 어떤 특별한 의도는 없었지만 새로운 출구를 찾아야 한다는 생각에 젖어들곤 했다. 그러다가 이교 위에서 『태공병법』을 받고는 마침내 그것을 새로운 의지처로 삼게 되었다.

『태공병법』을 깊이 연구하다

장량은 거처로 돌아와서 이 죽간 책을 넘겨보며 내용을 파악하기 시작했다. 처음 읽는 과정에서 그는 이 책의 병법 관련 내용이 매우 심오하고 문자도 난해하다는 사실을 발견했다. 지금까지도 이 책에 대해서 사람들은 대체로 이와 같이 이해한다. 이 책의 신비하고 기이한 내용을 두세 마디의 말로 해석하는 것은 불가능한 일이다.32)

장량은 짧은 시간에 이 책을 제대로 이해할 수 없었지만 이 『태공병법』이 틀림없이 비밀리에 전해온 기이한 책임을 파악할 수 있었다. 이런 책은 구하는 것조차 쉽지 않기 때문에 조금의 게으름도 없이 매일 손에서 놓지 않고 깊이 연구했다. 모든 구절을 철저하게 분석하고 각 편을 심도 있게 음미하

---

31) 기실 이 구절은 반고(班固)가 『한서』 「예문지(藝文志)」에서 도가(道家) 사상을 개괄한 말이다.
32) 현재 전해지는 『육도』에 관한 설명이다.

제왕의 스승 장량

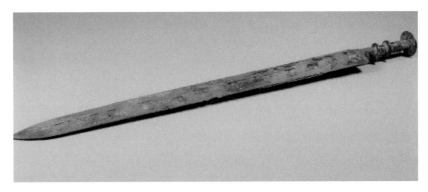
전국시대 초나라 식 청동검

는 가운데 『태공병법』에 포함된 종횡무진의 계책과 용병의 방법을 요령 있게 터득하게 되었다. 동시에 장량은 이 책에 황로黃老33) 학설이 많이 들어 있음을 알아차렸다. 이전에 장량은 주로 유가 경전을 공부했다. 그러나 지금 이 병서兵書는 "요점과 근본을 잡아"秉要執本, "오직 청정하고 텅 빈 마음을 견지해야 나라를 다스릴 수 있다"獨任清虛可以爲治는 학설을 제기한다. 기실 이러한 강론 내용은 모두 도가나 황로 학설과 연관되어 있다. 이 책을 읽는 과정에서 장량의 마음은 점차 부드럽게 변했다. 그것은 마치 오색 염료에 방직물을 담그면 천천히 색깔이 배어드는 과정과 비슷했다. 그의 육체는 천천히 도가 학설에 젖어들었고, 그의 두뇌 속에 자리 잡은 유가 중심의 예학禮學 체계도 점점 씻겨나가고 있었다. 장량의 심신은 안에서 밖까지 모두 변화하고 있었다.

진·한 초기의 철학 사상은 투박한 도자기 속에 액체를 담는 것과 같아서 흔히 도자기의 모양에 따라 사상의 형체가 결정되곤 했다. 장량은 자신의 총명한 재능을 이용하여 형이상학과 형이하학의 사상을 하나로 포용했는

33) 황로(黃老): 황제(黃帝)와 노자를 연원으로 삼는 사상을 가리킨다. 흔히 한나라 이후 도교(道敎) 관련 인물들이 도교의 연원을 높이기 위해 황제와 노자에까지 갖다 붙이는 경우가 많았다.

데, 이는 말처럼 쉬운 일이 아니다.

한가할 때 장량은 늘 이교에서 있었던 기이한 만남을 회상했다. 아울러 노인의 신발을 주워서 신겨주던 광경과 약속 장소에 늦게 가서 꾸지람을 듣던 일을 돌이켜보곤 했다. 그때 그의 얼굴에는 마뜩찮은 표정이 가득했지만 노인은 포기하지 않고 그에게 거듭 기회를 주었다.

'노인이 나의 예민하고 거만한 태도를 꺾은 후 너그럽고 참을성 있는 품성을 길러주기 위해 그렇게 한 것일까?'

장량은 천천히 노인의 의도를 깨닫기 시작했다.

뒷날 송나라 소식은 「유후론」留侯論이란 글을 써서 장량의 언행을 토론했지만 이 글에서도 소식은 장량이 이교에서 노인의 신발을 주워주던 일을 중요하게 거론하고 있다. 소식은 이 글에서 이렇게 말했다.

> 그 노인은 장량이 재주는 넘치지만 도량이 부족할까 염려했다. 이에 그의 젊은 예기를 깊이 꺾어, 소소한 분노를 참고 큰 지모를 갖출 수 있게 했다.夫老人者, 以爲子房才有餘, 而憂其度量之不足, 故深折其少年剛銳之氣, 使之忍小忿而就大謀.

황석노인이 장량에게 건네준 것은 병법 책 한 권이 아니라 드넓은 도량과 인내심이었다. 이를 바탕으로 장량은 지모와 책략을 갖춘 큰 인물이 될 수 있었다.

역사가 증명하는 바와 같이 장량의 사상은 확실히 이때부터 수준이 높아지기 시작했다. 장량은 세밀한 분석과 되새김을 통해 이전의 협객들이 기실 혈기만 믿고 만용을 부리는 사람에 불과했고, 그렇게 해서는 근본적으로 한나라 부흥의 소망을 실현할 수 없다는 결론에 도달했다. 『태공병법』을 읽고 나서는 더욱 더 진나라 타도와 한나라 부흥이 암살 같은 방법으로 이룰 수 있는 일이 아니라 반드시 '병법'의 수준에 도달해야 성공할 수 있는 일임을 깨달았다. 말하자면 무모한 행동의 수준에서 심도 있는 사상의 수준에 이르러야 그 목적에 다가갈 수 있다는 것이다.

뿐만 아니라 장량은 『태공병법』을 읽은 후 천하만사에 대한 이해도 더욱 철저해져서, 천하를 얻어서 잘 다스리려면 반드시 "요점과 근본을 잡아야 하고"秉要執本, 이 '요점'과 '근본'이 바로 '청정하고 텅 빈 마음'淸虛과 '낮고도 부드러운 태도'卑弱임을 깨달았다. 이러한 것은 모두 도가에서 중시하는 사상이지만 "요점과 근본을 잡고", "청정하고 텅 빈 마음과 낮고도 부드러운 태도"를 실현하기 위해서는 반드시 유가의 인의와 예학도 융통성 있게 운용하여 함께 조화를 이루도록 해야 했다.

"10년 동안 칼 한 자루를 간다"十年磨一劍34)는 말이 있다. 이 말은 정말 공허한 시구가 아니다. 장량은 은거 기간 내내 매일 문을 닫고 앉아 『태공병법』과 옛날 서적을 읽었다. 그 세월이 장장 10년이었다. 실제로 그는 이 10년 기간 동안 도가 학설을 연구했다. 10년 독서와 명상은 수행 과정과 같았다. 그의 사상은 크게 변했고 점점 성숙해졌으며, 이를 통해 이제 그는 '제왕의 스승'을 인생의 목표로 삼게 되었다. 장량의 이러한 수행은 튼튼한 나무의 가지와 줄기가 흙 속에서 물을 흡수하는 과정과 유사했다. 나무가 흡수한 물은 한 방울 한 방울 줄기를 타고 올라 마침내 나무 꼭대기까지 도달했다.

『태공병법』이 여불위呂不韋(?~BC 235)35)의 문객인 방연方衍36)과 관련이 있

---

34) 당나라 시인 가도(賈島)의 오언절구 「검객(劍客)」에 나온다.

35) 여불위: 전국시대 조나라 양적(陽翟) 출신 거상이다. 조나라에 인질로 잡혀 있던 진(秦)나라 왕손 이인(異人)을 도와 보위에 오르게 했다. 자신의 아이를 임신한 조희(趙姬)를 이인에게 바쳐 진시황을 낳게 하고, 자신은 나중에 진나라 승상에 임명되었다. 왕태후가 된 조희와 사통하다가 발각되어 촉(蜀) 땅으로 귀양가는 도중 자결했다. 자신의 문객들과 『여씨춘추(呂氏春秋)』를 편찬했다.

다는 학설도 있고, 주나라 강태공의 저작이란 학설도 있다. 또 황석노인에 대해서도 여러 가지 추론이 존재한다. 사실 장량이 이교에서 책을 받은 이야기는 『사기』와 『한서』에 기록되어 있지만 그 진위는 고찰할 수 없다. 반인반신半人半神의 황석노인과 신비한 『태공병법』이 도대체 진실로 존재했는지 여부는 여전히 역사의 물음표로 남아 있다. 우리가 이 이야기에 담긴 역사의 진실을 탐구하는 것은 마치 초정밀 거대 현미경을 극한으로 확대해보는 일과 같다. 하지만 황석노인과 『태공병법』에 초점을 맞춘 렌즈는 언제나 희미하게 보일 뿐이다. 그래도 장량의 일생은 이를 계기로 크게 변했다. 『태공병법』에 관한 전설은 장량의 인생 역정이 성숙한 경지로 나아가는 표지이며, 아울러 성공의 출발점이기도 하다. 훗날 그는 병법을 운용하여 일련의 복잡한 일을 원만하게 처리했다.

당나라 대시인 이백李白(701~762)은 하비를 지나다가 이 전설을 회고하며 시 한 수를 지었다.

장량은 아직 범처럼 포효하지 않을 때도, 子房未虎嘯
자기 집을 위하지 않고 재산을 흩뿌렸네. 破產不爲家
창해에서 장사를 구하여, 滄海得壯士
박랑사에서 진시황을 저격했네. 椎秦博浪沙
한나라 복수는 성공하지 못했어도, 報韓雖不成
하늘과 땅 모두가 진동했네. 天地皆振動
하비로 남몰래 숨어들었지만, 潛匿游下邳

---

36) 방연: 전국시대 한(韓)나라 사람으로 여불위의 문객이다. 병법에 밝았고 『여씨춘추』의 「논위(論威)」, 「결승(決勝)」 등과 『삼략(三略)』을 지은 것으로 알려져 있다.

어찌 지혜와 용기가 없다고 말하랴? 豈曰非智勇

내 이제 이교 위로 와서, 我來圯橋上

옛일 생각하며 영웅의 기풍 흠모하네. 懷古欽英風

오직 푸른 강물만 보이고, 唯見碧流水

일찍이 황석공은 자취 감췄네. 曾無黃石公

이 사람이 떠났음을 탄식하노니, 太息此人去

서주 땅 사수가 쓸쓸하게 텅 비었네. 蕭條徐泗空37)

당시 장량이 겪은 사상과 감정의 변화도 강물이 물길을 바꾸는 과정과 비슷하다. 그러나 구체적인 내용과 경로는 자세히 고찰하기 어렵다.

하비에서 협객으로 살다

장량은 문을 닫고 『태공병법』에 침잠하다가 때때로 시간을 내서 큰 거리로 나가 시국을 살폈다.

"소문 들었어? 황상皇上이 모든 책을 관청에 신고하라고 새로 명령을 내렸다는군."

"그렇다네. 또 어떤 선비 두 사람이 뒷전에서 욕을 했다고, 군사들을 동원해 잡아들였다던데, 이거 정말 너무하지 않아?"

하비 도심에서는 늘 사람들이 몰래 수군덕거렸다. 진시황 시절에는 "쓸

---

37) 이백의 칠언고시 「경하비이교회장자방(經下邳圯橋懷張子房)」이다.

데 없이 모여서 수군거리는 사람들은 목을 잘라 저자 거리에 효수한다"偶語者
棄市38)는 엄격한 법이 있었다. 그러나 하비에서는 이 법이 잘 시행되지 않아서
사람들은 밥을 먹고 차를 마시면서 여전히 나랏일을 놓고 갑론을박을 벌였
다.

이처럼 시시콜콜한 가담항설街談巷說을 통해 장량은 당시에 발생한 국가
대사를 알 수 있었다. 예를 들어 진시황이 관여한 '분서갱유'焚書坑儒 사건도 그
중 하나였다. 당시 조정의 권력자 이사李斯(BC 284~BC 208)는 자신의 충성심
을 과시하기 위해 진시황에게 다음과 같이 건의했다.

> 진나라 역사, 농업, 점술, 의약 서적을 제외하고는 모든 책을 불태우십시오.
> 전국의 백성과 선비들이 몰래 소장하고 있는 유가 경전과 제자백가 서적도 전
> 부 관청에 바치게 하여 소각하도록 하십시오.

진시황은 이사를 총애했기 때문에 즉각 그의 건의를 받아들여 전국에
서 '분서'焚書(책을 불태우는 만행)를 자행했다.

또 한 번은 노생盧生과 후생侯生이라는 방사方士가 배후에서 진시황을 비난
했다. 진시황은 그 사실을 알고 나서 그들을 잡아들이라고 했다. 그런데 잡
아들이기도 전에 그들은 멀리 도주하고 말았다. 진시황은 황제의 체면도 잊
고 불같이 화를 냈다. 이어서 함양에 사는 일부 유생들이 진시황에 대해 이
러쿵저러쿵 논란을 벌이자 이들을 잡아들여 가혹하게 심문했다. 먹물만 먹
은 독서인들이 어떻게 심한 고문을 견딜 수 있겠는가? 이들은 심문을 받는

---

38) 『사기』 「진시황본기」에 나온다.

제왕의 스승 장량

승상 이사가 진시황에게 '간축객서'諫逐客書를 올리는 장면

과정에서 많은 사람들을 끌어들였다. 이에 진시황은 그들을 모두 체포하라고 명령을 내렸고, 대략 460여 명의 유생을 잡아들여 여산驪山(산시성 시안시 린퉁구臨潼區 남쪽) 골짜기로 끌고 가 전부 생매장해 죽였다. 이들 대부분이 유생이었기에 이 일을 '갱유'坑儒(유생 매장) 사건이라고 부른다.

하비 거리에서 장량은 진시황이 신선술과 단약을 구한다는 말과 '분서갱유'라는 만행을 저질렀다는 말을 듣고 진나라의 운수가 내리막길에 접어들었음을 감지하는 동시에 한나라를 위한 복수에도 희망이 생겼음을 느꼈다. 그는 병법을 깊이 연구하는 일을 제외하고도 의식적으로 자신의 생존 환경을 개선하기 시작했다.

하비라는 곳은 사람들이 그리 주목하는 곳은 아니지만 의외로 장점이 많은 곳이었다.

첫째, 하비는 진나라 중심에서 멀리 떨어진 편벽한 곳이라 조정의 영향력이 비교적 약했다.

둘째, 하비 사람들의 기풍은 소박하면서도 열정적이어서 꺾이면 꺾일수록 더욱 분발하는 성격을 갖고 있었다. '邳'(비)라는 글자 속에도 '비상하는 새'라는 뜻과 '크다'는 두 가지 뜻이 모두 포함되어 있다. 이 때문에 하비 백성들은 강인한 개성과 의협심이 강한 기풍을 지니게 된 듯하다.

셋째, 진나라 말기에 봉기한 영웅호걸들이 대부분 중국 동쪽 하비 인근에서 탄생하거나 생활했다. 예를 들면 하비 서쪽 패현沛縣(장쑤성 쉬저우시徐州市 페이현沛縣)에서는 나중에 반진反秦 의군의 영수가 된 유방이 태어났다. 그는 당시에 하루 종일 개장수 백정들과 호형호제하면서 저잣거리를 나돌았다. 하비 남쪽 회음淮陰(장쑤성 후이안시淮安市 후이인구淮陰區)에서는 뒷날 한나라 군대의 최고사령관이 된 한신韓信(BC 231?~BC 196)이 장검을 등에 메고 거리를 떠돌다가 불량배의 가랑이 사이를 기어나가는 치욕을 당했다. 서초패왕西楚覇王 항우項羽(BC 232~BC 202)의 고향 숙천宿遷(장쑤성 쑤첸시)도 하비에서 아주 가깝다. 항우는 그곳에서 자신의 숙부 항량項梁(?~BC 208)으로부터 "만인을 상대할 수 있는" 병법과 검술을 배웠다. 하비 남쪽 대택향大澤鄕(안후이성安徽省 쑤저우시宿州市 다쩌샹진大澤鄕鎮)은 나중에 진나라에 반대하며 농민봉기를 일으킨 풍운아 진승陳勝(?~BC 208)과 오광吳廣(?~BC 208)이 활동한 곳이다.

장량에게 하비는 살아가기 좋은 환경을 갖고 있었다. 게다가 이처럼 강한 반진反秦 분위기까지 배경에 깔려 있어서 장량에게 하비는 정말 사막의 오아시스와 같은 곳이었다. 따라서 장량이 개선해야 할 것은 자기 주위의 소소한 환경들이었다.

당시에 장량은 하비에서 '협객 활동'을 가장 중요한 일로 삼았다. 처음에는 장량도 하비 토박이들에게는 눈에 거슬리는 외지인에 불과해서 조심스럽고 온순하게 행동할 수밖에 없었을 테지만 시간이 지나 점차 그곳에 적응하면서부터는 결코 안분지족하는 삶을 살지 않았다. 사마천조차도 장량이 하비에 거주하는 동안 늘 '협객 활동'을 했다고 기록했다.

또 장량은 태생적으로 의협심이 강한 성격을 갖고 있었으므로 그곳에서 협객으로 활동하는 일이 전혀 어렵지 않았다. 구체적으로 협객 활동을 어떻게 했는지는 사마천이 아무것도 기록하지 않았다. 그러나 앞뒤 기록을 분석해보면 다음과 같은 몇 가지 활동을 한 듯하다.

첫째, 마음에 맞는 벗을 널리 사귀었다. 장량은 병법을 깊이 연구하는 틈틈이 늘 의식적으로 외출하여 현지의 백성과 교분을 맺고 그들과 함께 술을 마시며 대화를 나눴고, 이를 통해 각 지역에서 발생한 재미있는 이야기와 사건을 알게 되었다. 또 때로는 사람들과 함께 진나라 조정에 반대하는 불만을 터뜨리기도 했다. 이렇게 한 결과 그는 자연스럽게 현지인들과 뜨거운 정을 나누게 되었다.

둘째, 사람들의 불공평함을 해소해줬다. 당시에 진나라 조정에서는 가혹한 형법을 시행했지만 조정에서 멀리 떨어진 하비에서는 그 법이 큰 소용이 없었다. 장량은 늘 사소한 일일지라도 수난을 당하는 사람들을 위해 칼을 빼들었다. 현지의 세력가들도 이런 장량을 상당히 두려워했다.

셋째, 뛰어난 언변을 과시했다. 장량은 어려서부터 좋은 교육을 받았기에 자연스럽게 언변에 뛰어났고 풍모도 비범했다. 이 때문에 하비에서도 그의 언변이 잘 통하여 사람들의 존중을 받았다.

넷째, 돈을 잘 썼다. 하비와 같은 시골 소도시에서 사람들과 함께 어울리려면 돈을 잘 써야 했다. 장량도 이 점을 잘 알고서 자신의 남은 재산을 사방에 희사하며 어려움에 처한 사람들을 구제했다.

시간이 지나면서 사람들은 장량이 늘 의협심을 발휘하며 재산을 희사하는 협객이라는 사실을 알고 모두 그와 사귀기를 원했다. 장량의 주위에는 점점 큰일을 추진할 만한 인재와 역량이 쌓이게 되었다.

의협심으로
항백을 구해주다

하비에서 지내는 동안 장량은 아주 중요한 일 한 가지를 했다. 그것은 바로 살인범 항백項伯(?~BC 192)을 숨겨준 일이다. 항백은 『사기』에서 조연 중한 사람으로 나오지만 강력한 항씨項氏 가문 출신이라는 점이 매우 중요하다.

항씨는 대대로 초나라 장수를 역임했다. 항백의 부친은 초나라 명장 항연項燕(?~BC 223)으로, 일찍이 진왕이 대장 왕전王翦에게 대군을 주고 초나라를 공격하게 했을 때 항연은 끝까지 저항했지만 결국 패배하자 울분을 이기지 못하고 칼로 스스로 목숨을 끊었다.

항백에게는 항량項梁(?~BC 208)이라는 형이 있는데, 문무겸전하고 병법에 정통하여 당시 항씨 가문의 대들보 역할을 했다. 항백은 아우로서 자연스럽게 형을 보위하기 위해 진력을 다했다. 한번은 항량이 모함을 당해 역양櫟陽(산시성 시안시 옌량구閻良區 우툰武屯)에서 체포되어 옥에 갇히게 되었다. 항백은 돈을 많이 쓰더라도 형을 구출하려 했다. 그는 송사를 담당하는 역양 옥리獄吏 사마흔司馬欣(?~BC 203)이 기현蘄縣(안후이성 쑤저우시 치셴진蘄縣鎭)의 옥리 조무구曹無咎(?~BC 203, 일명 조구曹咎)와 매우 친하다는 사실을 알아냈다. 항백은 마

서초패왕 항우

침 일찍부터 조무구와 형제처럼 지내는 사이였다. 이에 항백은 밤을 새워 기현으로 달려가서 조무구를 찾았다. 그는 조무구에게 부탁하여 사마흔에게 보낼 편지를 한 통 써달라고 했다. 이 관계를 통해 항백은 마침내 항량을 옥에서 빼낼 수 있었다.

나중에 항량은 또 자신의 재능을 뽐내다가 다른 사람과 논쟁이 붙었는데, 잠깐 사이에 실수하여 그 사람을 죽였다. 그는 할 수 없이 조카 항우를 데리고 오중吳中(장쑤성 우현吳縣)으로 도피했다. 항량은 본래 재능이 뛰어난 사람인지라 오중에 도착한 후 영웅으로서의 본색을 발휘하기 시작했다. 그는

제왕의 스승 장량

사람됨이 호방하면서도 대범한 데다 돈을 물 쓰듯 쓰며 과감하게 일을 처리했다. 이 때문에 현지인들조차도 해결하기 어려운 일이 생기면 먼저 그에게 도움을 청했다. 오래지 않아 그곳의 좋은 일과 궂은 일을 모두 주관하게 되면서 항량은 오중의 풍류 인물이 되었다.

항량의 부친은 피끓는 성품을 가진 항연이었기에 항량도 소소한 일상에 안주하려 하지 않았다. 그는 오중에서도 진나라에 반란을 일으켜 초나라를 부흥하려는 마음을 잊지 않았다. 따라서 항량은 자신이 쌓은 현지의 위신을 이용하여 사람들을 모으기 시작했다. 겉으로는 그들에게 병법 훈련을 시킨다고 했지만 실제로는 남몰래 민심을 수습하며 역량을 모으다가 기회가 되면 진나라에 반란을 일으킬 심산이었다.

당시에 항량의 조카 항우는 스무 살이 넘으면서 초인적인 힘을 가진 장사로 성장했다. 항우는 늘 엄청나게 무거운 솥을 머리 위로 들어 올리며 사람들을 놀라게 했다. 항우는 태어나면서 두 눈에 각각 눈동자가 두 개였다.[39] 전설에 의하면 역대로 유명한 제왕의 형상이 이렇다고 했다. 이 때문에 항우의 미간에는 항상 영웅의 기상이 서려 있었다.

항량은 항우가 자신의 교육과 훈도 아래 문무文武의 본령을 배워서 초나라 광복에 큰 힘을 발휘하기를 바랐다. 처음에 항량은 항우에게 글자와 책 읽기를 가르쳤지만 항우는 잠시 배우다가 전혀 흥미를 보이지 않았다. 항우가 말했다.

"독서가 무슨 소용이 있습니까? 글자 공부는 자신의 이름을 쓸 정도면 됩니다."

---

39) 원문은 중동(重瞳)이다. 두 눈에 각각 눈동자가 두 개인 사람이다. 흔히 비범한 인물을 나타낸다. 중국 역사 기록에 의하면 순(舜) 임금, 진(晉) 문공(文公), 항우(項羽) 등이 중동이었다고 한다.

항량은 항우가 책을 읽으려 하지 않자 그의 장대한 신체와 엄청난 완력에 어울리는 검술을 가르치려고 했다. 그러나 항우는 검술도 잠시 배우다가 자신의 장검을 던져버리고 그의 인생에서 가장 유명한 말을 남겼다.

"검술 학습은 독서보다 좋기는 하지만 몇 사람과 싸워 이기는 기술일 뿐입니다. 저는 만 명을 대적할 수 있는 기술을 배우고 싶습니다."

항량은 항우의 말을 듣고 깜짝 놀랐다. 그는 평소에 과묵한 자신의 어린 조카가 이렇게 큰 뜻을 품고 있으리라고는 생각지도 못했다. 항량은 항우의 뜻을 소홀히 여기지 않고 집안에 비장해 온 병법 책을 꺼내서 한 장씩 항우에게 강의했다.

항우에 관해서는 생동감 있는 일화 한 가지가 전해온다. 항우가 스무 살 되던 해 진시황은 중국 동남 지역을 순행했다. 그때 아직도 머리에 피도 마르지 않은 항우는 회계산會稽山(저장성浙江省 사오싱시紹興市 콰이지산會稽山) 꼭대기에서 위엄 있고 화려한 진시황의 행차가 강을 건너는 것을 보고 역사에 회자되는 유명한 말을 남겼다.

저 지위를 빼앗아 내가 대신하리라.彼可取而代也40)

뒷날의 행적이 증명한 바와 같이 항우는 절대로 안분지족하는 인물이 아니었다. 그는 도처에서 좌충우돌하며 진·한이 교체되던 전란 시기에 풍운을 일으키는 영웅호걸이 되었다.

항백도 이런 가정에서 태어나 자연스럽게 칼을 휘두르는 충동을 이기지 못했다. 그는 부주의한 행동을 하다가 살인 사건을 일으켰고, 결국 하비로

---

40) 『사기』 「항우본기(項羽本紀)」에 나온다.

       제왕의 스승 장량

도피하여 장량과 만나게 되었다.

기실 항백과 장량은 일찍부터 서로 알고 지낸 사이였다. 두 가문 사이에 대대로 교분이 있었던 것으로 보인다. 하지만 당시 두 사람은 아직 깊은 우정을 나누는 사이는 아니

『사기』「유후세가」 원문

(장량은) 하비에 거주하며 협객 활동을 했다. 항백이 일찍이 살인을 저지르고 장량을 따라 숨었다.^{편下邳}
爲任俠. 項伯嘗殺人, 從良匿.

었다. 그때 항백이 살인을 하고 도피해왔기 때문에 장량은 의협심을 발휘하여 그를 자기 주위에 숨겨줬다. 두 사람은 모두 육국 귀족의 후예인 데다 범죄를 저지르고 하비로 도피해왔으므로 자연스럽게 동병상련의 감정을 공유했다. 장량은 항백을 지기知己로 여겼고, 늘 함께 고담준론을 나누면서 형제처럼 대해줬다.

한번은 장량이 『태공병법』을 읽다가 우연히 새로 터득한 바가 있어서 특별히 다른 사람과 이야기를 나누고 싶었다. 그때 마침 항백이 찾아오자 장량은 바로 그에게 『태공병법』을 거론했다.

하지만 항백은 장량의 설명을 듣고도 매우 막연한 표정을 지었다.

"정말 부끄럽소. 공의 말씀에 의하면 그처럼 수준 높은 이론이라는데, 나는 왜 그 오묘한 이치를 이해할 수 없을까요?"

항백도 자질이 뛰어나고 총명한 사람이라 『시경』詩經, 『상서』尙書, 『예기』禮記, 『주역』周易과 같은 책은 모두 읽었다. 따라서 한마디 한마디 도리를 이야기하며 자신의 식견을 드러낼 만한 능력을 지녔다. 그러나 항백은 유독 장량이 이야기하는 『태공병법』의 이론은 아무리 생각해도 이해할 수 없었다.

기실 하비에서 10년을 보내는 동안 장량은 많은 사람에게 『태공병법』을 이야기했지만 아무도 그 내용을 이해하지 못했다. 장량의 잠재의식 속에서는 자신을 이해해줄 수 있는 사람이 나타나기를 늘 기대하고 있었다. 그러다가 항백을 만났다. 장량은 항백의 논리가 보통 사람과 다르다는 사실을 알았

다. 그는 항백이야말로 장차 큰일을 함께 할 수 있는 총명한 인물로 여겼지만 지금 그가 하는 말을 들어보니 항백도 그런 사람이 아니었다.

이후로 장량은 더 이상 다른 사람과 병법을 이야기하는 일이 드물어졌다. 다만 매일 이른 새벽 이교 주위를 거닐며 혼자서 생각하고 스스로 깨달음을 얻었다.

당시 항백은 특별한 가문 출신이었고, 그런 항백을 장량이 구해줬기 때문에 하비에서부터 주위의 패현과 풍읍豊邑(장쑤성 쉬저우시 펑현) 일대에 이르기까지 장량의 명성이 저절로 높아졌다. 명성과 신용이 높아지자 일시에 많은 협객들이 그와 교분을 맺으려고 찾아왔다.

3장
___

풍운

유방과
교유하다

진시황이 병들어 일어나지 못하다

7월은 더위가 심한 계절이다.

"소문 들었어? 황제가 죽었다네!"

"그러게 말이야. 소문에는 순행을 나갔다가 등창이 생겨서 일어나지 못하고 귀환 도중에 죽었다는군."

"아이고, 아깝네. 황제의 연세가 이제 겨우 쉰을 넘겼는데 말이야."

하비 거리에서 사람들이 몰래 수군거렸다.

진시황의 사망 소식을 들었을 때 장량의 나이는 벌써 마흔을 넘겨서 그의 곁에 있는 초나라 보검에도 녹이 슬어 있었다. 10년 동안 이 나라에도 경천동지할 사건이 여럿 발생했다. 그중에서도 진시황 사망이 가져올 연쇄반응은 예상하기 어려웠다. 진시황 자신도 순행 도중에 죽음을 맞으리라고는 생각하지 못했을 것이다.

기원전 120년, 즉 진시황 31년, 황제는 죽음의 순행을 시작했다. 이번 순행에서 진시황은 주로 신선을 찾으려 했다. 그는 먼저 남방의 운몽雲夢(지금의 홍후洪湖와 둥팅후洞庭湖 일대)으로 갔다가 이후 다시 구의산九嶷山(후난성 닝위안현寧遠縣 주이산九嶷山)에 올라 조상인 순舜 임금에게 제사를 올렸다. 이어서 회계산에 올라 치수에 성공한 우禹 임금에게도 제사를 올렸고, 그런 후 회계산 위에 각석을 세우고 자신의 공적을 찬양했다. 하산 후에는 오중에서 북상하여 부지런히 신선을 찾으려고 했다.

하지만 천하를 거의 한 바퀴 돌았는데도 진시황은 신선을 만나지 못했고 무슨 영단靈丹이나 불사약도 구하지 못했다. 오히려 도중에 피로가 쌓여 병이 위중해졌다. 진시황의 병은 그의 과로와 관련이 있을 가능성이 크다. 통일 왕조를 이룬 이래 그는 자신의 능력만 믿으면서 날마다 모든 일을 직접 처리했다. 큰일이든 작은 일이든 모든 국사를 직접 챙겼다. 진시황은 매일 120근에 달하는 죽간 문서를 살펴야 했다. 이처럼 부지런한 정무 처리는 고대의 제왕 중에서 우 임금만이 여기에 비견할 수 있을 정도였다.

병세가 갈수록 위중해짐에 따라 진시황은 자신의 생명이 한계에 도달했음을 감지하고 유조遺詔를 내려 태자 부소扶蘇(?~BC 210)에게 황위를 물려주려 했다. 그러나 조서가 출발하기도 전에 진시황은 목숨을 거뒀다.

당시에 이사는 진시황 사망 소식을 비밀에 부치고 그의 시신을 수레 안에 안치한 후 행진을 계속했다. 아울러 모든 수레에 생선을 한 상자씩 싣게 했다. 생선 썩는 냄새로 시신 썩는 냄새를 덮기 위한 목적이었다.

진시황의 유조는 중거부령中車府令 조고趙高(?~BC 207)에게 맡겨졌고, 조고는 자신이 권력을 독차지하기 위해 부소를 황위에 올리려 하지 않았다. 그는 중간파 이사와 결탁하여 함께 조서를 고쳐서 진시황의 막내아들 호해胡亥(BC 230~BC 207)가 보위를 계승하게 했다. 동시에 가짜 조서를 부소에게 전하고 그를 자결하게 만들었다. 이에 호해가 즉위하니 그가 바로 진이세秦二世다.

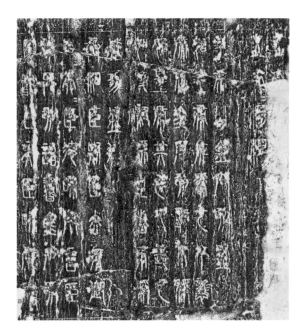

진나라 낭야대瑯琊臺 각석

물론 하비에도 호해의 악행에 관한 소식이 끊임없이 전해졌다. 장량은 호해의 재위 기간도 그리 길지 못할 것이라고 예상했다. 과연 호해는 보위에 오른 이후 겨우 2년 동안 사람들이 손가락질하는 일련의 폭정을 자행했다. 그는 먼저 수많은 대신과 황실 공자들을 죽였다. 그 이유는 이들이 감히 진시황의 조서를 의심하기 때문이라고 했다. 그는 이들을 죽여서 사람들의 입을 막았다. 그 뒤 또 얼토당토않은 죄목을 덮어 씌워 장군 몽의蒙毅(?~BC 210), 우승상 풍거질馮去疾(?~208), 장군 풍겁馮劫(?~208) 등 공신들을 사형에 처했다. 대신들 중에서 감히 간언을 올리는 사람이 있으면 사안의 경중을 불문하고 모두 조정 비방의 죄명을 씌워 형법으로 다스렸다.

물론 이런 일은 호해 혼자서 하지 못하고 모두 조고와 모의한 후 감행했다. 조고는 진시황이 죽은 후 줄곧 한가한 생활을 할 틈이 없었다. 조정의 실권 인물이 되자 조고는 먼저 이사가 땅을 분할하여 왕을 칭하려 한다고 모함하여 허리를 잘라 죽였다. 이어서 그는 또 '지록위마'指鹿爲馬라는 역사의 추문을 남겼다.

이사가 죽은 후에는 조고가 저절로 승상의 지위에 올랐다. 그러나 그는 또 대신들이 자신의 명령을 듣지 않을까 염려하여 그들 사이에서 자신의 지위가 어떤지 시험해보고 싶었다. 자신의 권위를 증명하기 위한 시도였다. 어느 날 조회에서 조고는 사슴 한 마리를 진이세 호해에게 바쳤다. 조고는 사슴을 가리키며 호해에게 말했다.

"폐하! 이 말이 어떻습니까?"

호해가 웃으며 말했다.

"승상께서 잘못 보았소. 이것은 분명히 사슴인데 어째서 말이라 하시오?"

하지만 조고는 감히 거짓말을 하며 억지를 부렸다.

"폐하! 잘못 보셨습니다. 이것은 틀림없이 말입니다."

말을 마치고는 대신들을 보고 각자 의견을 말해보라고 했다. 어떤 자는 말이라고 대답했고, 어떤 자는 사슴이라고 대답했다. 조회가 파한 후 조고는 사슴이라고 대답한 대신을 모두 살해했다. 이런 상황이 벌어지자 대신들은 위기감을 느끼고 조고가 잘못 되었다고 말하는 사람이 없게 되었다. 천하는 공포 속으로 빠져들었다. 진나라 조정은 폭풍우 속으로 휘말려 들어갔고 나라는 점점 기울게 되었다.

장량이 봉기하다

제왕의 스승 장량

장량이 은인자중하며 2년을 더 기다리자 과연 아무 염려할 것도 없이 천하가 분할되었다.

왕후장상의 씨가 어찌 따로 있겠는가?王侯將相寧有種乎 41)

진승42)이라는 젊은이가 대택향에서 팔뚝을 휘두르며 고함을 치자 전국에서 진나라에 반대하는 봉기가 폭풍우처럼 일어나 대지를 휩쓸었다. 대택향은 경전에 나오지 않는 작은 고을이지만 이때에 이르러 진승과 오광이라는 무명 병졸이 가장 먼저 반진反秦 깃발을 들자 검은 두건을 쓴 일군의 백성이 그곳으로 몰려들었다. 진나라 때는 검은색을 숭상했고, 백성들은 진나라가 숭상하는 검은색으로 두건을 만들어 머리를 동여맸다. 이 때문에 당시에는 백성을 '검수'黔首라고 불렀는데, 이는 '검은 머리'라는 뜻이다.

진승은 당시에 양성陽城(허난성 상수이현商水縣)에서 노역에 복무한 빈민이었다. 그에 관한 다음과 같은 일화가 전해온다. 진승은 젊은 시절 남의 집 농사를 돕는 머슴 일을 했다. 잠시 쉴 때마다 그는 밭두렁에 앉아 사람들에게 "만약 부귀해지면 서로 잊지 말자!"고 했다. 주위 사람들은 그의 말을 듣고 비웃음을 흘렸다. 그러자 그는 길게 탄식하며 말했다.

제비와 참새가 어찌 큰기러기와 고니의 뜻을 알겠는가?燕雀安知鴻鵠之志哉 43)

---

41) 『사기』「진섭세가(陳涉世家)」에 나온다.
42) 진승(陳勝)의 자(字) 섭(涉)이므로 흔히 진섭(陳涉)으로도 불린다.
43) 『사기』「진섭세가(陳涉世家)」에 나온다.

『사기』「유후세가」원문

그 뒤 10년이 지나자 진섭 등이 거
병했다. 장량도 젊은이 100여 명을
모았다. 경구가 자립하고 초왕이
되어 유 땅에 있었다. 장량은 그곳
으로 가서 그를 따르려 하다가 가
는 도중에 패공을 만났다. 後十年, 陳涉等
起兵, 良亦聚少年百餘人. 景駒自立爲楚王, 在留. 良欲往從之,
道遇沛公.

기실 진승이 이처럼 아름답고 이상적인 말을 할 수 있는 사람임을 고려해보면, 그는 확실히 보통 사람과는 달랐다. 천백 년 후에도 이 말은 상당히 수준이 높다고 인정되는데 하물며 그 당시임에랴! 진승의 이 한마디가 그의 미래를 결정했다고 할 만하다.

진승은 나중에 어양漁陽(베이징시北京市 미윈구密雲區 남서쪽)으로 징발되어 변방을 지키러 가야 했다. 중도에 그는 둔장屯長에 임명되었지만 큰 비가 내려 도착 시간을 맞출 수 없었다. 그는 어양에 도착한다 해도 사형을 당할 수밖에 없다는 데 생각이 미치자 차라리 압송 관리를 죽이고 반란을 일으키는 것이 낫다고 여겼다. 그런데 누가 짐작이나 했겠는가? 그가 올린 이 횃불이 진나라 전역을 태울 줄이야!

바로 뒤를 이어 각지의 농민대중이 홍수처럼 군사를 일으켜 진승에게 호응했다. 진승의 거사는 당연히 장량의 마음을 뒤흔들었다. 그리하여 장량도 하비에서 적극 행동에 나서 의군의 기치를 높이 들고 군사를 모집했다. 그는 하루 만에 200여 명의 군사를 모았다.

그 시절 하비에서 멀지 않은 유留(장쑤성 페이현沛縣 동남쪽) 땅에 진가秦嘉(?~BC 208)라는 사람이 있었는데, 그는 진승의 부하로 군사 한 부대를 이끌고 그곳에 주둔했다. 진가는 전국시대 초나라 왕실의 후예인 경구景駒(?~BC 208)를 초왕으로 옹립한 후 초나라 깃발을 걸고 진나라에 항거하며 군사를 모으고 군마를 사들였다. 그는 당시에 상당한 세력을 떨쳤다. 장량은 자신이 모집한 의군을 인솔하고 경구에게 투신하기로 결정했다.

장량은 하비에 몸을 숨긴 후 반진 의군을 일으키기까지 꼭 10년 세월을 보냈다. 그는 황석노인의 말을 상기했다.

"너의 하산은 결국 10년 후에 이루어질 것이다."

정말로 이 말의 영험함이 증명되었다.

유방을 만나다

장량은 경구에게 투신하려 가는 도중에 뜻밖에도 미래의 인생 지기인 유방을 만났다. 유방은 패 땅 사람으로 이전에 사수정장泗水亭長을 지낸 적이 있다. 한번은 진시황이 여산에서 능묘를 수축했다. 그때 유방은 명령을 받고 일군의 죄수들을 여산 노역장으로 압송해야 했다. 죄수들은 노역장에서 흉한 일이 많이 생긴다는 사실을 알고 압송 도중 한두 명씩 도망치는 일이 잦았다. 유방은 그런 모습을 보고 생각했다.

'이렇게 가다가는 여산에 도착하지도 못하고 사람들이 모두 사라질 것이고, 나는 죄를 면치 못할 것이다.'

이러지도 저러지도 못하게 된 유방은 죄수들을 포박한 줄을 풀고 그들을 모두 석방했다. 그중 장사 10여 명은 다른 곳으로 가려 하지 않고 유방을 따라 망현芒縣(허난성 융·청시永城市 천지진陳集鎮)과 탕현碭縣(허난성 융청시 망산진芒山鎮) 일대의 소택지로 가서 몸을 숨겼다.

당시에 진승과 오광이 '장초張楚' 정권을 세우자 전국 각지의 사람들이 분분히 그들에게 호응했다. 패현의 현령도 이 열기를 타고 의군에 투항하려 했다. 이때 현령의 수하로 있던 소하와 조참이 이렇게 건의했다.

"공은 진나라 현령인데 지금 진나라를 배반하면 사람들이 복종하지 않을까 걱정이 됩니다. 차라리 유방을 불러와서 복종하지 않는 자들을 제압하

한 고조 유방

는 것이 가장 좋겠습니다."

　이에 현령은 유방의 동서 번쾌樊噲(BC 242~BC 189)에게 유방을 찾아가게
했다. 그러나 현령은 유방이 100여 명의 군사를 거느리고 들어오자 유방이
자신의 지휘를 받지 않을까 걱정이 되어 자신의 결정을 후회했다. 현령은 결
국 성문을 굳게 닫고 유방을 들어오지 못하게 했다.

　그러자 유방은 성 밖에서 편지 한 통을 써서 화살에 매달아 성안의 노인
들에게 쏘아보냈다. 그 내용은 패현의 노인들이 마음을 모아 현령을 죽이고
서로 함께 진나라에 항거하여 자신과 가문의 운명을 보전하자는 것이었다.
노인들이 정말 현령을 죽인 후 성문을 열고 유방을 패현으로 맞아들여 그에

게 현령이 되기를 청했다. 그러나 유방은 겸손하게 사양했다.

"천하의 형세가 아주 긴급합니다. 만약 현령을 뽑는 일이 타당하지 않으면 바로 일패도지一敗塗地(여지없이 패하여 다시 일어날 수 없게 됨)하게 될 것입니다. 부디 다른 사람을 뽑아주십시오!"

그러나 그들은 다시 유방을 현령에 추대했고, 이때부터 그를 패공沛公이라 부르게 되었다.

유방은 자신의 군대를 거느리고 하비성을 치러 가는 길에서 장량을 만났다. 유방이 장량에게 말했다.

"공이 이미 진나라에 항거하는 군사를 일으켰다면 어찌 나와 함께 하비를 치러 가지 않으시오?"

장량은 처음 전장으로 나가는 길에 후덕한 모습의 유방을 보고 바로 대답했다.

"좋습니다. 저는 이제부터 패공을 따르며 저의 군대를 단련하겠습니다."

이에 장량과 유방은 처음으로 친밀한 교류를 하게 되었다. 장량은 자신의 군대를 이끌고 유방을 따라 하비로 진격했다. 의군들은 사기도 높고 작전도 뛰어나 단번에 하비성을 함락시켰다. 장량은 귀족 가문 출신이고, 유방은 평민 출신이라 겉으로 보기에는 신분이 매우 달랐지만 어찌된 영문인지 두 사람은 단번에 마음이 맞아 마치 오랜 친구를 다시 만난 것 같았다.

당시에 유방의 수하에는 무장武將으로 개백정 출신의 번쾌와 옥리를 지낸 조참이 있었으며, 재물 관리인으로는 패현 문서 담당관을 지낸 소하가 있었다. 이밖에도 왕릉王陵(?~BC 181), 주발周勃(?~BC 169), 하후영夏侯嬰(?~BC 172), 시무柴武(?~BC 163), 근흡靳歙(?~BC 183), 노관盧綰(BC 256~BC 194), 설구薛歐(?~BC 188), 진패陳沛, 장창張蒼(BC 256~BC 152), 임오任傲(?~BC 179) 등이 문文에도 능하고 무武에도 능하여 일에 따라 적절하게 배치해 쓸 수 있었다. 이런 점에서도 유방이 사람을 잘 알아보고 능력에 맞게 쓴다는 사실을 알 수 있다.

당시에 유방은 장량이 서생티가 강하고 생긴 모습도 다소 수척한 것을 보고는 적진을 치는 전선에 배치하지 않고 말을 관리하는 구장廏長에 임명했다. 말하자면 이 직책은 품계가 높지 않은 일개 편장偏將의 지위에 불과했고, 그 일도 군마를 관리하는 비천한 업무였다. 장량은 귀족 출신으로 원대한 정치적 이상을 품고 있었지만 이때의 장량은 이미 혈기왕성한 젊은이가 아니었다. 오히려 그는 조금도 원망하지 않고 유방의 임명을 선선히 받아들였다. 그리고 즉시 군마를 모으고 조련하기 시작하여 군대의 수요에 부응했다.

장량은 전투가 잠시 멈춘 틈틈이 유방에게 시험삼아 『태공병법』을 이야기해보았다. 군대를 다스리는 방법에서 공수를 주고받는 대책에 이르기까지 자신이 깨우친 내용을 들려줬다. 그런데 뜻밖에도 유방의 이해 능력이 매우 뛰어나서 『태공병법』에 깊은 흥미를 보였을 뿐 아니라 다른 사람이 이해하지 못한 내용도 쉽게 알아들으며 훌륭한 병법이라고 연이어 칭찬했다. 유방은 기쁨에 겨워 이렇게 말했다.

"자방! 다음 전투에 『태공병법』을 한번 시험해봅시다."

전투가 벌어지자 과연 유방은 대담하게 장량의 계책을 채택하여 몇 차례 승리를 거뒀다. 이 때문에 유방은 매우 기뻐하며 늘 장량의 병법에 귀를 기울였다. 이제 장량과 유방 두 사람은 순식간에 서로 정신적인 교류까지 갖게 되었다. 그들은 마치 짧은 칼이 부딪쳐 쨍그랑 소리를 내는 것처럼 병법 토론으로 즐거운 시간을 보냈다.

흥미롭게도 장량은 『태공병법』을 깊이 연구하고 나서 이 책에 더욱 깊이 빠져 들었다. 심지어 어떤 단락은 모조리 암송할 수 있을 뿐 아니라 거기에서 새로운 의미를 연역해내곤 했다. 여러 해 동안 장량은 사람들과 사귀면서 자신의 깨달음을 이야기할 수 있는 지기知己를 만나고 싶었다. 그러나 지금

제왕의 스승 장량

까지 그의 병법을 이해해주는 사람은 하나도 없었다. 이 때문에 그는 늘 이렇게 생각하곤 했다.

'『태공병법』을 완전히 터득했다 해도 아무도 이해하지 못하고 아무도 운용하지 못하면, 이 책을 줄줄이 암송한다 해도, 그것은 마치 영웅이 무예를 펼칠 곳을 찾지 못하는 것과 같지 않을까?'

『사기』「유후세가」 원문

장량이 자주 『태공병법』을 패공에게 설명하자 패공은 이를 훌륭하다고 하며 항상 그 계책을 전투에 운용했다. 장량은 다른 사람에게도 이야기했지만 모두 깨닫지 못했다. 장량이 말했다. "패공은 거의 하늘이 내리신 분이다." 良數以太公兵法說沛公, 沛公善之, 常用其策. 良爲他人言, 皆不省. 良曰, '沛公殆天授.'

그런데 뜻밖에도 유방에게 『태공병법』을 몇 번 이야기하자 바로 호기심을 보이며 듣자마자 금방 알아들었다. 게다가 그는 하나를 들으면 열을 안다는 격으로 장량이 말한 계책까지 전투에 운용했다. 장량이 10년이나 걸려 깊이 연구하여 깨닫고 심사숙고하여 얻은 이론을 유방은 본능과 이성에 기대 바로 이해했다. 장량은 감탄을 금치 못했다.

"패공께선 정말 천재이십니다!"

장량은 자신이 물과 같다고 생각했다. 그는 언제나 자신을 받아들일 수 있는 사람을 만나고 싶어 했다. 그 사람이 우수한 사람인지 아닌지는 둘째 문제였다. 그런데 유방은 마치 고정된 모양이 없는 큰 자루처럼 자신의 사고와 주장은 없지만 드넓은 포용력을 발휘하는 사람이었다. 이 때문에 장량은 유방처럼 포용력 있는 협력자를 다시 만나기는 매우 어려운 일이라 생각했다. 장량은 이제 경구에게 투신하지 않기로 결정했다. 유방이 바로 그가 뽑은 최고의 인물이었다. 뒷날 역사 사실이 증명한 바와 같이 장량의 선택은 정확했다. 초왕 경구는 과연 심원한 계책이 없었으므로 금방 항량에게 패배하여 양梁나라 땅에서 목이 잘렸다.

유방의 입장에서는 군마를 관리하는 일개 구장의 학식이 보통 사람을 훨씬 뛰어넘는다는 사실을 발견했다. 그가 제시하는 기이한 계책은 이전에 들어보지 못한 것이었다. 이 때문에 갈수록 장량을 존중하며 늘 자신의 곁에 두고 전문적으로 지모와 계책을 발휘하게 했다. 유방에게 있어서 장량이란 존재는 월왕 구천에게 있어서 범려의 존재와 같았다. 유방과 장량이라는 이 기이한 두 사람은 이제 진·한이 교체되는 영웅시대 속으로 함께 손을 잡고 걸어 들어가 역사를 개조하며 새로운 장을 열고 기이한 색채까지 보태고 있었다.

한韓나라 복수
또 한韓나라 복수

진승에 대한 범증의 평가

진승이 피살되었다는 소식이 항량의 진영에 전해지자 항량의 고위 모사로 나이가 이미 일흔을 넘긴 범증范增(BC 277~BC 204)은 고개를 흔들며 다음과 같이 진승을 평가했다.

진승의 패배는 진실로 당연하다.陳勝敗固當44)

『사기』에 기록된 모든 모사들 중에서 범증이 가장 나이가 많은 사람에 속하지만 그는 여전히 현장에서 훌륭한 지모를 발휘하고 있었다. 사마천은 이 노선생의 등장을 다음과 같이 묘사했다.

----

44) 『사기』「항우본기(項羽本紀)」에 나온다.

진나라 소전체^{小篆體} 12자 벽돌. "海內皆臣, 歲登成熟, 道無飢
人.(해내가 모두 신복하고, 풍년이 들어 곡식이 잘 익으니, 도로에 굶는
사람이 없다.)"

나이는 일흔이었고 평소에 집에 있을 때도 기이한 계책 내기를 좋아했다.^{年七十,}
^{素居家, 好奇計45)}

　범증은 거소^{居巢}(안후이성 차오후시^{巢湖市}) 사람으로, 줄곧 고향에 은거하며
손에는 장검을 들고 허리에는 술병을 차고 다녔다. 고향에서 책을 읽고, 시
를 짓고, 일을 궁리하면서 자신의 지혜를 짜내곤 했다. 그러나 자기 몸 밖의
일에 대해서는 특별한 관심을 두지 않는 듯했다. 기실 독서를 많이 한 범증
이 천하대사를 잘 알고 있음은 당연한 일이었지만, 그럼에도 경솔하게 처신

---

45) 『사기』 「항우본기」에 나온다.

　제왕의 스승 장량

하지 않고 진중한 태도로 조용한 나날을 보내고 있었다. 그는 일흔이 가깝도록 이런 생활을 계속하다가 천하에 대변동이 발생한 사실을 알고 갑자기 심신이 변한 사람처럼 몸을 일으켜 반진 투쟁의 소용돌이 속으로 몸을 던졌다. 게다가 범증은 항량이 초나라 장수의 후예로 제왕의 풍모가 있음을 알았기에 항량이 군사를 이끌고 장강長江을 건너 서쪽으로 진격하자 그 대열을 쫓아가서 항량의 진영에 발을 붙였다. 이후로 그는 대의를 위해 매진했고, 항씨 가문을 위해 온 힘을 다 바쳤다.

범증은 거소에 오래 거주했지만 당시 시국에 대해 어느 누구보다 투철한 인식을 하고 있었다. 이 때문에 그는 진승이 피살되었다는 소식을 듣고는 한마디 말로 정곡을 찌르며 "진승의 패배는 필연이다"라고 비판했다. 범증이 이렇게 비판한 이유를 간단하게 귀납하면 다음과 같

『사기』「항우본기」項羽本紀 원문

거소 사람 범증은 나이가 일흔이었고 평소에 집에 있을 때도 기이한 계책 내기를 좋아했다. 그가 항량에게 가서 말했다. "진승의 패배는 진실로 당연합니다. 대저 진나라가 육국을 멸망시킬 때, 초나라는 아무 죄도 없었습니다. 회왕이 진나라로 들어가서 돌아오지 못하여 초나라 사람들은 지금까지도 그를 가련하게 여깁니다. 이 때문에 초 남공은 초나라 땅에 세 집만 남아 있어도 진나라를 멸망시키는 것은 초나라 사람일 것이다라고 했습니다. 지금 진승이 가장 먼저 거병했으나 초나라 후손을 옹립하지 않고 자립했기 때문에 그 세력이 오래가지 못했습니다. 지금 공께서 강동에서 봉기하자 초나라에서 벌떼처럼 일어난 장수들이 모두 공에게 귀부한 것은 공께서 대대로 초나라 장수를 역임해서 다시 초나라 후손을 옹립할 수 있으리라 생각하기 때문입니다.〞居巢人范增, 年七十, 素居家, 好奇計, 往說項梁曰, '陳勝敗固當, 夫秦滅六國, 楚最無罪, 自懷王入秦不反, 楚人憐之至今, 故楚南公曰, 楚雖三戶, 亡秦必也. 今陳勝首事, 不立楚後而自立, 勢不長. 今君起江東, 楚蜂起之將皆爭附君者, 以君世世楚將, 爲能復立楚之後也.'

다. 진나라가 육국을 멸망시킬 때 초나라가 가장 억울한 일을 당했다. 즉 초 회왕懷王(BC 355?~BC 296)이 속임수에 걸려 진나라로 들어갔다가 돌아오지 못하고 세상을 떠났기에 초나라 사람들은 줄곧 회왕을 동정해왔다. 이 때문에 "초나라 땅에 세 집만 남아 있어도 진나라를 멸망시키는 것은 초나라 사람일 것이다"楚雖三戶, 亡秦必楚46)라는 말이 있을 정도였다. 하지만 범증은 진승이

군사를 일으킨 후 초나라 깃발은 들었지만 회왕의 후예를 옹립하지 않고 자신이 왕이 되었으므로 오래 갈 수 없음은 당연한 일이라고 보았다.

지금 돌아봐도 진승이 영도한 군대에는 확실히 병폐가 많았다. 당시에 진승과 오광은 군대를 이끌고 비교적 남쪽인 대택향을 출발하여 그 일대를 휩쓸며 군사를 모집하고 병마를 사들였다. 진陳 땅을 함락한 후 진승은 스스로 왕위에 올라 국호를 '장초'張楚라고 했다. 조만간 진나라에 승리할 수 있을 정도로 기세등등했다. 그러나 얼마 지나지 않아 희극적인 정세 변화가 발생했다. 그들 군대의 영도자들은 아직도 초보 수준을 벗어나지 못했다. 이기심, 탐욕, 근시안 등의 약점이 금방 쏟아져 나왔다. 강대한 적을 격파하지도 못한 채 서로간의 내분과 살상이 속출했다. 이와 동시에 초기에 호응했던 각지의 영웅호걸들도 진승만을 쳐다보지 않고 독자 정권을 수립했다.

이보다 앞서 진승의 대장 갈영葛嬰(?~BC 209)이라는 자가 양강襄强(?~BC 209)이라는 사람을 초왕으로 옹립했다. 나중에 그는 진승이 자립하여 왕이 되었다는 소식을 듣고 다시 양강을 죽이고 스스로 진승에게 공치사를 했다. 그러자 진승이 다시 갈영을 죽였다. 이어서 조나라 무신武臣(?~BC 208)이 자립하여 조왕趙王을 칭했다. 진승은 그 사실을 알고 몹시 화를 내며 그의 가족들을 거의 몰살시켰다. 그 후 적인狄人 전담田儋(?~BC 208)이 제왕齊王으로 자립하여 진나라 공격에 가담하지 않고 먼저 다른 의군 주불周市(?~BC 208)의 군대를 격파했다. 그리고 진승의 장군 전장田臧(?~BC 208)은 병권을 탈취하기 위해 진승의 명령을 날조하여 오광을 참수하고 오광의 수급을 진승에게 바쳤다. 뜻밖에도 진승은 오광의 수급을 받은 후 사자를 보내 전장에게 초나라

---

46) 『사기』 「항우본기」에 나온다.

제왕의 스승 장량

영윤^{令尹} 인수를 수여하고 상장^{上將}으로 임명했다. 이 일은 뒷날까지 혼란을 초래하여 진승마저도 자신의 수레꾼 장가^{莊賈}에게 살해되는 사태로 이어졌다.

진승과 오광이 영도한 의군은 애초에 진나라를 직격하는 날카로운 창으로 작용했지만 뜻밖에도 구성원 사이의 결속력이 너무 허약하여 아직 피와 불의 세례를 받기도 전에 결딴나고 말았다.

항량이 설성에서 회의를 열다

당시 의군 대오에서는 항량과 항우 두 사람이 전도양양한 세력을 형성했다. 크고 작은 몇 차례 전투에서 모두 승리하여 군사를 6~7만으로 늘렸을 뿐 아니라 진승을 배반한 경구와 진가까지 일시에 멸하고 그들의 군대까지 전부 합병했다. 항량은 이후 군대를 이끌고 산책하듯 천천히 설성^{薛城}(산둥성 텅현^{縢縣})으로 입성했다.

진승과 오광의 피살은 항량 입장에서 아주 좋은 일이었다. 왜냐하면 항량 자신이 본래 왕을 칭할 마음을 갖고 있었기 때문이다. 당시 형세를 살펴보면 육국 가운데 위나라 위무구^{魏無咎}(?~BC 208), 제나라 전담, 조나라 무신, 연나라 한광^{韓廣}(?~BC 206)이 모두 분분히 의군 연합 대오에서 이탈하여 왕을 칭했다. 남방의 의군 대오는 각지에 뿔뿔이 분산되어 있어서, 진나라는 군사를 나누어 전투를 벌여야 했다. 당시 각지에 왕을 분봉할 유력한 제왕이 없었으므로, 항량과 항우는 자신들의 강대한 병력에 기대 각 지역 의군 장수들을 강제로 소집하여 설성에서 회의를 열었다. 명목은 각자의 책임을 분담하고 장래 대책을 논의한다고 했지만 은연중 의군 장수들을 자신의 휘하에 복속시키려는 의도를 품고 있었다.

당시에 유방도 자신의 병력으로 전력을 다해 세력을 확장했다. 그는 한동안 옹치雍齒(?~BC 192)와 전투를 벌이고, 또 한동안은 진나라 장수 장함章邯(?~BC 205)[47]과도 싸움을 하면서 일련의 전투 경험을 쌓았다. 동시에 그는 또 소규모 전투를 통해 계속해서 탕현과 하읍下邑(안후이성 당산현碭山縣 동쪽) 등 작은 고을을 점령했다. 이로 인해 대오가 점점 늘어나서 9천여 명의 군사를 보유하게 되었다.

회의를 소집한다는 항량의 명령이 내려지자 유방과 장량은 명령을 소홀히 하지 않고 즉시 휘하 부대를 이끌고 설성으로 달려가 항량과 항우를 만났다. 항량은 의군의 장수들이 거의 모두 모인 것을 보고 짐짓 영수로서의 자세를 드러내며 친절하게 물었다.

"지금 여러 장수들이 각지에 분산되어 있어서 진나라의 공격에 쉽게 무너집니다. 보시다시피 형세가 매우 위급한데도 이렇게 앉아서 죽음을 기다려야 되겠습니까? 다시 말씀드리자면 진승 왕이 이미 죽었으므로 가능한 한 빨리 영도자를 뽑아 우리 모두를 지휘하게 해야 합니다."

물론 항량은 자신이 자립하여 왕이 되고 싶은 속셈을 숨기고 있었다. 그때 한 장수가 항량의 의도를 짐작하고 자리에서 일어나 맞장구를 쳤다.

"항 장군께서는 본래 초나라 명장 항연 공의 후예이고, 여러 해 동안 위엄으로 명령을 내려왔습니다. 오늘 우리 모두 항 장군을 초왕楚王으로 추대합시다."

그런데 뜻밖에도 노년의 모사 범증이 곁에 있다가 고개를 가로 저었다.

---

47) 장함: 『사기정의(史記正義)』에 '邯'의 발음을 '胡甘反(호감반)'으로 달았으므로 '함'으로 읽어야 한다.

제왕의 스승 장량

진반량秦半兩 동전

"안 됩니다. 타당하지 않습니다."

항량은 범증의 의견에 흥미를 보이며 물었다.

"그럼 범 선생께서 말씀해보시오. 어째서 안 된다는 거요?"

범증은 상황을 분석하며 말했다.

"항 장군께서 강동江東에서 의군을 일으키자 초나라 호걸들이 분분히 투항해 왔습니다. 그것은 모두들 항 장군의 집안이 대대로 초나라 대장을 역임한 걸 인정하기 때문입니다. 그들은 항 장군께서 틀림없이 초나라를 다시 회복하여 초 회왕의 후손을 초왕으로 옹립할 수 있을 것이라고 여깁니다. 그런데 지금 항 장군께서 스스로 왕이 된다면 아마 초나라 사람들이 크게 실망할 것이고, 항 장군의 위신도 땅바닥에 떨어질 것입니다."

하지만 범증은 항량이 맹주가 되고 싶어 하는 소망은 실현하기가 어렵지 않다 생각하고 즉시 사람들의 주의를 환기시켰다.

"항 장군께서 만약 초나라 사람들의 소원에 따라 초 회왕의 후손을 초왕으로 삼는다면 초나라 사람들은 틀림없이 전력을 다해 진나라에 항거할 것입니다. 그때 우리가 '초 회왕'의 이름에 기대 진나라 군대와 전투를 벌이면 쉽게 승리할 수 있을 것입니다. 또한 우리는 항 장군께서 초나라를 회복하는 일에 틀림없이 성숙된 견해를 갖고 있을 거라 믿습니다. 먼저 초나라 백성의 소원을 이뤄주고 다시 자신의 소원을 추구한다면 어찌 대사를 순조롭게 성취하지 못하겠습니까?"

범증이란 사람은 일을 계획하고 도모함에 있어서 이처럼 여유 있고 지혜로운 풍모를 보였다. 뒷날 송나라 소식은 「범증론」范增論이란 글에서 그를 '인걸'이라고 찬양했다. 유방 진영의 뛰어난 모사인 진평陳平(?~BC 178)과 장량 등도 그를 매우 두려워하며 여우와 같은 인물이라고 인정했다. 위에서 제시한 지략을 통해서도 범증이 확실히 고수임을 간파할 수 있다. 초한쟁패 시기에 그는 시세를 정확하게 헤아리는 능력을 갖췄기에 더욱 빛나고 더욱 감동적인 언행을 선보였으며, 이로써 풍운아 또는 모사의 모범으로 일컬어졌다.

항량은 범증의 말이 일리가 있고 수준도 높다는 사실을 깨달았다. 이에 그는 사람을 보내 민간에서 초 회왕의 후손을 찾게 했다. 얼마 지나지 않아 과연 몰락한 채 민간에서 지내던 초 회왕의 열세 살 손자 '심'心을 찾았다. 항량은 그를 초왕으로 옹립하고, 사람들에게 호소력을 높이기 위해 여전히 '초 회왕'이라 부르게 했다. 항량은 범증의 의견에 따라 초 회왕을 옹립한 일이 매우 유용하다는 사실을 발견했다. 이 때문에 얼마 지나지 않아 항량은 '초 회왕'의 명의로 진영陳嬰(?~BC183)을 상주국上柱國으로 임명하고, 초나라 도성을 우이盱眙(장쑤성 위이현盱眙縣)에 정했다. 이어서 항량은 스스로 봉호를 무신군武信君이라 정하고 각 지역 의군을 통솔했다.

전국시대에 제나라에는 맹상군孟嘗君, 조나라에는 평원군平原君, 초나라에는 춘신군春申君이 있었다. 이처럼 이름에 '군'君 자가 들어가는 사람들은 모두 평범하지 않았다. 그들은 공자公子나 왕손이 아니면 제후에 봉해졌으므로 늘 사람들 윗자리에 서기를 원했다. 항량이 스스로 무신군이란 봉호를 쓴 것만 봐도 그의 야심을 짐작할 만하다.

장량이 한왕 성을 옹립하다

항량이 있는 곳은 회의의 열기가 뜨거웠지만, 유방이 있는 곳은 좀 쓸쓸한 느낌이 들었다. 그러나 장량은 이 기회를 이용해 한韓나라를 부흥하려고 머리를 썼다. 장량은 초나라에서 회왕을 옹립하는 것을 보았다. 따라서 육국 중에서 다섯 나라가 이미 왕을 칭한 셈이었다. 한나라만 아직 아무도 나서지 않아서 장량은 자신의 고국에 안타까움을 느꼈다. 아울러 그는 당시의 형세를 매우 민감하게 바라보고 있었다. 천하가 혼란에 빠지자 각지에서 진나라에 항거하는 세력들이 한 부대 한 부대 대오를 형성했다. 그들은 모두 각 지역에서 바람이 일고 구름이 치솟듯 분분히 봉기했다. 진나라 군대가 온 힘을 기울여 진압에 나섰지만, 모든 지역을 다 돌아보기는 어려웠으므로 이런 시기야말로 한나라를 부흥시킬 좋은 기회라 할 만했다. 만약 이 시기를 놓치면 한나라 부흥의 길이 더욱 요원해질지도 모르는 일이었다. 이에 장량이 유방에게 말했다.

"제가 평생토록 도처에서 힘을 쓰는 이유는 모두 한나라를 재건하기 위해서입니다. 지금 벌써 다섯 나라가 왕을 세웠는데, 제가 어찌 한나라만 버려둘 수 있겠습니까?"

유방은 장량의 말을 듣고 깊은 동정심을 드러내며 물었다.

"그럼, 무슨 좋은 계획이라도 있소?"

장량이 말했다.

"저는 지금 힘이 약하므로, 한나라를 재건하고 지탱하려면 항량의 힘에 의지하지 않으면 안 됩니다. 지금 바야흐로 초나라가 다시 서서 항량의 마음이 매우 유쾌할 것입니다. 저는 이 기회에 항량에게 한나라를 재건해달라고 요청할 것입니다."

유방은 고개를 끄덕이며 말했다.

"좋은 방법이오. 한번 시도해보시오."

장량이 또 말했다.

"만약 이 일이 성공하면 저는 잠시 패공과 작별하고 한왕韓王을 도우러 가겠습니다."

유방은 내심 장량과 헤어지고 싶지 않았다. 그는 이미 장량의 힘을 빌려 전투를 치르면서 깊은 우의를 맺었다. 하지만 한나라를 재건하려는 장량의 소원을 어떻게 막을 수 있으랴! 유방은 자신이 아직 그런 실력을 갖추지 못했음을 자인하고 고개를 끄덕이며 동의할 수밖에 없었다.

장량은 항량을 만나 면전에서 대담하게 말했다.

"장군께서는 범증의 말을 듣고 초나라를 다시 세워 회왕을 옹립했습니다. 이에 초나라 사람들은 소원을 이뤘습니다. 이보다 더 좋은 일은 없습니다. 그러나 장군의 배려에는 아직 부족한 점이 있습니다."

항량은 자부심이 강한 사람인지라 장량이 감히 시시콜콜 자신의 정책을 따지자 좀 불쾌한 기분이 들었다.

"무슨 말씀인지 들어보겠소. 나의 어떤 점이 부족하오?"

항량의 표정은 험악했지만 장량은 전혀 개의치 않으면서 여전히 서두르지 않고 말을 이었다.

"진나라에 항거하는 것은 초나라 일국의 일만이 아니라 육국의 일이기

제왕의 스승 장량

도 합니다. 지금 육국 중 다섯 나라는 모두 자립하여 왕을 세웠습니다. 장군께서도 초왕을 옹립했습니다. 하지만 유독 한나라만 아무도 돌아보지 않습니다. 이것은 정리상 있을 수 없는 일입니다. 이 때문에 사람들은 틀림없이 장군의 배려가 부족하다고 느낄 것입니다."

항량은 장량의 말에 일리가 있다고 생각했다. 위나라, 제나라, 조나라, 연나라는 모두 스스로 왕을 세웠지만 초나라는 항량 자신이 회왕을 옹립했다. 그것은 범증의 체면을 세워주기 위한 일이기도 했다. 하지만 한나라 문제는 여태껏 생각해본 적이 없다. 그것은 자신의 생각 밖의 일이었기 때문이다. 그런데 지금 장량이 그 문제를 제기했으므로 그의 의견을 들어주고 자신의 드넓은 도량을 보여주는 것도 괜찮은 일일 듯했다. 이에 항량이 물었다.

"한나라에 왕을 세우려면 적당한 인물이 있어야겠지요? 경솔하게 아무나 끌어들일 수는 없지 않소?"

그러자 뜻밖에도 장량은 이미 다 생각해 두었다는 듯이 이렇게 말했다.

"한나라의 공자 횡양군橫陽君 한성韓成(?~BC 206)이 현명하고 후덕합니다. 그를 한왕으로 세우면 틀림없이 장군의 은혜에 감격하여 장군의 충실한 동맹이 될 것입니다. 그럼 초나라는 동맹국 하나를 더 보태게 되므로 진나라를 격파할 가능성이 훨씬 커질 것입니다."

장량의 언행은 확실히 주도면밀했다. 그가 물샐틈없이 논리를 전개하며 물 흐르듯 대답하자 항량은 마음이 움직일 수밖에 없었다. 항량이 말했다.

"그렇소. 육국에 모두 왕을 세우면 진나라의 병력을 견제할 수 있을 것이오. 그렇게 하지 않아서 만약 진나라가 우리 초나라 한 곳에만 병력을 집중하면 대적하기 어렵소."

기실 항량과 장량 두 사람은 일찍이 하비에서 교분을 맺은 적이 있다. 그때 항백의 소개로 술자리에서 처음 만났다. 다만 이후에 항백이 서둘러 의군 항량이 초 회왕을 세웠다. 장량이 이에 항량에게 말했다. "공께서는 이미 초나라 후예를 옹립했습니다. 그런데 한나라 여러 공자 중에서는 횡양군 한성이 현명하여 왕으로 세울 만합니다. 그를 세워 우군을 늘리십시오." 항량은 장량으로 하여금 한성을 찾아 한왕으로 삼게 했다. 項梁立楚懷王. 良乃說項良曰, '君已立楚后, 而韓諸公子橫陽君成賢, 可立爲王, 益樹黨.' 項良使良求韓成, 立以爲韓王.

을 일으켰기 때문에 장량과 서로 다른 곳에 자리 잡게 된 것이다. 그런데 지금 그 옛 친구 장량이 직접 와서 간청을 하고 범증도 곁에서 그의 건의에 찬성하자 항량도 다소 뻐기는 자세로 즉석에서 동의했다.

"좋소! 공의 의견에 따라 횡양군을 한왕으로 세우도록 하겠소. 공도 한나라 재상의 공자이므로 한나라 사도司徒 직을 맡도록 하시오. 이 일은 공이 알아서 처리하시오."

장량이 계속해서 말했다.

"항 장군! 한 가지 일을 더 부탁해도 되겠습니까? 한나라의 옛 땅은 이미 진나라에 의해 영천군으로 개편되어 아직도 진나라 군사가 점령하고 있습니다. 이런 상황에서 제가 맨손으로 돌아가면 한나라를 회복하기 어려울 듯합니다. 장군께서 제게 군사 1천 명만 빌려주시어 한왕 성을 호위하게 해주십시오."

항량은 그의 말을 듣고 칭찬을 금치 못했다.

"공과 같은 충의지사忠義之士가 있으니 한나라 백성은 복이 있소. 내 마땅히 공의 건의를 들어주겠소."

장량이 군사를 이끌고 출발하려 하자 유방이 배웅을 나왔다. 두 사람 모두 작별을 아쉬워했다. 장량은 유방과 만난 이후 그를 마음 맞는 벗으로 여겼다. 유방도 장량을 붙잡아 두고 자신의 대업에 도움을 받고 싶었다. 하지만 한나라를 재건하는 일은 장량이 20년 동안 잠시도 잊지 않은 최대의 소망이었다. 그러므로 장량은 이런 좋은 기회를 놓칠 수 없었다. 그는 유방과 헤어진 후 서둘러 북쪽으로 길을 잡았다.

중원의 각축

서진西進 도중

먼저 관중關中48)으로 들어가 그곳을 평정하는 자가 관중 왕이 된다.先入定關中者王之49)

이 명령을 반포한 사람은 초 회왕이었다. 초 회왕은 허수아비여서 아무 실권이 없었지만 그의 이 명령 때문에 진나라에 항거하는 각지의 장수들이 희망을 품었다. 그것은 그들 마음속에 깊이 숨어 있는 원초적 욕망을 자극하는 말이었다. 그것은 또한 항량 사후 사람들의 의견을 모아 수립한 명확한 반진反秦 전략이기도 했다. 그것을 더 간단하게 표현하면 바로 '서진'西進이

---

48) 관중: 본래 동쪽 함곡관(函谷關)과 무관(武關), 서쪽 대산관(大散關)의 가운데 땅이란 뜻이다. 지금의 중국 산시성(陝西省) 지역을 가리킨다. 주(周)나라, 진(秦)나라, 한(漢)나라가 모두 관중에 도읍을 정했으므로 중국 고대 역사의 중심지다.
49) 『사기』 「고조본기」에 나온다.

었다.

기실 초 회왕과 같은 허수아비 왕은 아무리 궁리해도 이처럼 간결하고 강력한 약속을 제시할 수 없었을 것이다. 내막을 말하자면 초 회왕은 항량 사후에 그의 수하인 모사 송의宋義(?~BC 207)의 말을 듣고 이 명령을 반포했다. 송의는 비록 담력이 약하고 겁이 많으며 사리사욕에 밝은 소인배이지만 이 명령은 무게로 말하면 천 근에 달하고, 기민함으로 말하면 쇠뇌의 방아쇠와 같았다.

당시의 상황은 한 줄기 밧줄이 두 줄기로 나뉘는 형세였다. 즉 초 회왕은 항우와 유방 두 사람으로 하여금 각각 두 노선으로 나눠 서쪽으로 진격하게 했다. 목표는 진나라를 공격하여 멸망시키는 것이었다.

유방은 이를 위해 조금씩 움직였다. 당시의 국면은 그에게 매우 유리했다. 그의 모든 행동은 관중의 구정九鼎50)을 지향하는 듯했다.

당시 중원의 형세는 어떠했는가?

먼저 항량은 가장 강대한 의군의 영수로서 가장 전도가 유망한 지도자였다. 그러나 오만하게 적을 경시한 탓에 결국 사지로 몰려 진나라 장수 장함에게 참살되었다. 결과적으로 항씨 가문의 두 세대 사람이 모두 박복한 운명에 처한 것은 참으로 공교로운 일이다. 항연은 진나라 장수 왕전의 칼날 앞에서 자결했고, 그의 아들 항량도 장함의 칼날 아래서 죽음을 맞이했다.

가장 기괴한 사람은 장함이었다. 이 자는 줄곧 자신만이 옳다고 여겼다. 그는 항량을 죽인 이후 적군의 영수가 사라졌으므로 초나라 군대가 지리멸

---

50) 구정: 전설에 의하면 하(夏)나라 우(禹) 임금이 치수에 성공하여 중국 전역을 구주(九州)로 나눈 후 아홉 지역의 쇠를 모아 솥을 아홉 게 만들었다고 한다. 이후 대대로 전해지며 중국 황권을 상징하는 보물로 받들어졌다.

제왕의 스승 장량

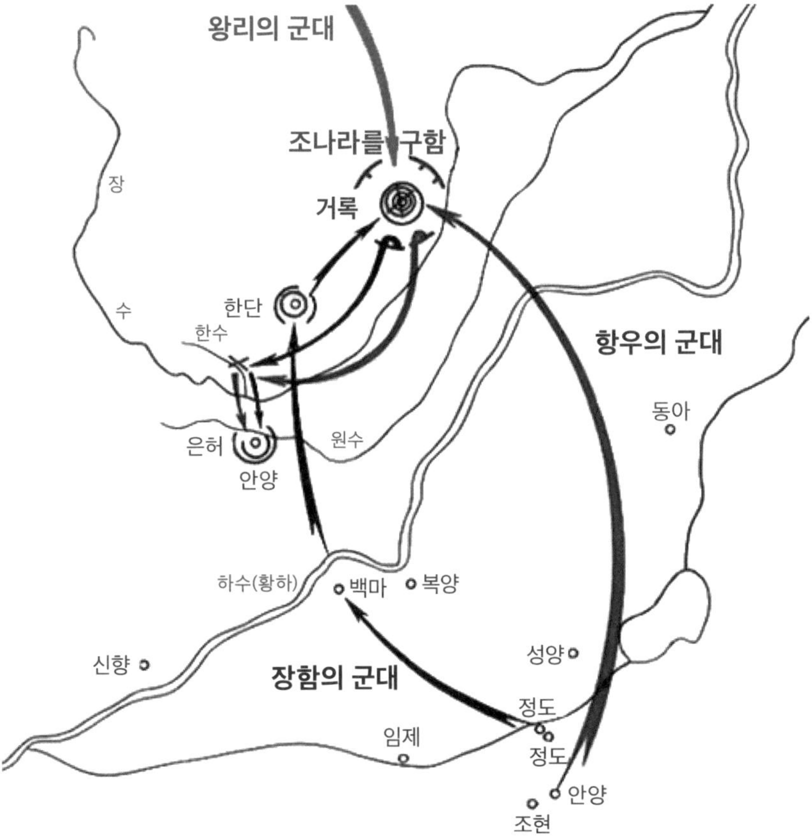
왕리의 군대
조나라를 구함
장
거록
한단
수
한수
항우의 군대
동아
은허
원수
안양
하수(황하)
백마
복양
성양
신향
장함의 군대
정도
임제
정도
안양
조현

거록 전투

렬하여 자신에게 위협이 되지 않는다고 생각했다. 이 때문에 승리의 기세를 타고 가장 강력한 적수를 없애는 데 힘쓰지 않고 오히려 대군을 이끌고 의기양양하게 황하를 건너 북쪽 조나라를 공격하기 위해 거록鉅鹿(허베이성河北省 핑향平鄕)을 포위했다. 이는 유방이 진격하는 서쪽 길을 활짝 열어주는 일이었다.

항우는 어떠했나? 그는 본래 가장 강력한 군사력을 보유했다. 당시에 그는 자신의 숙부 항량의 원수를 갚을 일만 생각했다. 게다가 이 무렵 장함의 세력이 강성해져서 순식간에 조나라 도성 한단邯鄲(허베이성 한단시)을 도륙했고, 조왕 조헐趙歇(?~BC 204)은 거록성으로 도주하여 초나라에 원군을 요청했다. 이에 초 회왕은 항우에게 어명을 내려 조나라를 구원하게 했다. 또 초 회왕에 의해 북상구원군北上救援軍 상장上將으로 임명된 송의는 도처에서 항우를 견제하며 그가 마음대로 움직이지 못하게 했다.

진나라 조정에서는 조고가 허수아비 진이세를 조종하며 전권을 휘두르고 있었다. 조고의 목적은 사리사욕을 채우는 데 불과했다. 조고가 조정을 혼란에 빠뜨리자 황제의 전국 장악력이 현저히 약화되었다. 이 점 또한 유방에게 지극히 유리했다.

초 회왕이 유방에게 기대한 것은 진승과 항량의 잔존 부대를 수습한 후 텅 빈 길을 따라 서쪽으로 진격하여 진나라 도성 함양을 함락하는 일이었다.

위와 같이 분석해보면 당시에 유방은 천시天時, 지리地利, 인화人和 세 부문에서 모두 상당히 유리한 기회를 잡았다고 할 수 있다. 이런 상황에서 유방은 관중으로 나아가는 여정을 시작했다. 유방은 군사 1만을 이끌고 먼저 탕현에서 출발하여 연도 내내 병졸을 거둬들이며 자기 군대의 역량을 확장했다. 또 기민하게 군사 활동을 전개하여 자신에게 아주 유리한 형세를 만들었다.

그 무렵 유방의 의군 대오는 하남 낙양洛陽(허난성 뤄양시)을 공격하다가 환원산轘轅山(허난성 옌스시偃師市 동남쪽)에서 진나라 장수 양웅楊熊(?~BC 207)에게 저지당했다. 환원산 구비구비는 지세가 험하여 군사 한 명이 만 명의 적을 막을 수 있는 곳이었다. 유방은 승리를 장담하기 어려웠고 형세는 매우 위험했다. 바로 이때 한 무리 군사들이 맹렬하게 달려와 유방의 군대와 양쪽에서 협공하며 양웅을 격파했다. 유방이 자세히 살펴보니 바로 장량의 부대였다.

본래 이 해에 장량은 한나라로 들어가 우여곡절 끝에 한나라 공자 한성을 찾아 한왕으로 옹립했다. 그는 정식으로 '한'韓 자가 쓰인 깃발을 걸고 한나라를 재건했다. 그러나 한나라는 아직 실속 없는 껍데기에 불과했다. 장량은 한나라 깃발 아래에서 다시 군사를 모집하여 대략 3천여 인마를 모았다. 그는 이들을 이끌고 한나라 고토를 회복했고, 자신의 계책에 의지하여 영천군에서 일시에 여러 현을 함락했지만 다음날 바로 진나라 군대에 빼앗기곤 했다. 한왕과 장량에겐 군사가 겨우 수천 명뿐이어서 중과부적이었다. 그들은 오로지 영천 일대에서만 싸우다 쉬다 했지만 시종일관 튼튼하게 자리를 잡지 못하여 수시로 진나라 군대에게 소멸될 위험에 처해 있었다. 장량이 뛰어난 지략을 갖췄다고 해도 제대로 계책을 펼칠 수가 없어서 아무 전적도 거두지 못했다.

　　시간이 갈수록 장량은 더욱 답답한 마음을 떨칠 수 없었다. 끝내 자신의 실력을 발휘할 방법을 찾지 못하고 다른 출구를 모색할 때 한 가지 기쁜 소식이 전해졌다. 유방이 군사를 이끌고 서진에 나서 하남의 백마白馬(허난성 화현滑縣 동쪽)와 곡우曲遇(허난성 중무현中牟縣 동쪽) 일대에서 양웅과 대전을 벌이고 있다는 전갈이었다.

　　장량도 양웅과 몇 차례 전투를 벌인 적이 있지만 장량의 부대는 양웅의 대군에 비해 너무 허약하여 그들의 예봉을 피해야만 했다. 그런데 이제 유방의 대군이 당도했다 하므로 이는 양웅을 격파할 절호의 기회였다. 장량은 바로 결단을 내려 한왕의 동의를 얻은 후 하견何肩과 함께 전군을 이끌고 전력을 다해 백마로 쳐들어갔다. 소문에 의하면 양웅은 이미 곡우로 진격하여 성밖 교외의 황야에까지 도달했다고 했다. 장량은 양웅의 후방을 기습했고, 적들이 정신을 못 차리는 사이에 살상을 감행하여 양웅의 군대를 형양滎陽(허난성 싱양시滎陽市)으로 격퇴했다.

유방은 장량을 보자마자 감격을 금할 수 없어서 서둘러 말에서 내리며 물었다.

"지난번 작별 이후 눈 깜짝할 사이에 2년이 흘렀구려. 나는 공을 다시는 못 볼 것 같아서 밥을 먹어도 맛이 없었고, 잠을 자도 편하지 않았소. 그런데 이제 여기서 공을 다시 만나니 너무나 기쁘오."

장량이 대답했다.

"저도 그때 헤어진 후 여전히 패공을 잊지 못하고 다시 만날 날을 고대하고 있었습니다. 오늘 패공께서 군사를 이끌고 전투를 벌인다는 소문을 듣고 특별히 시간 맞춰 만나 뵈러 왔습니다."

유방은 바야흐로 어떻게 영천을 평정할 것인지 고민 중이었는데 장량을 만나자 서둘러 가르침을 청했다.

"자방! 그대는 한나라 공자이니 이곳 지형과 산천의 형세를 손바닥 보듯 환하게 알고 있을 것이오. 10여 곳에 달하는 영천의 성 중에서 어느 곳을 먼저 공격해야 하고, 또 어느 길로 진격해야 하오?"

어찌된 영문인지 장량은 한왕韓王을 보좌할 때도 몇 가지 작은 계책을 제시했지만 늘 미진한 느낌을 받았다. 그런데 유방과 한자리에서 만나자 자신의 지혜가 마구 용솟음쳐 오르는 것 같았다. 유방의 질문에 장량은 잠시 생각하다가 바로 영감을 뿜어냈다. 그가 대답했다.

"지금 먼저 양웅이 거느리는 진나라 군대를 격파해야 합니다. 양웅이 패퇴하면 다른 성곽은 군사를 동원할 필요도 없이 한왕의 명의만 가지고 진무해도 신속하게 탈환할 수 있습니다."

유방은 장량의 건의를 받아들여 군대의 역량을 한곳에 집중했고, 두세 차례 전투 만에 바로 양웅을 격퇴했다. 양웅이 패배했다는 소식이 진나라 도성 함양에 전해지자 조고는 경악했다. 그는 불같이 화를 내며 진이세의 명

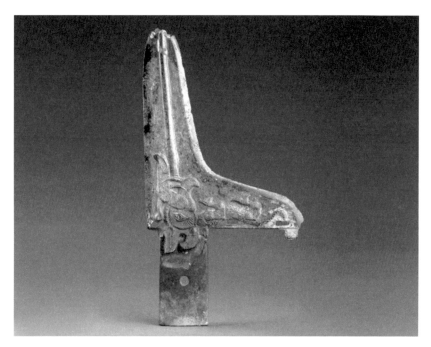

동과銅戈

의로 사자를 황급히 형양으로 보내 양웅의 머리를 잘라 군중에 효수했다. 유방은 자신의 적수가 자신의 칼을 맞고 죽은 것이 아니라 진나라에 의해 목이 잘릴 줄은 생각지도 못했다.

유방은 더 이상 고민할 것도 없이 장량의 협력 하에 한나라에서 전투를 벌여 영천을 함락했다. 그리고 얼마 지나지 않아 한나라 전역의 10여 개 성을 탈환하여 한나라 현으로 삼았다. 유방은 부대를 정돈하며 서진할 준비를 했다. 이때 그는 다시 장량에게 함께 서쪽으로 가서 진나라를 공격하자고 요청했다. 기실 장량 입장에서도 유방을 돕고 싶었다. 이에 웃으면서 유방에게 말했다.

"저도 패공을 위해 견마지로犬馬之勞를 다하고 싶습니다. 하지만 이 일은 먼저 한왕에게 보고해야 합니다."

장량은 한왕을 찾아가서 보고했다.

"이번에 패공께서 우리를 위해 한나라 땅을 평정하시고 다시 서진하여 진나라를 공격하려 하십니다. 의리로 볼 때 이제 제가 그분을 도와 전투에 참여해야 합니다. 다시 말씀드리자면 진나라를 멸망시켜야 한나라의 안전을 튼튼하게 보장받을 수 있습니다. 그렇지 않으면 진나라 군대가 언제라도 침략하여 우리 한나라를 위협할 것입니다."

한왕은 장량의 말에 일리가 있다는 생각이 들어 바로 고개를 끄덕이며 대답했다.

"좋소! 다만 패공을 도와 진나라를 멸한 후에 즉시 양적으로 돌아오도록 하시오."

장량은 바로 그러겠다고 대답했다. 이에 유방과 장량은 일찍이 이뤘던 아름다운 조합을 다시 이뤄 천군만마를 이끌고 관중을 향해 진격했다. 이제 진군과의 대결 서막이 오르고 있다.

완성에서 계책을 바치다

세월은 쏜살같아 벌써 6월(BC 207)이 되고 날씨도 무더워지기 시작했다. 유방은 군사를 거느리고 북상, 곧바로 평음현平陰縣(허난성 멍진현孟津縣 동쪽)으로 치달려가 조나라 대장 사마앙司馬卬(?~BC 205)이 남쪽으로 도하를 시도하던 황하 나루를 가로막았다. 사마앙은 황하에서 관중으로 진입하려던 계획이 무산되었다. 그 후 유방은 또 진나라 군대와 낙양 동쪽에서 전투를 벌였지만 승리하지 못했다. 그는 다시 군사를 이끌고 환원에서 양성陽城(허난성 덩펑시登封)

市 가오청진告成鎮)으로 가서 진나라 군대의 일부 전마戰馬를 노획했다.

　이어서 유방은 남쪽으로 내려가 남양 군수와 힘든 전투를 벌여 진나라 군대를 크게 격파했다. 남양 군수는 유방 휘하의 정예군에게 낭패를 당한 후 완성宛城(허난성 난양南陽)으로 도주했다. 그는 그곳에서 도주를 멈추고 성을 사수하려는 모습을 보였다. 유방은 완성 밖에 발이 묶여서 진퇴양난의 곤경에 빠졌고, 서진하여 관중으로 들어가려던 계획도 가로막혔다. 이때 유방은 또 장함이 이미

항우와 화친했다는 소식을 들었다. 쌍방이 정전 협의에 도달했으므로 이제 항우는 자신의 부대를 이끌고 남하하여 곧바로 관중을 들이친다는 소문이었다. 유방의 입장에서는 정말 설상가상의 소식이었다.

　유방은 서둘러 관중으로 진군하고 싶었지만, 완성을 오래 함락하지 못해서 초조함만 더해갔다. 이 때문에 관중 입성 시간이 지연되어 온종일 근심을 풀 수 없었다. 마지막에 유방은 이 완성을 버려두고 바로 무관武關(산시성 상현商縣 동쪽)으로 출발하려 했다. 이렇게 해야만 관중 입성 시간을 크게 줄일 수 있을 것 같았기 때문이다.

　날이 아직 밝지 않은 이른 시간에 각 부대는 집합을 완료하고 어두컴컴한 들판에 서서 조용히 출발 명령을 기다리고 있었다. 장량은 상황이 그리 좋지 못함을 알고 바로 일어서서 유방에게 말했다.

　"패공! 절대 이렇게 진군해서는 안 됩니다. 지금 진나라 군대의 힘은 우리보다 강력합니다. 만약 완성을 함락하지 못한 상태에서 서둘러 관중으로

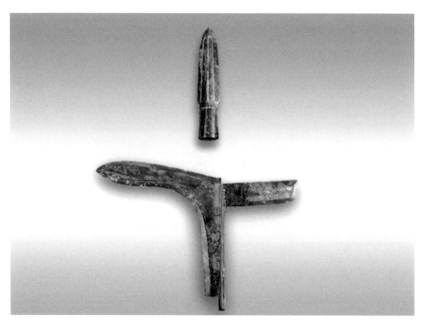

동극銅戟

진격하면 너무나 위험합니다."

　유방은 화를 내진 않았으나 장량의 건의를 이해할 수 없었다. 그러자 장량은 천천히 이번 진군이 돌이킬 수 없는 결과를 야기할 것이라고 진술했다.

　"패공께서 가능한 한 빨리 관중으로 입성하려는 심정을 저는 충분히 이해합니다. 하지만 완성의 진나라 군대를 격파했다 하더라도 저들의 주력군은 아직도 건재하므로 틀림없이 관문을 막고 결사전을 벌일 것입니다. 그럼 우리 배후에 있는 완성의 군대가 기회를 틈타 공격에 나설 테니, 우리는 진나라 군대의 협공을 받고 진퇴양난의 곤경에 빠지게 됩니다. 제가 보기에는 완성을 먼저 함락하는 것이 더 좋은 계책이 될 듯합니다."

　유방이 다시 생각해보니 틀림없이 그렇게 될 수밖에 없었다. 너무 서두르면 목표에 도달할 수 없는 법이다. 그는 군사적 재능이 뛰어난 위대한 모사

　　　　　　　　　　　　　　　　　　　　　　　　　제왕의 스승 장량

장량의 건의에 따라 자신의 주장을 철회하고 밤새도록 다시 완성을 물샐틈 없이 포위했다.

방어를 위한 진나라 원군이 도착하지 않자 완성의 위기감은 더욱 고조되었다. 하늘이 밝아올 무렵 완성 밖에서 천군만마의 함성이 하늘을 찔렀다. 이 함성을 듣고 완성 군수는 꿈에서 깨어났다. 그는 바로 어제 유방이 완성을 쉽게 함락하지 못해 바로 서쪽 무관을 공략하려 한다는 소식을 들었다. 그는 남몰래 쾌재를 부르며 이제야 베개를 높이 베고 잠을 잘 수 있겠다고 생각했다. 그런데 유방이 순식간에 군사를 성 아래로 몰고 올 줄 어찌 짐작이나 했겠는가? 그는 경악을 금치 못하고 의관도 제대로 갖추지 못한 채 칼을 들고 성 위로 달려갔다. 성 위에서 성밖을 내려다보니 유방의 천군만마가 마치 노도와 같이 외로운 성을 에워싸고 있었다. 완성은 이미 아침에 저녁을 보장할 수 없는 지경에 빠져 있었다.

이때 남양 군수는 목을 빼고 칼날을 기다리는 심정이 되어, 부하의 말을 듣고는 서찰 한 통을 써서 화살에 매달아 유방의 진영으로 쏘아 보냈다. 유방은 공격을 잠시 중지하라는 명령을 내린 후 군수가 보낸 사자와 담판을 벌였다. 군수의 부하 진회陳恢는 절을 올리고 나서 직접 유방에게 남양 군수의 요구를 하나하나 아뢰었다.

"제가 소문을 들으니 초왕이 일찍이 관중에 제일 먼저 입성한 사람을 관중왕으로 삼겠다고 여러 장수들과 약속했다고 합니다. 지금 패공께서는 완성을 포위하고 있지만 완성과 이어진 현만 해도 수십 곳에 이르고, 거기에 수많은 관리와 백성들이 있습니다. 그들은 족하에게 투항하면 생명을 보존할 수 없을 것이라 여기고 목숨을 걸고 성을 지키고 있습니다. 지금 패공에게 정예병과 맹장이 있다 해도 짧은 시간에 저들 성을 함락하지는 못할 것입니다. 억지로 무리하게 공격에 나서면 많은 병졸과 장수를 잃게 되고, 또다시 장기전에 돌입하면 인력과 물력을 헛되이 낭비하게 됩니다. 그렇다고 완성을 버려두고 서쪽으로 가면 완성에서 추격군을 보낼 테니 앞뒤로 진나라 군대를 맞이하게 됩니다. 뒤에는 완성의 군사가 있고, 앞에는 진나라 정예병을 맞게 되면 승리를 보장할 수 없을 것입니다. 이런 형편에 어떻게 순조롭게 관중으로 들어갈 수 있겠습니까? 이 어찌 패공의 대업에 어긋나는 일이 아니겠습니까? 이를 해결하기 위한 가장 좋은 방법은 남양 군수를 타일러 항복하게 한 후 봉작을 높여주는 것입니다. 그러고 나서 그에게 완성을 지키게 하고 패공께서는 완성의 병마와 함께 서진을 계속하면 연도의 여러 성들도 완성의 사례를 본받아 문을 열고 투항할 것입니다. 이렇게 하면 패공께서 승승장구하여 순조롭게 관중으로 들어가실 수 있게 됩니다."

유방은 그의 말을 듣고 마음이 즐거워졌지만 자신이 처리해야 할 일을 잊지 않았다. 유방은 즉시 과감한 영웅의 면모를 과시하면서 대의에 맞게 사자의 의견을 수용했을 뿐 아니라 진실한 목소리로 정중하게 선포했다.

"남양 군수의 귀의를 윤허하노라. 아울러 그들의 목숨과 재산의 안전을 보장한다."

이것이 바로 항복한 성을 약탈하지 않는 고도의 투항 유도 정책이었다. 유방은 이 정책을 정밀하게 발전시켜 그의 정치적 재능을 마음껏 발휘했다. 과연 짧은 기간에 그에게 투항해오는 사람들이 끊이지 않았다. 이 정책은 진회의 '일깨움'에 힘입은 바가 크기 때문에 유방은 그에게 1000호의 식읍을 하사했다. 동시에 민심을 안정시키기 위해 완성 군수를 은후殷侯로 봉하고 계속 완성을 지키게 했다.

완성조차 함락되었다는 소식을 듣고 진나라 군대에 작은 동요가 발생했다. 많은 포로를 획득한 후 유방은 즉시 완성의 군마와 자신의 군마를 병합하여 서쪽을 향해 출발했다. 그 기세가 매우 위풍당당했다.

유방은 연도 내내 장량의 건의를 받아들여 자신의 군대를 엄격하게 단속하며 백성에게 소란을 피우지 못하게 했다. 진나라 땅 백성은 안정을 찾은 후 유방의 군대를 열렬히 환영했다. 기세를 타고 유방은 다시 성 몇 곳을 함락했다. 남양군은 신속하게 유방의 수중으로 들어왔다.

　유방은 승세를 타고 서진하여 8월에 무관에 당도했다. 이 무렵 유방은 또 조나라 장수 사마앙이 황하를 건너 관중으로 진입하려 한다는 소식을 들었다. 유방은 마음이 초조해져서 목숨을 걸고 아직 함양궁에 똬리를 틀고 있는 진왕의 왕관을 벗기려 했다.

책략으로
관중을 취하다

가볍게 무관을 빼앗다

일시에 형세가 준엄하게 변하기 시작했다. 눈앞에 있는 무관을 깨뜨리기만 하면 진나라로 들어가는 대문이 활짝 열리게 된다. 그런데 뜻밖에도 이때 북쪽에서 유방을 깜짝 놀라게 한 소식이 전해졌다. 진나라 대장군 장함이 그의 전군을 거느리고 항우에게 투항했다는 소식이었다. 당시에 장함은 진나라를 상징하는 깃발이라 해도 과언이 아니었다. 제후들의 대군 몇십만이 함곡관을 공격할 때 그는 진나라 제국의 마지막 운명을 등에 지고 있었다.

장함은 본래 문관文官이었지만 조직을 만들고 영도하는 재능이 탁월했다. 그는 당시에 여산에서 장기 복역 중인 죄수들을 조직하여 진나라의 일류 군대로 만들었다. 이후 그는 이 부대에 의지하여 동분서주하며 뛰어난 전적을 쌓았다. 그는 먼저 진승의 부하 주문周文(?~BC 209)이 이끄는 수십만 대군을 격파한 후 다시 제나라와 초나라의 연합군을 패퇴시켰다. 이어서 그는 자신의 재능을 가장 찬란하게 펼쳐보였다. 그것은 바로 정도定陶(산둥성 허쩌시荷澤

^市 딩타오구^{定陶區})에서 초나라 총사령관 항량을 참수한 일이었다.

항량을 격파한 후 장함도 보통 사람들이 흔히 범하는 실수에서 벗어나지 못했다. 그는 그처럼 긴급한 시기에 망상에 젖어 쓸 데 없는 자만심에 빠졌다. 특히 그는 초나라 군대를 새파란 풋내기 항우가 이끈다는 소문을 듣고 매우 득의만만해 하며 항우를 전혀 안중에 두지 않았다. 쉽게 상상할 수 있는 바와 같이 이러한 그의 망상이 진나라 하늘에서 유성처럼 사라질 그의 운명을 결정했다. 그는 거록에서 항우와 교전을 벌이다가 치명적인 일격을 당했다. 그것은 진나라 제국에도 치명적인 일격으로 작용했다.

장함은 거록에서 패배했지만 그의 20만 대군은 아직도 극원^{棘原}(허베이성 핑상현^{平鄉縣} 남서쪽)에 머물러 있었다. 그는 즉시 조정에 구원병을 요청했다. 그러나 호해와 조고는 구원병을 보내지 않았을 뿐 아니라 그의 공격 실패를 심하게 비난하며 책임을 추궁하겠다고 했다. 장함도 걱정에 휩싸여 조고가 자신을 해칠까봐 겁을 먹었다. 이 때문에 휘하의 부대를 이끌고 항우에게 투항할 수밖에 없었다.

항우의 입장에서는 처음으로 전군을 통솔한 무대에서 사람들을 깜짝 놀라게 한 작전 능력을 발휘한 사건이었다. 애초에 초 회왕은 북벌 계획을 세우고 송의를 상장군에, 항우를 차장^{次將}에 임명하여 북쪽에서 조나라를 구원하게 했다. 당시 지휘 대권은 완전히 송의의 수중에 장악되어 있었다. 그러나 송의라는 자가 목숨을 아끼고 죽음을 두려워할 줄 짐작도 하지 못했다. 나중에 항우는 단호하고도 과감하게 송의를 죽이고 자신이 군권을 장악한 후 진나라 장수 왕리^{王離}(?~BC 205)를 격파했다. 이로써 사람들은 처음으로 항우의 타고난 패기를 알게 되었다. 그런데 이제 항우가 또 장함을 패퇴시키자 각지역 제후들이 모두 그에게 귀의했다. 이처럼 항우는 강력한 적인 진나라 주력군을 상대로 승리했을 뿐 아니라 자신의 힘도 강화했고 북방의 분규까지 종식시켰다. 이에 힘입어 항우는 당시에 가장 강력한 역량으로 떠올랐다.

항우는 드넓은 도량을 발휘하여 장함을 받아들였을 뿐 아니라 그를 중용하여 뒷날 옹왕雍王에 봉했다. 항우가 이처럼 장함을 예우한 것은 기실 진나라 군중에 널리 알려진 그의 명망을 이용하여 방패막이로 삼기 위한 의도였다. 강대한 진나라 군대의 많은 용들 가운데서 우두머리가 사라지니 초나라 군대도 더 이상 위협을 느끼지 않았다.

모든 일을 잘 처리하고 나자 항우에게는 더 이상 어떤 장애물도 존재하지 않았다. 항우는 곧 진나라에서 항복한 또 다른 장수 사마흔을 상장군에 임명했다. 그는 사마흔에게 진나라 군대를 이끌고 초나라 선봉대를 도우면서 전광석화처럼 관중 분지의 동쪽 대문 함곡관을 공격하라고 명령했다.

한편 유방은 자신이 마음먹은 대로 가장 일찍 관중으로 입성하여 함양을 점령하고 회왕과의 약속에 따라 진왕秦王이 되기를 기대하고 있었다. 그러나 항우의 거동을 보고 유방은 바로 자신과 항우가 결국 벗에서 적으로 변하여 조만간 관중에서 최고 권력 쟁탈전을 벌일 것임을 의식했다. 이에 유방은 긴급하게 무관 진공을 위한 준비를 하라고 명령을 내리는 동시에 장량을 초청해서 비밀리에 관중 입성에 관한 일을 상의했다. 장량이 유방에게 한 가지 계책을 제시했다.

"먼저 한 사람을 몰래 관중 땅 함양으로 잠입시켜 조고를 만나게 한 후 그로 하여금 진나라를 배반하고 초나라에 항복하라고 유세하는 것이 가장 좋겠습니다. 그렇게 되면 아군이 관중으로 들어갈 때 안에서 호응할 수 있을 것입니다."

유방은 장량의 말을 듣고 좋은 생각이라 여기며 물었다.

"그럼 누구를 파견하면 좋겠소?"

장량이 말했다.

"영창甯昌이란 위나라 사람이 있는데 매우 기민하여 임기응변에 능합니다. 그를 파견하셔야 합니다."

그리하여 유방과 장량은 비밀리에 영창을 불러들였다. 항우와 장함이 투항 조건을 협의하면서 장함을 옹왕에 봉한 사례에 비춰 유방은 다음과 같은 조건을 내걸었다.

"조고가 진이세 호해를 죽인 후 무관 관문을 열고 함께 진나라를 멸망시키면 유방이 관중으로 입성했을 때 진나라 영토를 둘로 나눠 조고와 함께 분할 통치한다."

영창은 이처럼 중요한 임무를 띠고 함양으로 가서 진나라 승상 조고를 만났다.

다음날 이른 아침 유방의 대군이 무관을 향해 출발했다. 무관은 진나라의 남쪽 대문으로 단봉현丹鳳縣(산시성 단평현) 동쪽, 무관하武關河 북쪽에 위치해 있다. 흔히 함곡관, 소관蕭關, 대산관大散關과 함께 '진나라 4대 요새'秦之四塞로 불린다. 전국시대에 소진蘇秦(?~BC 284)은 초 위왕威王(?~BC 329)에게 이렇게 유세한 적이 있다.

"진나라 일군一軍이 무관으로 나가서 그 일군이 다시 검중黔中(후난성 화이화시懷化市 첸청黔城)으로 들어가면 초나라 도성이 동요할 것입니다."

이런 언급에서도 당시 형세에서 무관이 차지하던 중요성을 알 수 있다. 유방은 본래 이곳에서 악전고투를 치르리라고 예상했지만 당시 무관 수비대장이 정세를 꼼꼼하게 살피고 있었다. 서쪽 함양에서는 조고가 조정을 장악하고 왕공대신들을 함부로 살해하고 있었으며, 호해는 마구 비리를 저지르며 쾌락에만 탐닉하고 있었다. 동쪽 중원에는 진나라 대장 왕리와 장함이 있었는데, 왕리는 패퇴하고 장함은 항복하여 천하대세가 이미 기울고 있었다. 이런 상황에서 유방이 또 대군을 이끌고 갑자기 쳐들어 왔으므로 그 수비대장은 자기 수하의 패잔병과 장수들로는 도저히 유방에게 대적하기 어렵다는 사실을 알았다. 게다가 그들은 유방이 어질고, 후덕하고, 신의가 있으며, 항복한 관리를 죽이지 않는다는 소문을 들었다. 이에 깨끗하게 관문을 열고 유방을 맞아들였다.

유방은 무관을 칼 한 자루 창 한 자루도 휘두르지 않고 이렇게 쉽게 얻으리라고는 전혀 예상하지 못했다. 무관 앞은 바로 요관嶢關(산시성 란톈현藍田縣 남쪽)이었다. 유방은 바로 요관을 압박하라고 대군을 재촉했다. 그러나 예상치 못하게 장량이 막아섰다.

"패공! 절대로 조급해서는 안 됩니다. 무관은 쉽게 손에 넣었지만 이제 방어를 튼튼히 해야 합니다. 그렇지 않으면 항우의 대군이 당도했을 때 어떻게 막을 수 있겠습니까?"

유방은 대오각성하며 물었다.

"자방! 그럼 어떻게 방어하면 좋겠소?"

장량이 대답했다.

"지금 무관을 닫아걸고 사람들의 출입을 막아, 즉시 방어를 강화하십시오. 아울러 중무장한 군사와 뛰어난 장수를 보내 무관을 지키면서 관문 밖에서 각 지역 제후들을 막으십시오. 이렇게 해야 패공께서 군사를 거느리고 관중 땅 진나라 군사들을 격살할 수 있을 것입니다. 함양을 짓이길 수 있다면 포악한 진나라를 멸망시키지 못할까 어찌 근심하겠습니까?"

유방은 장량의 계책에 따라 병사들로 하여금 무관을 튼튼히 지키게 했고, 또 역량이 뛰어난 장수를 보내 관문을 수비하게 했으며, 그 후 군대를 거느리고 요관으로 진격했다.

계책을 써서 요관을 탈취하다

요관 상공에는 진나라 군대의 검은 깃발이 바람에 나부끼고 있었다. 하지만 검은 깃발은 북쪽과 가장 가까운 지역에만 꽂혀 있었고, 다른 곳에는 오히려 붉은 깃발이 펄럭였다. 진나라의 분열이 점점 더욱 큰 구멍으로 확장되는 조짐이었다.

요관은 관중의 남전藍田(산시성 란텐현)에 있기 때문에 남전관藍田關이라고도 부른다. 남전에서는 아름다운 옥이 많이 생산된다. 당나라 시인 이상은은 「금슬」錦瑟이라는 시에서 이렇게 읊었다.

> 창해에 달 밝으면 진주에 눈물 맺히고, 滄海月明珠有淚
> 남전에 햇볕 따뜻하면 옥돌에 안개 피네. 藍田日暖玉生烟51)

요관은 진나라 도성 함양의 남쪽 관문이자 함양을 지키는 최후의 요새이기도 하다. 일단 이곳을 탈취하면 관중을 얻는 일도 멀지 않게 된다. 그러나 요관은 기세가 웅장하고 지형이 험난하여 지기키는 쉽고 공격하기는 어려운 곳이다. 게다가 관문 위에 중무장한 병력이 지키고 있기 때문에 언뜻 보기에도 무관처럼 쉽게 빼앗을 수 있는 곳이 아니었다.

이 무렵 함양궁에는 풍운이 몰아쳤다. 원래 조고는 영창과 비밀리에 접촉한 이후 유방과 협약을 맺고 관중 땅을 분할하여 힘을 기르면서 재기를 노리려고 했다. 이에 그는 남몰래 먼저 호해를 살해한 후 세밀한 계획에 따

---

51) 이상은의 칠언율시 「금슬」 경련(頸聯)에 나온다.

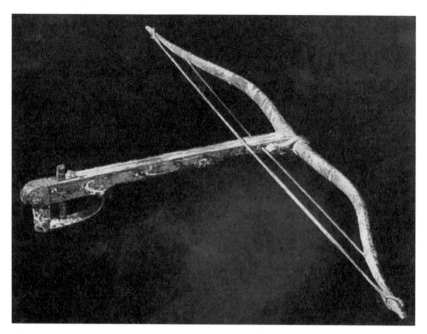
진나라 쇠뇌

라 호해의 형의 아들인 자영子嬰(?~BC 206)을 보위에 올렸다. 그는 자영이 허수아비 왕으로 행동하기를 일심으로 바랐지만 뜻밖에도 자영은 호락호락한 인물이 아니었다. 자영은 즉위한 이후 조고에게 감격하지 않았을 뿐 아니라 오히려 그를 깊이 증오했다. 왜냐하면 자영도 조고가 조정의 권력을 농단한 이래 진나라가 한 걸음씩 멸망의 길로 나아갔음을 분명하게 알고 있었기 때문이다. 조고를 제거하지 않으면 진나라 강산은 조만간 결딴이 날 게 뻔했다. 게다가 자영 자신은 명목상 황제이기는 해도 여전히 조고의 손바닥 안에 있는 물건에 불과했다. 이 때문에 자영은 보위에 오르는 날 가까운 사람들과 모의하여 조고를 주살했다. 조고의 저택을 수색하는 과정에서 영창의 비밀 서찰을 발견했다. 이것이야말로 조고가 모반에 가담한 명확한 증거였다. 자영은 즉시 군사를 보내 역관驛館을 뒤져서 영창을 잡아 죽였다.

제왕의 스승 장량

자영이 보위를 계승한 후 반짝 중흥의 조짐을 보인 진나라는 이미 운명이 다하여 마지막 숨을 몰아쉬고 있었다. 그러나 당시 형세로 보면 어떤 지역의 군대가 강력한 힘을 갖고 관중으로 들어올지는 아무도 몰랐다. 자영의 입장에서는 비록 육국이 모두 자립한다 해도 자신이 관중을 고수하며 조상들의 유업을 지킨다면 여전히 한 나라의 임금으로 행세할 수 있을 듯했다. 그리하여 자영은 보위에 오른 후 첫 번째 칙령을 내려 중무장한 군사들로 요관을 방어하게 했고, 또 동쪽으로 통하는 모든 관문을 폐쇄하라고 했다. 유방도 이렇게 형세가 급변하리라고는 전혀 예상하지 못했다. 그의 서진 앞길에 갑자기 검은 구름이 덮이기 시작했다.

유방은 군사를 거느리고 관문 밖에 당도하여 진채를 세웠다. 그는 장량 등 모사들을 데리고 멀찍이에서 지형을 살피며 관문을 공격할 방안을 궁리했다. 하지만 요관의 성벽은 높고도 견고했다. 모든 관문이 험한 산세에 의지해 있어서 공격하기가 쉽지 않아 보였다. 군사들을 보내 싸움을 걸어봤지만 관문을 지키는 장수들은 들은 척도 하지 않았다. 유방은 부장 하나를 시켜 군사 3천 명을 인솔하고 먼저 성곽을 공격하며 허실을 살펴보게 했다. 그런데 군사들이 성곽 가까이 다가가자 진나라 성곽 위에서 화살이 쏟아지기 시작했다. 성곽 공격에 나선 군사들은 구름사다리雲梯조차 설치하지 못한 채 모두 머리를 싸안고 도주하기에 급급했다. 유방의 군대는 사흘 동안 요관을 마주보면서도 아무 대책을 낼 수 없었다. 그런 모양을 보고 유방의 마음은 초조해질 수밖에 없었다. 자신의 험난한 앞길을 생각하니 더욱더 마음이 조급해졌다. 마침내 그가 마음을 크게 먹고 명령을 내렸다.

"내일 군사 2만 명을 동원하여 전력을 다해 성을 공격하라. 내가 친히 전장에서 싸움을 독려할 것이다. 무슨 대가를 치르더라도 반드시 요관을 함락해야 한다."

한 고조 입관도 漢高祖入關圖

　명령이 내려지자 군사들은 분분히 주먹을 불끈 쥐었다. 그리고 갑옷과 투구를 추스르며 내일의 혈전에 대비했다. 장량은 그 모습을 보고 서둘러 장량에게 말했다.

　"패공! 저처럼 견고한 성벽을 마주보고 싸움을 벌이면 우리 군사들에게 무슨 이익이 되겠습니까? 아직도 진나라 병력은 저렇게 강력합니다. 절대 경솔하게 움직여서는 안 됩니다."

　유방이 대답했다.

　"군사들이 먼 길을 진격해왔으므로 속전속결로 결판을 내야 하오. 시간을 오래 끌며 요관 앞에서 멍청히 기다리면 식량을 제대로 공급받을 수 없어서 결국 싸워보지도 못하고 후퇴하게 될 것이오."

　장량이 말했다.

제왕의 스승 장량

"저는 이 문제에 대해서도 생각해본 바가 있습니다. 강공을 펴기보다 지략으로 도모하는 것이 더 낫습니다."

장량은 바로 지략으로 요관을 도모할 한 가지 묘책을 바쳤다. 장량이 유방에게 말했다.

"소문을 들으니 요관을 지키는 장수들은 대부분 백정의 자제들이라 재물을 밝히며 대의는 돌아보지 않는다고 합니다. 만약 사람을 보내 재물을 주고 저들을 매수하면 틀림없이 투항할 것입니다. 먼저 몇 부대로 하여금 5만 명의 군량을 준비하게 하고 아울러 사방의 산간에 우리 군대의 깃발을 빽빽이 꽂아 허장성세를 과시하며 진나라 군대를 헷갈리게 하십시오. 그런 후에 다시 모사 역이기酈食其(BC 268~BC 203)를 시켜 진기한 보물을 가득 가져가서 진나라 장수들을 유혹하게 하시면 아마도 일을 이룰 수 있을 것입니다."

유방은 장량의 계책에 따라 역이기에게 황금과 보물을 가지고 가서 몰래 관문을 지키는 진나라 장수들을 찾아보게 했다. 역이기는 이러한 외교의 고수였다. 요관의 수비 장령들은 장량의 말처럼 황금을 보자 과연 마음이 흔들렸다. 또 온 산에 가득한 의군의 깃발을 보고는 저항해봤자 아무 소용이 없음을 깨달았다. 그들은 금은보화를 가득 챙기며 투항을 준비했을 뿐 아니라 유방의 의군과 연합하여 함께 함양을 공격하자고 제의했다.

이 소식을 들은 유방은 뛸 듯이 기뻐하며 즉시 관문 수비 장령들의 요청을 승낙했다. 그런데 뜻밖에도 장량은 여전히 고개를 가로저으며 말했다.

"패공! 아직 조건이 무르익지 않았습니다. 역이기가 비록 진나라 장수들을 매수했지만 이는 소수인의 사리사욕에 의지했을 뿐입니다. 아마 대부분의 진나라 병졸들은 순종하지 않을 것입니다. 게다가 진나라 병졸들은 대부분 관중 사람입니다. 그들의 부모와 처자식은 모두 그곳에 있으므로, 절대로 다른 군대가 그들의 집안을 침범하여 가족과 친척을 살해하도록 내버려두 진나라의 장수가 과연 배반한 후, 연합하여 함께 서쪽으로 함양을 습격하자고 했다. 패공이 그 말을 들으려 하자 장량이 말했다. "이는 오로지 그 장수만의 배반일 뿐이니 아마도 군사들은 따르지 않을 듯합니다. 따르지 않으면 반드시 위태로워집니다. 차라리 그들이 해이해질 때 공격하는 편이 더 낫습니다." 패공이 이에 군사들을 이끌고 진나라 군대를 공격하여 대파했다. 秦將果畔, 欲連和俱西襲咸陽, 沛公欲聽之. 良日, '此獨其將欲叛耳, 恐士卒不從. 不從必危, 不如因其解擊之.' 沛公乃引兵擊秦軍, 大破之.

지 않을 것입니다. 이 때문에 그들은 틀림없이 자신의 목숨을 돌보지 않고 저항할 것입니다."

유방이 물었다.

"그럼 어떻게 해야 하오?"

"그들과 목숨 걸고 싸우기보다는 저들이 지쳤을 때 길을 돌아 앞뒤에서 포위 공격하여 철저하게 섬멸하는 것이 더 낫습니다."

장량은 다시 세밀한 전략까지 이야기했다.

"패공! 진나라 병력은 인원수에서 한계가 뚜렷합니다. 결손을 보충할 수 있는 숫자는 2~3만에 불과합니다. 게다가 이곳 요관이 중요하다 해도 한 사람이 일만 적군을 막을 수 있는 함곡관에 미치지 못합니다. 한 시진 후에 아군을 전 전선에 펼쳐서 주위의 산과 고개를 모두 점령하십시오. 그런 후 다시 병사들에게 일제히 고함을 지르게 하면 관문을 지키는 진나라 장졸들은 퇴로가 끊긴 줄 알고 두려움에 젖어 틀림없이 당황해 할 것입니다. 이때 우리가 대군을 이끌고 맹공을 퍼부으면 진나라 군사들은 반드시 패배할 것입니다."

"자방의 말씀이 모두 이치에 맞으니 이번 전투는 모두 자방에게 의지하겠소."

유방은 장량의 말을 듣고 잠깐 사이에 마음이 환하게 밝아오는 느낌을 받았다. 유방은 바로 자신의 주력군에게 요관을 에돌아 몰래 남전 동남쪽 25리 지점의 궤산蕢山(산시성 란톈현 남쪽 주궈쓰산祝國寺山)을 넘게 했다. 유방의 군대는 갑자기 진나라 군대 배후에서 나타나 그들을 대파했다. 이렇게 하여 남전을 점령하고 요관의 퇴로를 끊은 후 앞뒤로 협공을 퍼붓자 진나라 군대는 저절로 무너졌다.

관중으로 통하는 대문이 열리자 진나라 도성 함양은 더 이상 지킬 방법이 없게 되었다. 관동의 군사들 눈앞에 펼쳐진 것은 풍요롭고 광활한 관중평원과 밥 짓는 연기가 피어오르는 광경이었다.

설령 진이세 호해가 폭정을 자행하여 진나라 제국을 만신창이로 만들었다 해도 관중 땅은 그래도 진나라 고토로 600여 년 동안 역사를 쌓아온 저력이 남아 있는 곳이었다. 게다가 원정에 참가했다가 돌아온 장졸들은 모두 넉넉한 재물을 가져와서 관중을 기름지게 했다. 이 때문에 관중 일대는 진나라의 다른 지역에 비해 훨씬 풍요로운 삶을 영위했다.

유방은 10만 대군을 이끌고 위풍당당하게 함양을 압박했다. 진시황은 자신이 10년 동안 전쟁을 치르며 통일한 국가가, 또 10년 동안 고심하며 경영해온 강대한 나라가 자신이 죽은 지 3년 만에 멸망의 시각을 향해 달려갈 줄 전혀 상상도 못했을 것이다. 기원전 206년, 진이세 호해 3년, 진 자영 원년에 이르러, 통일한 지 10여 년밖에 안 되는 진나라 왕조가 망국의 나락으로 빠져들고 있었다.

유방이
함양으로 진격하다

자영이 투항하다

진나라 조정에서 겨우 46일 동안 재위한 마지막 황제 자영은 궁궐 안 권력투쟁에서 승리했지만 얼마 지나지 않아 한바탕 희비극을 연출할 줄 아무도 예상하지 못했을 것이다. 당시의 광경은 지금 사람의 눈으로 바라봐도 실소를 금치 못할 정도이다.

기원전 206년 겨울, 살을 에는 날씨에 주위의 분위기는 무겁게 가라앉아 있었다. 유방은 군사를 인솔하고 함양성으로 가는 도중 성밖 지도정軹道亭(산시성 시안시 동북쪽)에 이르러 멀리 맞은편에서 달려오는 대열을 바라보고 있었다. 그 대열은 흡사 장례 행렬 같았다. 가까이 다가온 사람들 선두에 진왕 자영이 앉아 있었다. 그는 백마가 끄는 수레에 앉아 있었는데, 하얀 옷을 입고 목에도 하얀 비단을 둘러서 전신이 하얀색 일색이었다. 그를 모시고 온 대신들이 앞으로 걸어와서 항복했다. 다만 자영은 두 손으로 묵직한 천자 옥새와 병부兵符 한 꾸러미, 사신 파견을 위한 부절을 받들고 고개를 숙인 채 대로변에 무릎을 꿇고 있었다. 그의 표정은 슬프고 침울했다.

유방과 그의 장졸들은 이처럼 가련한 자영의 모습을 보고 슬프기도 하고 우습기도 했다. 유방은 승자의 도도한 자세로 자영이 받들어 올린 옥새를 받았다. 이 작은 옥새는 한 국가와 한 시대의 철저한 종결을 의미하는 징표였다. 진나라 왕조는 이와 같이 마침표를 찍었다. 이때 대장 주발이 앞으로 나아가 유방에게 말했다.

"패공! 진나라는 포학무도했습니다. 자영과 같은 자를 살려두었다가는 조만간 화근 덩어리가 될 것입니다. 제가 직접 그를 죽이도록 허락해주십시오."

"그렇습니다. 자영을 죽여 후환을 없애는 것이 가장 좋습니다."

번쾌도 곁에서 주먹을 불끈 쥐고 바로 손을 쓰겠다는 듯이 소리쳤다.

장량은 그들의 말을 듣고 깜짝 놀랐다. 기실 장량도 진왕 자영을 처음 봤을 때는 지난날 철추로 진시황을 저격할 때처럼 바로 달려가 죽이고 싶은 충동을 느꼈다. 그런데 자영이 싸우지도 않고 항복할 줄은 짐작도 하지 못했다. 자영의 투항은 진나라의 멸망을 의미하므로 이에 장량의 복수심도 여기에 이르러 사라지는 듯했다. 당시에 한나라는 멸망한 지 이미 20여 년이 넘었지만, 장량이 온갖 풍파를 겪으며 10여 년 동안 노력한 끝에 나라를 재건할 수 있었다.

이처럼 다양한 인생 경력을 거치는 동안 이제 장량의 복수심은 점점 멀어지는 것 같았고, 그의 원한도 서서히 가벼워지고 있는 듯했다. 그는 몸을 돌려 유방에게 말했다.

"제가 보기에는 자영을 죽이지 않는 것이 좋겠습니다. 자영을 죽이는 것은 사사로운 원한을 푸는 것 외에 아무 이득도 없습니다. 그러나 자영을 살려주면 우리 군대의 인자함을 드러낼 수 있고, 진나라 백성도 패공의 후덕함

진나라 함양궁 유적지에서 출토된 마차 출행 벽화

을 알게 될 것입니다."

　자영이 싸우지 않고 항복하자 유방도 처음에는 어떻게 해야 할지 몰랐다. 죽일지 살릴지 머뭇거리는 사이에 장량이 이렇게 말을 하자 유방도 고개를 끄덕였다.

　"자방의 말씀이 옳소. 자영을 죽이지 않는 것이 좋겠소. 모두들 아직 기억할 것이오. 애초에 회왕께서 왜 나를 서쪽으로 보냈겠소. 내가 무고한 사람을 죽이지 않고 포용할 수 있으리라 믿었기 때문일 것이오. 다시 말하자면 이미 투항한 사람을 죽이는 것은 상서롭지 못한 일이오. 우선 자영을 가뒀다가 나중에 다시 논의하는 것이 좋겠소."

유방은 이렇게 말을 하면서 자기 스스로도 대장으로서 드넓은 도량을 갖춘 것처럼 느꼈다. 유방의 인간 됨됨이는 확실히 자신이 말한 것처럼 무고한 사람을 함부로 죽이는 걸 좋아하지 않았다. 그가 군사를 이끌고 관중으로 진격하던 전날 밤에 초나라 노인 한 사람이 유방의 풍모를 보고 몰래 찬탄했다.

"패공은 장자長者다!"

이것은 관후하고 인자한 유방의 성격을 가리키는 말이다. 이에 유방은 부하들에게 자영을 잘 돌보게 하고 자신은 대군을 거느리고 함양으로 입성했다.

유방에게 패상으로 물러나도록 권하다

유방은 건장한 명마를 타고 문무 장졸의 호위를 받으며 위풍당당하게 꿈에도 그리던 함양성으로 들어갔다. 지난날 진시황의 기반이 지금은 유방의 발아래 짓밟히고 있었다. 유방의 마음은 날아갈 듯이 기뻤다.

유방은 젊은 시절 미관말직인 정장亭長을 지낼 때 부역에 징발된 백성을 데리고 함양에 온 적이 있었다. 그때 그는 마침 진시황의 순행 대열을 만났다. 그는 구경하는 백성들 무리에 섞여서 진시황 순행 대열의 장관을 바라보며 내심 매우 부러운 마음이 생겼다. 그는 또 진시황 순행 대열을 따라가며 눈을 떼지 못한 채 자신도 모르게 이렇게 감탄했다.

이야! 대장부는 마땅히 저래야지!嗟乎! 大丈夫當如此也!52)

그런데 이제 순식간에 자신이 진시황의 자리를 대신하여 관중 왕, 즉 만조백관의 왕으로 군림할 수 있게 되었다.

유방은 본래 무명 인사였다. 그의 본명은 유계劉季인데, 계季 자는 형제 중에서 막내란 뜻이다. 나중에 그는 개국 황제가 되어 고조高祖로 존칭되었지만 사마천조차도 '고조'의 본명이 무엇인지 몰랐음을 인정하지 않을 수 없었다. 유방이란 두 글자 성명은 황제가 된 이후에 새로 붙인 호칭일 뿐이다.

유방은 자신이 어느 날 승자와 주재자의 자세로 천하에서 유명한 인간 천당인 황궁에 들어갈 줄 꿈에도 생각하지 못했다. 그곳은 확실히 인간 천당이었다. 호화로운 궁실, 휘장, 준마 및 이루 다 헤아릴 수 없는 진기한 보배, 아름다운 미녀가 즐비했다. 유방에게는 본래 술을 좋아하고 색을 밝히는 병폐가 있었다. 그런데 이제 함양성으로 들어가서 그처럼 많은 보물과 미녀를 보자 그의 병폐가 바로 발작했다. 유방은 너무나 기뻐서 장졸들에게 소리쳤다.

"모두들 나를 따라 오랜 세월 행군하고 전투를 치르느라 정말 수고가 많았다. 오늘 궁궐 안에 유숙하며 마음대로 즐겨라!"

명령이 전달되자 일찌감치 참을성이 바닥난 장졸들은 소리를 지르며 우르르 달려갔다. 아무도 간섭할 수 없었다. 일부 장수들은 대담하게 자기 부하를 지휘하여 궁궐 안 금은보화를 강탈하느라 정신이 없었다.

기실 전국시대에는 이런 관습을 당연하게 여겼다. 전쟁에서 승리하면 적군의 재산을 마음대로 약탈했다. 이런 관습은 삼국시대에도 여전히 존재했다. 엄격하게 군율을 집행하던 일부 명장들이 목전의 정치적인 영향력과 미래 통치에 대한 필요성 때문에 더러 약탈을 금지하기도 했지만 그 외에는 항

---

52) 『사기』 「고조본기」에 나온다.

소하

복한 적군의 성을 깨끗하게 약탈하는 것을 관례로 인정했다. 그것을 군율 위반이라고 욕하는 사람은 없었다.

하물며 서진에 나선 유방의 군사 집단은 대부분 온갖 구성원을 모은 잡다한 패거리들이 아니던가? 설령 어떤 사람이 그들을 엄격하게 관리하려고 했더라도 다른 장졸들이 틀림없이 불복했을 것이다.

당시에 비교적 냉정한 자세를 유지한 사람은 소하가 유일했다. 소하는 유방과는 동향同鄕으로, 그의 가장 중요한 부하였다. 소하는 이전 전장에서 그리 특별한 능력을 발휘하지 못했지만, 유방이 함양으로 입성할 때는 일류 정치가의 면모를 보였다. 함양의 궁궐로 들어간 후 소하는 높고 원대한 안목을 드러냈다. 눈앞의 보물에는 눈길을 두지 않고 오직 궁궐 안에 비치된 도서와 문서 자료에만 관심을 보였다. 이런 행동은 그의 직업과도 관련이 있다. 애초에 소하는 패현의 수석 문서담당관이었다. 이 때문에 그는 이런 도서와 문서들이 어떤 금은보화보다 중요하다는 사실을 잘 알고 있었다. 소하는 부하들에게 명령을 내려 진나라 승상부와 어사부에 소장된 법률, 호적, 지리 등에 관한 문서와 도판을 모두 수집하게 했다. 이는 유방이 장차 천하의 산천, 요새, 인구, 재물 등의 분포 상황을 알고 싶어할 때 편리하게 자료를 찾기 위한 조치이기도 했다. 뒷날 사실이 증명한 바와 같이 유방의 병력은 항우보다 못했지만, 초한쟁패 기간 동안 4년을 버티면서 최후의 승리자가 될 수 있었던 배경에는 당시 소하의 조치가 큰 힘으로 작용했다.

소하가 도서 자료를 보호하다가 고개를 돌려 바라보니 대소 장졸들이 모두 금은보화를 약탈하느라 정신이 없었다. 그는 서둘러 번쾌를 찾아 유방을 좀 말려달라고 청했다.

번쾌는 순수한 무부武夫로, 유방과 동향일 뿐 아니라 유방의 동서이기도 했다. 번쾌의 아내가 바로 유방의 아내 여치呂雉(BC 241~BC 180)의 동생이므로, 두 사람은 매우 가까운 인척 관계였다. 번쾌는 개를 잡아 생업을 유지하다가 유방이 봉기하자 그를 가까이서 수행하며 천하 명장으로 성장했다. 개백정 출신의 번쾌는 평소에 일을 건성건성 처리했지만 당시에는 아주 식견 있는 행동을 보이며 유방에게 말했다.

"형님께선 천하를 얻고 싶으십니까? 아니면 그냥 부자 늙은이나 되고 싶으십니까? 이 호화로운 보물은 바로 진나라가 멸망한 원인입니다. 이런 것들을 어디에 쓰시렵니까? 어서 패상灞上53)으로 회군하십시오. 궁중에 머물러서

---

53) 패상(灞上): 패상(霸上)과 통용한다. '灞'의 본래 발음은 '파'이지만 '灞上'은 패수(霸水) 가에 있는 지명이어서 '霸(패)' 자에 'ㅊ(수)'를 더하여 '灞'로 쓰고 '霸(패)'와 같은 발음으로 읽는다. '패수(霸水)'는 진 목공(秦穆公)의 패업(霸業)을 기념하는 지명이므로 당연히 '파수'가 아니라 '패수'로 읽어야 한다.

제왕의 스승 장량

는 안 됩니다."

하지만 번쾌도 결국은 유방의 집안사람이므로 유방은 그의 말을 귓전으로 흘려들었다. 어쩔 수 없이 번쾌는 장량을 찾을 수밖에 없었다. 장량은 몸이 허약한 데다 행진 과정에서 피로가 겹쳐서 쉬고 있던 중이었다. 그는 유방이 궁중에 유숙할 준비를 한다는 소식을 듣고 바로 심각한 사태가 발생했음을 깨달았다. 그는 즉시 유방에게 달려가서 이렇게 권했다.

"번 장군의 권유가 참으로 타당합니다. 옛 사람도 '좋은 약은 입에 쓰나 병에는 이롭고, 충성스러운 말은 귀에 거슬리나 행동에는 이롭다.'良藥苦口利於病, 忠言逆耳利於行54)라고 하지 않았습니까? 패공께서는 번 장군의 건의를 받아들이셔야 합니다."

유방은 장량의 말을 탐탁지 않게 여기며 투덜거렸다.

"관중에 먼저 들어와 진나라를 격파하는 사람을 왕으로 삼는다고 회왕이 약속했소. 지금 나는 관중에 가장 먼저 입성했으므로, 고생한 사람들에게 지금 이 순간을 즐기라고 명령을 내렸소. 이게 어찌 불가한 일이오?"

장량이 마음을 억누르며 권했다.

"진왕이 불의한 짓을 많이 저질렀기 때문에 패공께서 지금 이 자리까지 올 수 있었습니다. 패공! 지금 모든 일이 아직 안정을 찾지 못했습니다. 게다가 항우는 40만 대군을 이끌고 함곡관을 향해 진격해오고 있습니다. 비록 회왕께서 먼저 관중으로 입성한 사람을 왕으로 삼는다고 약속하셨지만 항우는 결코 그런 약속에 구애될 사람이 아닙니다. 그가 패공의 부하가 되려 하겠습니까? 항우가 반대한다면 왕이 될 수 없을 뿐 아니라 목숨까지 빼앗길 것입니다. 우리는 이런 사태에 대비해야 합니다."

---

54) 『공자가어(孔子家語)』 「육본(六本)」에 나온다.

패공이 진나라 궁궐로 들어가니 궁실, 휘장, 명견, 명마, 보물, 여자가 수천에 이르러 그곳에 유숙하고 싶어 했다. 번쾌가 패공에게 궁궐에서 나가자고 간언을 올렸지만 패공은 듣지 않았다. 이에 장량이 말했다. "대저 진나라가 무도했기 때문에 패공께서 여기까지 올 수 있었습니다. 대저 천하를 위해 잔적殘賊을 제거하려면 검소함을 바탕으로 삼아야 합니다. 지금 진나라에 입성하자마자 쾌락에 안주한다면 이것을 일러 걸왕을 도와 잔학한 짓을 한다고 하는 것입니다. 또 충성스러운 말은 귀에 거슬리나 행동에는 이롭고, 독한 약은 입에 쓰지만 병에는 이롭다고 합니다. 바라옵건대 패공께서는 번쾌의 말을 들으십시오"라고 했다. 이에 패공이 패상으로 회군했다. 沛公入秦宮, 宮室帷帳狗馬重寶婦女以千數, 意欲留居之. 樊噲諫沛公出舍, 沛公不聽. 良曰, '夫秦無道, 故沛公得至此. 夫爲天下除殘賊, 宜縞素爲資. 今始入秦, 卽安其樂, 此所謂助桀爲虐. 且忠言逆耳利於行, 毒藥苦口利於病. 願沛公聽樊噲言.' 沛公乃還軍霸上.

장량의 어투는 부드러웠지만 매우 단호했다. 유방은 장량의 말을 듣고 생각해보니 그의 의견에 확실히 깊은 식견이 담겨 있었다. 이에 유방은 자신의 견해를 고집하지 못하고 물었다.

"그럼 이제 어떻게 해야 하오?"

장량이 대답했다.

"패공께서 이미 천하 사람들을 위해 해악을 제거했으므로 응당 소박한 옷을 입고 채소 음식을 드시며 검소함을 보여주셔야 합니다. 이제 성 밖으로 후퇴하는 것이 더 좋은 일입니다. 왕실 창고를 봉쇄하고 진나라 백성의 호적을 정리한 후 항우가 입성할 때를 기다려 다음 일을 상의하셔야 합니다."

유방은 아직도 궁중의 미녀와 재물에 미련이 남았지만 그의 사람됨이 일을 시시콜콜 따지기보다는 융통성이 있었고, 특히 다른 사람의 의견을 잘 받아들였기 때문에 이렇게 대답했다.

"좋소! 자방의 의견에 따르겠소. 장졸들에게 명령을 내려 성밖 패상으로 회군하겠소."

출발에 임해 장량은 또 세심하게 번쾌에게 일렀다.

"반드시 진나라 궁궐의 금은보화와 재물을 창고에 넣고 봉쇄한 후 중무장 병력을 파견해 겹겹이 지키도록 하십시오."

제왕의 스승 장량

백성에게 약법삼장을 시행하다

유방의 대군은 장안현長安縣(산시성 시안시 창안구長安區) 동쪽 30리 지점인 백록원白鹿原(산시성 시안시 남쪽 바수이灞水 상류)에 주둔했다. 그곳 지명이 당시에는 패상灞上이었다. 패상은 산이 수려하고 물이 맑아 주변 환경이 고요한 곳이었지만 백성들은 불안한 마음을 감출 수 없었다.

원래 삼진三秦[55] 땅은 진나라 600년 역사의 기반으로, 진시황도 이곳에서 출발하여 삼진의 자제를 이끌고 육국을 평정했다. 당시에 각국 제후들이 봉기하여 한바탕 혼란이 조성되자 모두들 먼저 관중으로 입성하려고 경쟁했다. 현지 백성이 보기에 이제 관중은 시체가 땅을 덮고 피가 시내를 이룰 위험에 처해 있었다. 이 때문에 패상 사람들은 온종일 공포에 질려 피비린내나는 재난이 닥칠까봐 전전긍긍했다.

기실 유방의 군대가 함양에 진입하기 전에 벌써 장량은 유방을 따라 봉기한 일부 유민들 사이에 규율이 부족하다는 사실을 걱정하고 있었다. 천하평정이라는 목표에 도달하기 위한 유일한 방법은 부대원들을 엄격하게 단속하는 것이었다.

이에 장량은 '약법삼장'約法三章이라는 간결한 규율을 제정했다. 당시에 유방을 따라온 각 지역 장수들이 패상 부근에 주둔하자 유방은 장량의 건의를 받아들여 각급 장수들과 관중 여러 현의 노인 및 호걸들을 불러놓고 다음과 같이 선포했다.

"여러분! 진나라의 가혹한 형벌 때문에 정말 고생이 많았소. 진나라 관

---

55) 삼진(三秦): 진(秦)나라가 멸망한 이후 도성 인근 관중(關中) 땅을 삼분하여 삼진이라고 했다. 항우에 의해 분봉된 옹(雍), 새(塞), 적(翟)을 말한다.

진나라 시대 복식

청과 조정을 비난한 사람들은 모든 가족이 멸문지화를 당했소. 심지어 두 사람 이상이 모여서 이야기만 나눠도 모두 저잣거리에서 목이 잘렸소. 천하의 영웅호걸들이 진나라에 항거하여 봉기한 이때 회왕께서는 관중에 가장 먼저 들어온 사람을 이곳 왕으로 삼겠다고 약속하셨소. 오늘 나는 관중에 가장 먼저 들어온 사람으로서 왕을 칭하는 것이 당연하지만 우선 여기 관중의 어르신들 면전에서 세 가지 규율을 선포하고자 하오. 첫째, 살인을 한 자는 반드시 죽인다. 둘째, 다른 사람을 해친 자는 범죄의 경중에 따라 응분의 처벌을 받는다. 셋째, 남의 물건을 훔친 자도 이와 같이 죄를 확정한다. 이전에 시행한 진나라의 가혹한 법은 오늘부터 전부 폐지하겠소. 이곳 관리와 백성들은 놀라거나 두려워하지 말고 평소처럼 편안히 생활하면서 이 세 가지 법만 준수하시오. 내가 군대를 이끌고 관중으로 들어온 건 여러분을 위해

제왕의 스승 장량

가혹한 법을 폐지하기 위한 것이지 절대 여러
분을 해치려는 것이 아니오. 두려워하지 마시
오!"

이것이 바로 역사에 유명한 '약법3장'이
다.

확실히 진나라 법률은 가혹했다. 앞에서
언급한 바 있는 '갱유 사건'을 예로 들어보자.
당시 유생 몇 명이 진시황에 대해 몇 마디 비
판을 했다고 '비방죄'誹謗罪와 '요언죄'妖言罪로
판정을 받았다. 진시황은 "지금 나를 비방하
며 내 부덕함을 가중시켰"으며, 혹은 "요언으
로 백성을 혼란에 빠뜨렸다"는 이유로 4백여
명의 유생을 생매장했다.

『사기』「고조본기」 원문

"부로들께서는 진나라의 가혹한
법에 고통을 받은 지 오래입니다.
비방하는 사람은 멸문지화를 당했
고, 두 사람이 모여 이야기를 나눠
도 저잣거리에 시신이 버려졌습니
다. 저는 제후들과 약속하고 관중
에 먼저 들어간 사람이 왕이 되기
로 했으므로 제가 마땅히 관중에
서 왕 노릇을 해야 합니다. 부로들
께 법 3장만 시행하기로 약속합니
다. 살인한 자는 죽인다. 사람에게
상해를 가했거나 도적질을 한 자
는 법에 맞게 죄를 받는다."父老苦秦
法久矣, 誹謗者族, 偶語者棄市. 吾與諸侯約,
先之關者王之. 吾
當王關中. 與父老約, 法三章耳. 殺人者死, 傷人及盜抵罪.

이 때문에 진나라의 가혹한 형법에 핍박을 받아온 백성들 입장에서는
유방이 관중으로 입성하자마자 '약법3장'을 반포하는 것을 보고 기쁨에 겨
워 갈채를 보내지 않는 사람이 없었다. 그들은 또 앞다투어 소나 양을 잡거
나 술을 마련하여 장졸들을 위로했다.

장량은 또 자신의 사자와 진나라 관리들을 각 지방으로 보내 공고를 크
게 붙이고 철저하게 군율을 유지하겠다고 선포했다. 방종을 일삼던 장수들
도 이번에는 정말 엄격하게 군율을 시행하는 걸 알고, 더 이상 경거망동하지
않았다. 관중 땅은 신속하게 본래의 질서를 회복했다.

유방이 거느린 부대는 불과 3년 만에 군기를 엄격하게 시행하여 함양성
주민들을 전혀 침범하지 않았다. 이에 비해 항우는 살인과 방화를 일삼았는
데, 이는 유방과 확연히 구별되는 점이다.

민심을 얻는 자가 천하를 얻는 법이다. 당시 유방은 장량의 뛰어난 계책을 받아들였다. 그는 관중에 도착하여 그곳 백성의 전폭적인 지지를 받았다. 이 점이 뒷날 항우와 천하를 쟁패할 때 아주 견실한 기반으로 작용했다. 관중에서 유방은 절대적인 우세를 점했다.

4장

책략

패상의 위기를
해결하다

조무상의 밀고

패공이 관중의 왕이 되어 자영을 재상으로 삼으려 하고, 진기한 보배를 다 갖

고 갔습니다.沛公欲王關中, 使子嬰爲相, 珍寶盡有之56)

이 말을 처음 들으면 어떤 밀고자의 낮은 목소리가 연상될 것이다. 그렇
다. 그 밀고자는 유방 진영의 사람으로, 이름은 조무상趙無傷(?~BC 206)이었
다. 그는 항우가 관중으로 입성한 후 항우에게 처음으로 유방을 밀고한 자였
다. 그는 역사의 무대에 등장했다가 바로 막후로 사라졌지만 역사는 영원히
그를 기억하고 있다.

당초에 유방은 관중으로 가장 먼저 들어가려고 꼼수를 부렸다. 즉 그는

---

56) 『사기』「항우본기」에 나온다.

진나라의 병력이 가장 약한 노선을 골라 행진했고, 마침내 자신의 소원대로 가장 먼저 관중으로 입성했다.

그러나 항우는 자신의 강력한 군대를 믿고 당당하게 큰길로만 진격했다. 동시에 항우는 사람들에게 자신의 강포하고 억센 성격을 심어주었다. 거록 전투 후에는 장함과 진나라에서 항복한 장수 둘을 제외하고 하룻밤 사이에 진나라 군사 20여만 명을 생매장해서 죽였다. 그 일이 있은 이후 백성들 마음속에는 "항우는 잔학하다"는 아주 간단한 등식이 각인되었다.

항우가 대군을 이끌고 함곡관에 당도했을 때 관문을 지키는 군사들이 그의 진입을 허락하지 않았다. 관문지기가 말했다.

"우리는 어떤 군대라도 들여놓지 말라는 패공의 명령을 받았습니다."

이로써 유방의 군대가 이미 함양을 함락했다는 사실이 명백해졌다. 항우는 불같이 화를 내며 대장 영포英布(?~BC 196)에게 총공격 명령을 내려 관문을 불태우라고 했다. 그런 후에 항우는 40만 대군을 거느리고 함곡관으로 진입하여 사나운 기세로 홍문鴻門 희하戱下(산시성 시안시 린퉁구 홍먼바오촌鴻門堡村)에 주둔했다.

양쪽 진영에 팽팽한 긴장감이 돌기 시작했다. 유방은 항우의 대군과 대적할 수 없다는 사실을 알고 패상을 단단히 지키고 있을 수밖에 없었다. 고대에는 전투를 벌일 때 지형을 중시했다. 높은 곳에서 낮은 곳으로 쳐내려가야 우세를 점할 수 있다. 패상은 당시에 패하霸河 부근의 높다란 평원이었다. 다른 곳으로 진격하여 공격을 퍼부을 수도 있고, 그곳으로 물러나 쉽게 지킬 수도 있었다. 군사 작전에 아주 유리한 곳이었다.

희하에 주둔한 항우의 군대와 패상에 주둔한 유방의 군대는 멀찌감치 떨어져서 서로 바라보며 묵묵히 힘을 견주고 있었다. 두 진영 사이의 거리는 겨우 40리였고, 중간에 시야를 가로막는 산이나 요새가 없었다. 항우는 40

제왕의 스승 장량

진나라 청동 문고리

만 대군을 보유했지만 유방은 10만 군사뿐이었다. 양 진영은 서로 대치하고 있었지만 병력의 차이가 매우 컸다. 항우와 유방은 마치 바둑판을 놓고 대치하고 있는 것처럼 보였다. 이제 이 바둑판에 놓인 돌들이 꿈틀꿈틀 행마를 시작하고 있었다.

　가장 먼저 등장한 돌은 바로 조무상이었다. 그는 유방의 군대에서 좌사마左司馬(군대 내의 법 집행관)를 맡고 있었다. 그는 항우가 유방을 아니꼽게 생각할 때 그 낌새를 알아채고 바로 소인배로서 밀고자 역할을 했다. 그는 항우의 진영에 사람을 보내 유방이 관중의 왕이 되려 한다고 밀고했다. 그의 목적은 물론 항우로부터 큰 상을 받기 위함이었다.

　조무상이 밀고한 주요 내용은 세 가지였다. 첫째, 유방이 관중에서 왕이 되려 한다. 둘째, 유방이 항복한 진왕 자영을 재상으로 삼으려 한다. 셋째, 유방이 진나라 궁중의 진기한 보배를 독점하려 한다.

첫째, 유방은 관중 왕이 되고 싶은 마음을 품고 있지만, 이것은 터무니 없는 욕심이 아니었다. 애초에 유방과 항우는 먼저 관중으로 들어간 사람이 왕이 되기로 약속했다. 기록에 의하면 유방이 항우보다 두 달 앞서 관중에 입성했으므로 이치상 그가 관중 왕이 되는 것은 당연한 일이었다. 그러나 상황은 끊임없이 바뀌기 마련이다. 항우는 관중으로 진입할 때 40만 대군을 보유했을 뿐 아니라 거록 전투에서도 대승을 거뒀다. 이 때문에 항우는 마음속으로 유방이 관중 왕이 되려 하는 사실을 받아들일 수 없었고, 당연히 자신이 승전의 최대 수혜자가 되어야 한다고 생각했다.

둘째, 항우의 조부 항연과 숙부 항량은 모두 진나라 군사들 손에 죽었으므로 항씨 가문과 진나라는 대대로 이어온 원수 사이였다. 그러므로 항우는 절대 자영을 재상으로 삼으려 하지 않을 것이다. 게다가 진나라를 멸망시키려는 항우의 계획에는 진나라 왕실 종친들을 깡그리 죽이는 일이 포함되어 있었기에 절대 자영을 살려둘 수 없었다. 이 때문에 항우는 유방이 자영을 재상으로 삼는 일을 절대 용납할 수 없었다.

셋째, 옛날에는 흔히 승자가 패자의 금은보화나 후궁의 미녀들을 전리품으로 간주했다. 그렇다고 해도 유방이 진나라 궁궐 안의 모든 것을 독점하리라고는 예상하지 못했다. 이것은 기실 항우가 누려야 할 응분의 혜택 중 많은 부분을 유방이 빼앗아가는 것을 의미했다. 항우는 이 점도 수긍할 수 없었다.

사실 조무상의 밀고가 없었다 하더라도 항우는 유방이 관중에서 왕을 칭하는 상황을 받아들이지 못했을 것이다. 다만 그의 밀고를 빌미로 유방을 공격하려던 결심과 역량을 강화했을 뿐이다. 그러나 문제는 항우의 실력이 아니었다. 유방을 죽이는 일은 식은 죽 먹듯 쉬운 일이지만 각 지역 제후들 면전에서 명분에 맞지 않게 일을 처리할 수는 없는 노릇이었다. 게다가 아직도 허수아비이기는 해도 그들에게 명령을 내리는 회왕까지 존재하지 않는가?

당시 항우의 모사 범증은 항량이 세상을 떠난 후 항우의 곁에서 목숨을 걸고 항씨 가문을 위해 많은 계책을 마련하고 있었다. 오직 범증만이 벌써부터 유방의 야심을 간파했고, 또 항우의 성격까지 깊이 파악하고 있었다. 범증은 조무상의 밀고를 들은 후 항우의 미묘한 심리 변화를 감지하고 그의 곁에서 화를 자극했다.

"아이고! 유방은 본래 패현의 미관말직으로 줄곧 재물과 여자를 밝히는 자였습니다.

『사기』「항우본기」원문

범증이 항우를 설득하며 말했다. "패공이 산동에 거주할 때는 재물을 탐하고 미녀를 좋아했습니다. 그런데 지금 관중으로 들어와서는 재물을 취하지 않고 여자도 가까이 하지 않습니다. 이는 그의 뜻이 작은 것에 있지 않다는 증거입니다. 제가 사람을 시켜 그의 기운을 살펴봤더니 모두가 용과 범의 모습이었고 오색이 가득했습니다. 이는 천자의 기운입니다. 서둘러 공격해야지 기회를 놓쳐서는 안 됩니다."
范增說項羽曰, '沛公居山東時, 貪于財貨, 好美姬. 今入關, 財物無所取, 婦女無所幸, 此其志不在小. 吾令人望其氣, 皆爲龍虎, 成五采, 此天子氣也. 急擊勿失!'

그런데 이번에 요행히 먼저 관중으로 입성해서는 여자도 가까이 하지 않고 재물도 탐하지 않았다고 합니다. 게다가 백성에게 약법삼장까지 시행하여 민심을 농락하고 있으니 정말 이전과는 판이한 사람이라 할 정도입니다. 이는 틀림없이 그자가 큰 뜻을 품고 장차 항 장군과 천하를 다투려는 심보입니다. 지금 장군께서는 40만 대군을 거느리고 있지만 유방의 병력은 이에 훨씬 못 미칩니다. 이번에 기회를 봐서 그자를 죽이는 것이 좋겠습니다. 기회를 놓치면 이후에 틀림없이 화근으로 작용할 것입니다."

항우의 공격 결심을 더욱 굳히기 위해 범증은 노련한 머리를 굴리며 자신의 재주와 능력을 증명하려 했다.

"제가 이미 사람을 보내 유방이 주둔한 곳 방위의 운세를 살펴보게 했습니다. 그곳은 용과 범의 형상이 드러나고 오색이 찬란해서 천자의 기상이 서

려 있었습니다. 허나 유방은 지금 약세에 처해 있으므로 서둘러 공격하는 것
이 좋겠습니다. 이처럼 좋은 기회를 놓쳐서는 안 됩니다."

항량이 희생된 후 범증은 항량이 수행해온 항우의 부친 역할까지 담당
하고 있었다. 항우도 부친의 빈자리를 인정하고 순리에 맞게 범증을 받들며
'아보'亞父57)로 호칭했다. 이 때문에 항우는 아보 범증의 말이라면 거의 모두
그대로 따르는 편이었다.

기실 범증의 말은 조무상의 밀고와 확연히 구별된다. 항우는 겉보기에
무예가 뛰어나고 재주도 출중한 듯하지만 두뇌는 단순한 편이었다. 항우는
범증의 말을 듣고 분노가 폭발하여 유방을 지목하며 즉시 탁상을 내리쳤다.

"유방, 이 자식이 눈에 뵈는 게 없구나! 즉시 삼군에 명령을 전하라. 밤새
도록 준비하여 유방의 본진을 습격할 것이다!"

항백의 밀고

아주 중요한 순간, 바둑판에 바둑돌이 하나 놓인다. 그것은 바로 항백이
었다. 그는 몰래 항우의 진영을 빠져나왔다. 이로써 판세는 미묘하게 변하기
시작했고, 이 대국에 새로운 행마가 시작된다.

항백은 항씨 가문의 주요 구성원이었다. 그는 당초에 항량을 수행하다
항량이 죽고 나서는 항우 곁에서 대기했다. 그는 항우의 숙부였기에 당시 항

---

57) 아보(亞父):『사기색은』에서는 '亞父'에 다음과 같은 주(注)를 달았다. "항우는 범증을 얻어 아보(亞父)라 불
렀다. 이 말은 그를 존경함이 아버지에 버금간다[亞]는 뜻이다. 관중(管仲)을 제나라에서 중보(仲父)라 부
른 것과 같다. 이때 '父'의 발음은 '보(甫)'다.(項羽得范增, 號曰亞父, 言尊之亞於父. 猶管仲齊謂仲父. 父並音甫也.)"

제왕의 스승 장량

우의 진영에서 좌윤左尹이란 직책을 맡고 있었다. 좌윤은 군사와 정치의 대권을 장악한 영윤令尹의 보조관이었는데, 우윤보다 지위가 좀 높다. 추정컨대 당시 초나라 군영에서 항백은 막중한 지위에 있었다고 할 수 있다.

항백은 항우가 유방을 습격한다는 소식을 듣고 즉각 유방의 진영에 있는 장량을 떠올렸다. 두 사람은 이전에 친밀하게 지냈을 뿐 아니라 장량이 항백을 구해준 적도 있으므로 항백의 입장에서는 지금이 장량에게 은혜를 갚을 좋은 기회였다. 이에 그는 유방의 진영으로 가서 장량에게 이 소식을 알려주려고 결심했다. 그날 밤 항백은 발 빠른 말을 타고 쥐도 새도 모르게 유방의 진영으로 치달려갔다. 그는 장량을 찾아 항우의 계획과 범증의 주장을 하나부터 열까지 모두 알려준 후, 여기서 죽음을 기다리지 말고 신속하게 유방의 진영을 떠나라고 권했다.

그때 장량은 바야흐로 항우가 멀지 않은 곳에 주둔한 일 때문에 근심에 싸여 있었다. 양군이 대치하면 싸우기도 하고 강화도 할 텐데 다음 계책을 어떻게 마련해야 할까? 유방이 아직 어떤 결정도 하지 않아서 판세는 더욱 모호했다. 그는 항우가 습격해온다는 항백의 밀고를 듣고 깜짝 놀랐다. 왜냐하면 당시에 유방은 겨우 군사 10만을 보유했을 뿐이지만 항우는 40만 대군을 이끌고 있었기 때문이다. 10만으로 40만을 대적하는 것은 계란으로 바위를 치는 일과 다를 바 없다. 그러나 장량은 그 와중에서도 보통 사람보다 뛰어난 능력을 발휘했다. 그는 항백의 밀고를 들으며 이 사람이 '의리'를 매우 중시하고, 은혜를 받으면 반드시 보답한다는 사실을 알게 되었다. 그는 또 항백과 항우의 특수한 관계도 이해했다. 장량은 곧 마음을 가라앉히고 한 가지 계책을 생각해냈다. 그는 항백을 이용하여 내친김에 모험을 한번 해보기로 했다. 장량이 항백에게 말했다.

"나는 한왕漢王의 명령을 받들고 패공의 관중 입성을 성사시켰소. 그런데

진나라 옥기

지금 패공이 어려움에 처했는데 남몰래 도망친다면 이건 의리 있는 일이 아
니오. 차라리 이 일을 패공에게 알리는 편이 좋겠소."

　　항백도 장량의 말이 일리 있다 느끼고 고개를 끄덕이며 동의했다.

　　이어서 장량은 유방의 군막으로 가서 항백이 방문한 사정을 간단하게
설명했다. 처음에 유방은 장량의 말에 포함된 주요 어휘인 항우, 기습, 군영
등의 말만 알아들었을 뿐이었다. 유방은 잠시 생각이 정리되지 않아서 멍한
상태로 앉아 있었다. 유방의 입장에서는 본래 자신이 관중에 먼저 입성했으
므로 유리한 고지를 점했다고 여겼으나 상황이 이처럼 심각해질 줄은 생각
지도 못했기에 더욱 경악을 금할 수 없었다.

　　장량은 다시 일의 요점을 상세하게 설명했다. 그런 후 단도직입적으로
유방에게 물었다.

　　"패공께서 생각하시기엔 아군이 항우와 결전을 벌일 수 있겠습니까?"

유방은 잠시 생각해보다가 말했다.

"역량으로 보건대 불가능한 일이오. 이제 항우가 곧 습격해온다는데 우리에게 어떤 대응 방법이 있겠소?"

장량이 의미심장하게 말했다.

"그럼 직접 항백에게 가서 절대 항우를 배반하지 않을 테니 용서해달라고 요청해보십시오."

유방은 이제 고비를 넘겼다는 듯이 장량에게 물었다.

"항백은 항우 쪽 사람인데 자방이 항백과 교분이 있었단 말이오?"

장량은 과거에 항백을 구해준 일과 그 때문에 항백이 은혜를 갚으러 왔다는 사실을 유방에게 이야기해줬다. 유방은 그의 이야기를 듣고 나서 잠시 생각하다가 장량에게 물었다.

"자방과 항백 공 중에서 누가 연세가 많소?"

장량이 사실대로 대답했다.

"항 공이 저보다 나이가 많습니다."

유방은 좋은 생각이 났다는 듯이 말했다.

"그럼 어서 그분을 모셔 오시오. 내가 형님으로 모시겠소."

그리하여 장량은 항백을 모시러 갔다. 처음에 항백은 유방을 만나려 하지 않다가 장량의 체면을 봐서 그와 함께 유방을 만나러 갈 수밖에 없었다.

유방의 외교 수완은 그의 현실 분석 능력보다 훨씬 뛰어났다. 그는 항백을 만나자마자 공경스럽게 예를 표하며 장량을 대하듯 그를 형님으로 모셨다. 그는 자신의 성의를 표시하기 위해 내친김에 자신의 딸을 항백의 아들에게 시집보내겠다고 했다. 일종의 혼인외교 정책이었다. 한바탕 자질구레한 예절이 오고간 후 유방은 조금도 숨김없이 본론으로 들어갔다.

"형님! 저는 관중으로 들어와서 인구를 조사한 후 왕실 창고를 밀봉하고

『사기』『유후세가』 원문

항우는 홍문 아래에 이르러 패공을 공격하려 했다. 그러자 항백이 밤중에 말을 치달려 패공의 군대로 들어간 후 몰래 장량을 만나 함께 떠나자고 했다. 장량이 말했다. "저는 한왕韓王을 위해 패공을 전송하러 있소. 지금 사태가 위급하다고 도망치는 건 불의한 짓이오." 이에 모든 사실을 패공에게 이야기했다. 項羽至鴻門下, 欲擊沛公, 項伯乃夜馳入沛公軍, 私見張良, 欲與俱去. 良曰, '臣爲韓王送沛公, 今事有急, 亡去不義.' 乃具以語沛公.

한 가지 물건도 손대지 않았습니다. 이후 일심으로 항우 장군께서 오시기만을 기다리고 있었습니다. 제가 군대를 보내 함곡관을 지키게 한 것은 다른 도적들이 출입하며 비상사태를 초래할까봐 걱정이 되었기 때문입니다. 저는 밤이나 낮이나 항 장군께서 입성하시기만을 기다렸는데 어찌 감히 반란을 꾀할 수 있겠습니까? 부디 이런 사정을 사실대로 항 장군에게 전해주십시오."

항백은 진실한 사람이라 이처럼 진지한 유방의 해명을 듣고는 바로 그의 말을 믿었을 뿐 아니라 이렇게 권했다.

"그럼 내일 아침 직접 항 장군에게 가서 사실대로 해명하고 사죄하십시오."

유방은 항백의 말을 듣고 바로 승낙했다.

항백은 귀환한 후 유방과 사돈을 맺고 싶은 속셈이 있었기에 자연스럽게 항우를 설득하는 일에 힘을 들였다. 이 때문에 그는 항우의 면전에서 숙부로서의 태도를 보이며 말했다.

"만약 유방이 먼저 관중의 진나라 군대를 격파하지 않았다면 자네가 어떻게 이처럼 쉽게 관중으로 들어올 수 있었겠나? 지금 유방이 분명하게 공을 세웠는데도 그를 공격한다면 정말 도의에 맞지 않는 일이라고 비난을 당할 걸세. 차라리 내일 그가 사죄하러 올 때 잘 접대하는 편이 좋을 듯하네."

변덕이 무엇인지는 항우에게서 쉽게 볼 수 있다. 당시에 항우는 항백의 말을 듣고 유방의 입장을 이해하겠다는 표정을 지었다. 게다가 원래 계획을 하지 않았다는 듯이, 즉시 공격 계획을 취소하라고 했다.

　조무상의 밀고라는 이 한바탕의 희극이 아무 일도 없이 끝난 것은 완전히 장량의 기지를 따랐기 때문이라고 할 수 있다. 항백은 애초에 장량이 하비에서 아무 계획 없이 만난 사람이지만 이처럼 열악한 상황에서 생명의 숨길을 불러오는 훌륭한 역할을 했다. 이번에 장량이 운용한 계책, 즉 항우의 공격을 효과적으로 무마한 계책은 비록 소박하기는 하지만 지금까지도 역사 기록에 뚜렷한 자취로 남아 있다.

천하 제일 연회

유방이 홍문으로 가서 사죄하다

사마천은 『사기』에서 한 가지 작은 주연을 묘사했다. 이 주연은 묘사가 뛰어났기 때문에 계속해서 흥미진진하게 언급되었다. 후대 사학자들의 입장에서는 정말 '천하 제일 연회'라고 일컬을 만한 주연이었다.

천하 제일 연회 홍문연鴻門宴은 신풍新豐 땅 홍문에 주둔한 항우의 군막 안에 마련되었다. 이른 아침 유방과 장량은 번쾌와 엄격하게 뽑은 정예병 약 백여 명을 대동한 채, 소와 말에 돼지고기와 양고기 그리고 맛있는 술을 싣고 초나라 군영을 통과하여 항우의 장막 앞에 당도했다. 항백이 그들을 보고 서둘러 마중을 나왔다. 번쾌는 군사를 이끌고 밖에서 기다렸고, 유방은 장량의 인도로 그와 함께 들어가서 항우를 배알했다. 유방이 중군 장막 안으로 들어서자 중간에 단정하게 앉은 항우가 보였다. 이번에 유방은 이미 예습을 하고 사전 준비를 한 셈이라 그렇게 당황하지 않았다.

유방은 공손한 태도로 앞으로 나아가 항우에게 절을 하며 자신의 죄를

제왕의 스승 장량

자백했다.

"제가 장군과 함께 진나라를 공격하는 과정에서 요행히 진나라 군사를 격파하고 먼저 관중으로 입성하여 여기에서 영광스럽게 장군을 뵙게 되리라고는 제 자신도 예상하지 못했습니다. 저는 먼저 관중으로 들어왔지만 아무일도 벌이지 않았습니다. 진나라 궁궐에 안주하지도 않았고, 진나라 궁궐의 진기한 보물도 탈취할 생각도 없었습니다. 오히려 저는 궁궐 창고를 밀봉하고 중무장 병력을 보내 지키게 했습니다. 왜냐하면 이 모든 것은 장군의 소유이기 때문입니다. 지금 소문을 들으니 어떤 소인배가 등 뒤에서 저를 헐뜯는다고 합니다. 저와 장군의 관계를 이간시켜 오해를 유발하기 위한 술책입니다."

항우라는 사람은 성격이 잔학하기는 하지만 귀가 얇아서 남의 말을 잘 듣는 편이었고, 자신만의 선명한 주장과 입장이 없었다. 겉모습이 검은색 도자기 같아서 그 속을 알 수 없을 것처럼 보이지만 좋은 말로 살살 달래면 곧바로 도자기를 통째로 쏟아 붓듯 속마음을 보여주곤 했다.

항우는 유방이 진솔하게 자백하는 모습을 보자 멍청하다 싶을 정도로 감동을 받아서 이렇게 말했다.

"이 일은 전부 당신의 부하 조무상이 사람을 보내 알려준 내용이오. 그렇지 않았다면 내가 어떻게 알 수 있었겠소? 잘 이해하기 바라오."

항우는 본래 뒤끝이 없는 사람인지라 유방이 직접 와서 사과하자 함곡관의 오해도 눈 녹듯이 풀렸다. 이어서 항우는 부하를 시켜 주연을 마련하고 유방과 장량을 극진히 접대하라고 했다.

모두들 분분히 좌석 차례에 따라 예의를 차리며 앉았다. 항우는 주인으로서 동쪽을 향해 앉았고, 패공은 손님으로서 북쪽을 향해 앉았다. 또 범증은 남쪽을 향해 앉았는데 이는 아보로서의 지위를 고려한 배치였다. 그리고

홍문연(한나라 화상석)

장량은 서쪽을 향해 앉았고 항백은 항우 곁에 자리를 잡았다. 모두들 좌정하자 예법에 맞게 음주 절차가 시작되었다.

그 사이에 범증만 침울한 표정을 지으며 한마디도 하지 않았다. 기실 범증은 오늘 특별히 옥결玉玦을 차고 나왔다. 여기에는 주도면밀한 뜻이 담겨 있었다. 옥결은 동그란 고리 모양이지만 한 부분이 끊어진 형태로 늘 허리춤에 차는 패물佩物의 일종이었다. 옥결玉玦의 '결'玦 자는 '결'決 자와 의미가 통한다. 이 때문에 옛사람들은 옥결을 이용하여 '결단'決斷의 뜻을 나타냈다.

범증은 술을 마시면서 옥결을 몇 차례 들어 올려 항우에게 눈짓을 보냈다. 그의 의도는 분명했다. 서둘러 결단을 내려 유방을 죽이라는 뜻이었다. 그러나 항우의 반응은 너무 느렸고 범증의 암시를 못 본 듯한 모습이었다.

그런데 유방은 평소 독서를 많이 하지는 않았지만 이런 중요한 자리에서는 재기발랄한 언행을 과시했다. 유방은 연회에서 매우 기민하게 반응했다. 그는 한편으로 송의의 심보가 얼마나 음흉했는지 항우와 이야기를 주고받았으며, 다른 한편으로는 항우가 송의의 권한을 대신한 일이 매우 지혜로운 일이었고 만약 그렇게 하지 않았다면 장함에게 패배했을 것이라고 추켜세웠다. 이렇게 시시콜콜 잡담을 나누는 사이에 주연의 분위기는 유쾌하게 변해 갔고 항우의 긴장된 표정도 서서히 풀리기 시작했다.

하지만 범증은 유방의 이야기를 들을수록 화가 나는지 허리춤의 옥결

제왕의 스승 장량

을 힘껏 끌어당겼다. 이때 그의 동작에 힘이 너무 과하게 들어가서 옥결을 연결한 끈이 끊어지고 말았다.

장량은 자기 자리에 앉아 고요한 자세로 연회의 동정을 관망하고 있었다. 범증의 일거수일투족이 모두 그의 시야에 들어왔다. 범증이 손으로 옥결을 잡아당길 때면 너무나 긴장되고 복잡한 심정이었다. 혹시라도 항우가 소리를 지르며 일어나 일을 걷잡을 수 없는 지경으로 몰고갈까봐 걱정이 되기도 했다. 다행히 항우는 여전히 단정하게 앉아 범증의 행동에 아무 신경도 쓰지 않고 있었다. 기실 항우는 범증의 의도를 이해하지 못한 것이 아니라 유방의 언행을 보고 그가 자신의 적수가 아니라고 판단했다. 그러므로 그에게 과도하게 마음을 쓸 필요가 없다고 여겼다.

범증은 연회 자리에서 혼자 무언극을 연기하다가 주인공 항우가 아무 반응도 보이지 않자 화가 치미는지 옥결을 구석에 던져버리고 장막 밖으로 나갔다.

얼마 지나지 않아 항씨 가문에서 가장 혈기왕성한 항장項莊이 장막 안으로 들어와서 유방의 면전까지 걸어가 술을 올리며 말했다.

"패공께서 처음 오셨으니 제가 칼춤을 추며 주흥을 돋우겠습니다."

그런데 항장은 겉으로는 칼춤을 추는 듯했지만 오른쪽으로 찌르고 왼쪽으로 베는 동작을 하면서 칼끝으로 살기등등하게 유방을 노렸다. 유방은 몇 번이나 몸이 경직될 정도로 깜짝 놀랐다.

장량은 항장이 불순한 의도로 칼춤을 추며 패공에게 한 걸음씩 접근하는 걸 보았다. 이때 범증이 또 장막 밖에서 걸어 들어와 다시 자리에 앉으며 득의양양한 표정을 지었다. 장량은 일이 묘하게 흘러가는 것을 보고 얼른 항백에게 눈짓을 했다. 항백도 장량의 마음을 알아차리고 즉시 자리에서 일어나 소리쳤다.

"한 사람이 칼춤을 추면 별 재미가 없지. 내가 억지로라도 상대가 되어 분위기를 돋우겠네."

그렇게 말하면서 항백도 칼을 뽑아들고 칼춤을 추기 시작했다. 게다가 그는 대목마다 항장과 유방 사이에 끼어들어 항장의 칼을 막으며 유방을 보호했다.

번쾌의 행동

장량은 항백이 칼춤을 추며 유방을 보호하는 것을 보고 겨우 마음을 내려놓았다. 그리고 기회를 틈타 밖으로 나갔다. 그는 장막 밖에서 기다리고 있는 번쾌를 찾아 속삭였다.

"상황이 위급하오! 항장이 칼춤을 추면서 패공을 노리고 있소!"

번쾌는 개백정 출신이라 행동은 거칠어도 두뇌 회전은 빨랐다. 그는 장량의 말을 듣고 바로 상황을 파악했다. 그는 즉시 한 손에는 칼을 들고 다른한 손에는 방패를 든 채 항우의 장막으로 쳐들어갔다. 문지기들이 그를 보고 달려와 막으려 했지만 번쾌에게는 상대가 되지 않았다. 그가 왼쪽 오른쪽으로 몸을 움직이자 문지기 두 명이 바로 땅바닥에 나뒹굴었다. 번쾌는 장막안 술자리로 쳐들어가서 두 눈을 부릅뜨고 항우를 노려보았다. 항우는 그를 보고 벌떡 몸을 일으키며 사나운 목소리로 물었다.

"이 자가 누구냐?"

장량은 분위기가 험악해지는 것을 보고 사태를 수습하기 위해 아무 일도 아니라는 듯이 조용하게 미소를 지으며 대답했다.

"장군! 놀라지 마십시오. 이 사람은 패공의 측근 호위무사 번쾌 장군입니다."

항우는 그의 말을 듣고 안심하며 천천히 자리에 앉아 물었다.

"번 장군! 술을 마실 줄 아오?"

번쾌는 당당하게 가슴을 펴고 유방의 곁에 섰다가 엄숙한 표정으로 대답했다.

번쾌

"저는 줄곧 패공을 따르며 생사의 경지를 넘나들었습니다. 저는 죽음조차도 대수롭지 않게 여기는데 술 따위에 어찌 구애받겠습니까?"

항우는 사람을 시켜 큰 잔에 술을 가득 부어오게 했다. 번쾌는 고맙다는 말도 없이 잔을 받아 단숨에 들이켰다.

항우가 또 분부했다.

"번 장군에게 고기를 가져다주어라."

항우의 측근이 즉시 번쾌에게 생 돼지고기 다리를 가져다줬다. 번쾌는 방패를 한쪽에 내려놓고 돼지고기 다리를 어깨에 걸친 채 칼로 잘라 먹었다. 주위 사람들을 전혀 신경 쓰지 않는 표정이었다. 항우는 번쾌의 당당한 자세에 눈이 멀어 다시 물었다.

"번 장군! 더 마실 수 있겠소?"

번쾌가 대답했다.

"죽음도 겁내지 않는 제가 술 한 잔 더 마시는 걸 겁내겠습니까?"

이에 다시 한 잔을 받아 단숨에 들이켰다. 그러고 나서 번쾌는 비분강개하여 우렁찬 목소리로 울분을 토했다.

　"이전에 모든 장수들은 가장 먼저 관중에 입성하는 사람을 관중 왕으로 삼기로 약속했습니다. 지금 패공께서는 진나라 군대를 격파하고 가장 먼저 관중에 입성했는데도 아무 물건도 취하지 않았습니다. 뿐만 아니라 궁궐 창고를 폐쇄하고 패상으로 물러나 항 장군이 오시기를 기다렸습니다. 패공은 이처럼 큰 공을 세웠는데도 아무런 상도 받지 못했습니다. 게다가 항 장군께서는 소인배의 참언만 믿고 큰 공을 세운 사람을 죽이려고 합니다. 저는 이런 행동이 예의에 어긋난다고 생각합니다."

　홍문연의 분위기는 살벌했지만 번쾌는 위풍당당한 대장부로서 그 자리를 자신과 항우의 맞대결 장으로 변화시켰다. 기실 번쾌는 두뇌가 단순한 사람이라 이처럼 예리하고 격정적인 논리를 생각해낼 수 없었을 터이다. 이것은 의심할 것도 없이 장량이 사전에 귀띔해준 대처 방안임이 분명했다. 번쾌는 직선적인 성격이라 상황이 어떠했든 당당하게 행동했을 것이다. 정의롭고 날카로운 번쾌의 말에 항우는 아무 말도 하지 못하고 그를 좌석에 앉으라고 권할 뿐이었다. 번쾌는 장량 옆에 바짝 붙어 앉았다. 그 두 사람은 항우와 범증의 동작 하나하나를 경계하며 주시했다.

　장량이 번쾌를 데려와서 수세를 공세로 바꾸자, 홍문연 한구석으로 몰렸던 유방의 열세 상황도 역전되어 그가 주연의 주도권을 장악하게 되었다. 장량은 심각한 위기의 순간에 우수한 모사로서의 재능과 소질을 발휘했다. 잠시 후 유방이 측간에 간다고 밖으로 나가자 번쾌와 장량도 그의 뒤를 따랐다. 장량이 말했다.

　"이 기회에 번 장군은 패공을 호위하여 지름길을 따라 서둘러 우리 군영으로 돌아가시오."

　유방은 그의 말을 듣고도 이 주연에 미련이 남는 듯 주저했다.

"인사도 안 하고 떠나도 되겠소?"

그러자 번쾌가 솔직담백하게 소리를 질렀다.

"뭐가 안 됩니까? 큰일을 하려면 유불리만 살피면 되지 작은 예절을 따져서 뭘 하렵니까? 지금 우리는 다른 사람 도마 위에 얹힌 고기입니다. 난도질당할 일만 남아 있어요. 잽싸게 내빼야지 뭘 기다린단 말입니까?"

장량이 말했다.

"패공께서는 안심하고 돌아가십시오. 제가 여기 남아 모든 일을 잘 처리하겠습니다. 이번에 오실 때 무슨 선물 같은 걸 갖고 온 게 있습니까?"

유방은 수행원에게 백벽白璧58) 한 쌍과 옥두玉斗59) 한 쌍을 가져오게 했다.

"백벽은 항우에게 주고, 옥두는 범증에게 주시오. 나는 이제 기회가 없으니 내 대신 전해주도록 하시오."

장량은 유방이 이미 멀리까지 갔을 때쯤 천천히 장막 안으로 돌아왔다. 항우는 기다리다 지쳤는지 장량을 보자마자 소리를 질렀다.

"패공은 어찌 이리 오래 돌아오지 않는가?"

장량이 대답했다.

"패공은 술기운을 이기지 못해서 직접 인사도 여쭙지 못하고 떠났습니다. 저더러 대신 백벽 한 쌍은 장군께 드리고, 옥두 한 쌍은 범 선생께 드리라고 했습니다. 아울러 장군께 거듭 깊은 존경의 마음을 표시한다고 말씀했습니다."

항백은 선물을 건네받아 각각 항우와 범증의 자리 앞에 놓았다. 항우는 눈을 크게 뜨고 백벽을 자세히 살피며 만족한다는 듯이 고개를 끄덕이고 측

---

58) 백벽: 평평하고 둥글면서 가운데 구멍이 있는 보옥이다.
59) 옥두: 옥으로 만든 주기(酒器)의 일종이다.

근에게 잘 받아두라고 했다. 다만 범증은 옥두를 받아 한쪽에 방치하고 침울한 표정을 지으며 아무 동정 없이 앉아 있었다.

"장군께 아룁니다."

장량이 냉정하고 침착하게 말했다.

"패공이 인사도 없이 떠난 것은 장군의 부하 중에서 어떤 자가 고의로 자신을 해치려 한다는 소문을 들었기 때문입니다. 지금 패공은 이미 패상에 당도했을 것입니다."

범증은 장량의 말을 듣자마자 불같이 화를 내며 칼을 빼들고 옥두를 사납게 두드려 깼다. 그러고도 분노를 풀지 못한 듯 바로 그 자리를 떴다.

장량과 번쾌가 홍문연에서 보여준 언행은 천의무봉의 경지였다. 두 사람은 유방을 보호하여 순조롭게 패상으로 귀환할 수 있게 했다. 이 대국의 승리자가 장량이라는 것은 의심의 여지가 없다. 기이한 색채가 가득한 천하 제일 연회 홍문연이 이렇게 막을 내렸다.

이 연회에서 항우는 일생일대에서 가장 큰 잘못을 저질렀다. 그가 유방을 살려서 돌려보낸 것은 치명적인 착오였다. 홍문연을 시작으로 장장 5년이 걸린 초한쟁패의 서막이 올랐다. 두 영웅이 천하를 다투는 시대가 서서히 다가오고 있었다.

제왕의 스승 장량

항우의 대분봉

열여덟 제후를 분봉하다

왕안석王安石의 시「독진한간사」讀秦漢間事에 다음과 같은 구절이 있다.

항우가 올린 횃불에, 子羽一炬火
여산이 석 달 간 붉었네. 驪山三月紅

전설에 의하면 항우가 횃불로 여산의 아방궁阿房宮을 소각하자 하늘로 치솟은 불길이 석 달이나 지속되었다고 한다. 항우는 포악한 행위를 무수히 저질러 자신의 이름에 피비린내가 떠나지 않게 했다.

홍문연이 막을 내린 지 겨우 사흘 만에 항우는 40만 대군을 이끌고 보무도 당당하게 함양으로 쳐들어갔다. 그의 함양 입성은 유방의 경우와 선명하게 대비된다. 항우는 광증으로 두뇌가 멍청해진 듯 민심을 잃을 몇 가지 행위를 단숨에 저지른다.

옛 사람이 그린 아방궁도^{阿房宮圖}

제왕의 스승 장량

그중 한 가지는 항우가 함양에 입성한 후 진왕 자영을 살해했을 뿐 아니라 진나라 왕실 종친 모두를 깡그리 죽였다는 사실이다. 그런 후에는 궁궐 안의 금은보화 및 예쁜 궁녀들을 모두 약탈하여 자신이 차지했으며, 이어서 사방에 불을 질러 진나라 궁궐을 불태웠다. 그가 데려온 병사들도 이 기회에 약탈, 도적질, 살인을 일삼았다. 함양성은 일시에 처참한 지경으로 빠져들어 통곡소리만 가득했다. 본래 호화롭고 부유했던 함양은 전대미문의 대재난에 처했다. 살인을 좋아하는 항우의 행위에 함양의 군사들과 백성들은 전율했다. 항우에게 밝은 소망을 품었던 사람들의 기대치도 최하로 떨어졌다.

또 다른 한 가지는 항우가 천하에 제후를 분봉했다는 것이다. 항우는 관중으로 입성한 후 서둘러 왕을 칭하고 싶었지만 그의 머리 위에는 "먼저 관중으로 진입한 사람을 왕으로 삼는다"는 약속이 드리워져 있었다. 이 약속 때문에 항우는 몹시 불편했다. 이에 항우는 함양의 궁궐을 불태운 후 급히 사람을 보내 초 회왕에게 승리를 보고했다. 항우는 자신의 실력을 과시하며 이전의 약속을 폐기하려 했다. 그런데 회왕은 현실 상황을 전혀 파악하지 못한 채, 한사코 고집을 부리며 "약속대로 하라"는 회신을 보냈다. 사전 약속대로 먼저 관중으로 입성한 유방을 관중 왕으로 삼아야 한다는 입장이었다. 항우는 완전히 체면을 구겼지만 짧은 기간에 어찌 해볼 방법이 없었다. 다만 표면상 회왕을 의제義帝로 높여주고 실제로는 의제를 폐위하는 절차를 시작할 수밖에 없었다. 그는 의도를 숨기고 이렇게 말했다.

"고대의 제왕은 천 리의 강토를 보유했고, 강 상류에 거주했습니다."

항우는 옛날 고사를 빌려 의제를 상수湘水 상류인 침현郴縣(후난성 천저우시 郴州市)으로 옮겨, 정권 중심인 초나라 도성에서 멀리 떨어지게 했다. 그런 후에 그는 아예 부하를 보내 의제를 시해했다.

이어서 항우는 허장성세를 부리기 시작하며 천하의 주재자로 자처했다.

그는 각 지역 장수들을 소집하여 자신의 우월한 군사력에 기대 스스로 서초패왕西楚霸王이라 일컬었다. 어쩌면 당시 항우는 황제를 칭하고 싶었지만 아무리 생각해봐도 황제를 칭할 만한 기반이 없었으므로 다만 '패'霸 자를 가져와 자신을 분식했다. 이는 춘추전국시대 제후들이 영예롭게 패자霸者을 칭한 사례를 모방한 것이다.

스스로 서초패왕에 오른 후 항우는 패왕으로서 권력을 행사하기 시작했다. 호령을 내리고 시책을 반포하며 단숨에 열여덟 제후를 분봉했다. 그러나 항우의 분봉은 문제의 소지가 다분했다. 왜냐하면 그는 완전히 자기 감정의 호오로만 각 지역 제후를 분봉했기 때문이다. 아울러 천하를 분봉하는 기회를 이용하여 그에게 불만을 품은 인사에게 보복성의 타격을 가했다.

예를 들어 제나라 장수 전영田榮(?~BC 205)은 당시에 항량의 작전 명령에 따르지 않았고, 이로 인해 항량은 정도에서 장함에게 패배해 목숨을 잃었다. 항우는 줄곧 자기 숙부의 원한을 품고 있다가 이번 분봉 기회에 그를 왕으로 봉하지 않았다.

또 조나라 장수 진여陳餘(?~BC 204)도 비슷한 경우를 당했다. 애초에 조나라가 거록에서 곤경을 당하자 진여는 그 성 북쪽에 주둔했다. 그는 진나라 군대가 두려워서 줄곧 자신의 군대를 움직이지 않았고, 이 때문에 항우는 그에게 깊은 원한을 품었으며, 결국 그를 왕으로 봉하지 않았다. 적지 않은 사람들이 진여 대신 불만을 품고 항우에게 달려와 호소했다.

"장이張耳(BC 264~BC 202)와 진여는 같은 시기에 조나라에서 공을 세웠습니다. 지금 장이를 왕으로 봉했으므로 진여도 왕으로 봉하지 않으면 안 됩니다. 그렇게 하지 않으면 민심이 불복하여 조나라 땅이 혼란에 빠질 것입니다."

항우는 결국 어쩔 수 없어서 진여가 거주하는 인근 세 현縣을 분할하여

제왕의 스승 장량

그가 관할하게 했다.

이 밖에도 장이는 상산왕常山王에 봉해졌지만 그의 관할 구역은 상산이 아니라 조나라 땅이었다. 그러나 조헐은 조왕趙王에 봉해졌지만 관할 구역이 대군代郡(허베이성 위현蔚縣 일대)이어서 불쾌한 마음을 품었다. 또 위왕魏王 위표魏豹(?~BC 204)도 마음이 기껍지 않았다. 왜냐하면 그가 분봉 받은 영토는 원래 위나라 토지의 절반에 그쳤기 때문이다. 이 때문에 그는 기실 서위왕西魏王에 불과했다.

이로써 항우의 옹졸함과 근시안이 명확하게 드러났다. 이후 한신은 다음과 같이 항우를 평가했는데, 이 역시 이상한 일이 아니다.

"항우라는 사람은 평소에 사람들을 매우 친근하게 대하고, 부하들을 아끼는 듯하지만, 다른 사람이 진정으로 공을 세워 봉작을 줘야 할 때는 오히려 주저하며 결단을 내리지 못하고 아주 인색한 모습을 보인다. 다 새겨놓은 관인官印까지도 손으로 잡고 아까워하다가 인끈이 너덜너덜해질 때까지도 차마 건네주지 못한다."

항우는 천하에 제후를 분봉하고 나서 스스로 만족스럽게 일을 했다고 생각했지만 그 분봉에 오류가 많고 빈틈이 많음을 자신은 모르고 있었다. 전영의 입장에서는 본래 제나라를 자신의 기반으로 삼고 스스로 왕을 칭하고 패자霸者를 칭했다. 하지만 자신의 실력에 훨씬 못 미치는 자들까지 왕으로 봉해졌다. 그런데도 정작 그는 왕이 되지 못했으니 어떻게 승복할 수 있겠는가? 이 때문에 그는 이후에 맨 먼저 항우에 대항하여 반란을 일으켰다.

다만 전영이 대놓고 항우에게 통분을 드러내고, 진여와 조헐이 마음속으로 항우를 미워한 이외에 다른 장수들은 모두 항우를 두려워하며 겉으로 반발하지 못했다. 그러나 항우가 행한 차별은 당시 제후들에게 극도의 심리적 불평으로 작용했다.

유방을 파촉에 분봉하다

하지만 항우에게 있어서 가장 곤란한 문제는 유방을 어디로 분봉하느냐였다. 다른 장수들을 분봉하는 일은 그래도 쉬운 편이었지만 유방을 분봉하는 일은 아주 골치가 아팠다. 왜냐하면 항우 자신이 거느린 초나라 군대 외에 유방의 군대가 가장 강력했기 때문이다. 유방은 첫손가락에 꼽히는 가상의 적인지라 항우도 유방의 동향에 가장 세심한 관심을 기울여야 했다. 유방을 제거하지 않으면 항우의 패권도 끝내 위협을 받을 수밖에 없는 형편이었다. 그러나 홍문연에서 쌍방은 이미 강화를 했으므로 지금 와서 멋대로 말을 바꾼 후 유방을 습격하면 다른 제후들의 공분을 살 것이 분명했다.

그런 차에 노련한 모사 범증이 심모원려 끝에 신속하게 한 가지 계책을 올렸다.

"유방을 파촉^{巴蜀60)}에 분봉하시지요!"

파촉은 옛날부터 궁벽한 땅으로, 높은 산과 고개가 사방을 둘러싸고 있어서 교통이 불편했다. 이 때문에 중원 지역과 연계가 드물어서 늘 죄인들의 유배처로만 간주되었다. 범증의 건의는 악독하다고 할 만했다. 애초에 유방은 가장 먼저 관중에 입성했으므로 초 회왕과의 약속에 따라 마땅히 유방을 관중 왕으로 봉해야 했다. 그런데 파촉은 명목상 관중의 범위에 속하고, 지금 유방을 파촉 왕에 봉하면 겉으로는 항우가 약속을 위반하지 않은 것이 된다. 논리상 말이 되는 것이다. 그러나 유방을 정말 파촉 왕으로 봉하면 그

---

60) 파촉(巴蜀): 파(巴)는 지금의 충칭시(重慶市), 촉(蜀)은 지금의 쓰촨성(四川省)이다. 험한 산맥과 장강으로 둘러싸인 천혜의 요새다. 뒷날 유비(劉備)를 중심으로 한 한(漢)나라 후예들도 파촉에서 나라를 세우고 삼국정립의 형세를 이뤘다. 다만 유방은 장량의 계책으로 파촉까지 가지는 않고 지금의 산시성 한중(漢中) 땅을 얻어 세력을 키운 후 바로 북쪽 진령(秦嶺) 산맥을 넘어 관중으로 진출했다.

제왕의 스승 장량

진나라 태양 무늬 와당

를 그 궁벽한 땅에서 죽을 때까지 빠져나오지 못하게 만들 수도 있다.

항우는 범증의 건의를 듣자마자 매우 훌륭한 계책이라고 느꼈다. 유방을 파촉에 분봉하면 기실 그를 궁벽한 땅으로 유배 보내는 것과 같지만 이는 명분을 어기는 일이 아니다. 파촉은 명의상 관중에 속하기 때문이다. 유방을 그곳 험지에 분봉하여 왕을 칭하게 하면 항우 자신은 홀로 중원에서 태산처럼 안전하게 천하의 패자로 군림할 수 있다. 그렇지만 항우는 여전히 안심하지 못했다.

"유방과 같은 무뢰한이 정말 그 벽지에서 죽을 때까지 밖으로 나오지 않겠소? 그자가 그렇게 죽으려 하지 않고 어느 날 다시 중원으로 돌아와 나와 천하를 놓고 다투면 어찌 하겠소?"

범증은 재빨리 생각을 굴리며 흰 수염을 꼬다가 즉시 한 가지 교묘한 계책을 바쳤다.

"유방이 그렇게 죽으려 하지 않고 파촉에서 중원으로 돌아와 폐하와 천하를 다투려면 관중 땅을 거쳐 오지 않으면 안 됩니다. 그러니 이 기회에 아예 관중 땅을 셋으로 나눠 진나라에서 항복한 장함, 사마흔, 동예董翳(?~BC 203)에게 분봉하고 그들로 하여금 그곳에서 왕 노릇을 하며 서로 유방을 견제하게 하십시오. 만약 유방이 파촉에서 나와 동진하려고 해도, 삼진이 중간에 가로막고 있으므로 직접 유방의 후방을 위협할 수 있습니다. 이렇게 하면 관중이 방패막이가 되어 파촉과 중원을 갈라놓을 수 있지요."

항우는 범증의 말을 들으며 연이어 기묘한 계책이라고 감탄하며 범 노선생의 지모가 과연 누구보다 뛰어나다고 인정했다. 그러나 진나라에서 항복한 장수 셋을 관중 땅 중심에 분봉한 범증의 초식은 겉으로는 괜찮은 계책으로 보이지만 여기에도 약점이 포함되어 있었다. 왜냐하면 관중 백성들이 이 세 사람을 뼈에 사무치도록 미워하고 있었기 때문이다. 이 점은 오히려 이후 유방이 관중으로 세력을 확장할 때 유리한 조건으로 작용했다.

한편 유방은 자신이 제일 먼저 관중에 입성했으므로 어떻게 해도 좋은 지역을 봉토로 얻을 줄 알았다. 그러나 뜻밖에도 항우가 자신을 파촉 왕으로 봉했다. 그는 다른 사람들과 마찬가지로 파촉을 황량한 땅의 대명사로 알고 있었기에, 바로 무뢰한으로서의 본성을 발휘하며 욕설을 퍼부었다.

"항우 이 자식이 신의를 내팽개쳤구나! 놈과 결사전을 벌여야겠다."

번쾌와 주발 등 장수들도 울분을 토로하고 주먹을 불끈 쥐며 항우와의 결전을 대비했다. 그런데 장량만 냉정함을 잃지 않고 서둘러 유방에게 권했다.

"작은 분노를 참지 못하면 큰 계책이 어지러워집니다. 우리는 지금 힘이 부족합니다. 그런데도 함부로 군사를 일으켜 항우와 싸우려 하는 것은 계란으로 바위를 치는 격입니다. 잠시 파촉으로 가서 그곳 백성을 어루만지고 예기를 길러 때가 무르익기를 기다리다가 천천히 대업을 도모하는 편이 더 낫습니다."

소하도 한편에서 고개를 끄덕이며 옳다고 했다. 유방도 장량의 말을 듣고 자신의 역량이 모자란다는 사실을 인정했다. 그는 천천히 울분을 누르고 자신을 위로하며 말했다.

"좋습니다. 파촉에 분봉을 받는다 해도 왕은 왕이지요."

유방은 자신이 오늘 왕이 되는 일이 전부 장량의 계책에 의지했다는 사실을 생각하고 그에게 사례를 하려고 했다. 그는 남몰래 친히 장량을 찾아가 절을 올리며 황금 2천 냥과 진주 두 말을 선물로 줬다. 장량은 받지 않으려고 사양했지만 유방이 한사코 고집을 부리자 마침내 유방에게 절을 올리고 선물을 받았다.

유방을 위해 한중을 취하다

다음날 장량은 유방이 그에게 하사한 선물을 가지고 특별히 패상에서 함양으로 달려가 항백을 만났다. 장량이 항백에게 말했다.

"그날 밤 긴급한 소식을 전해준 덕분에 목숨을 건졌소. 그렇지 않았다면 나는 아마 일찌감치 난군 속에서 죽었을 것이오. 홍문연에서도 칼을 들고 엄호해준 덕분에 패공께서 위험에서 벗어날 수 있었소. 속담에 이르기를, 물방울 같은 작은 은혜에도 용솟음치는 샘물로 보답해야 한다고 했소. 여기 미미한 선물을 좀 갖고 왔으니 받아주시기 바라오."

말을 마치고 장량은 유방이 자신에게 준 황금 2천 냥과 진주 두 말을 모두 항백에게 줬다. 항백은 선물을 받은 후 웃으면서 말했다.

"무슨 그런 말씀을 하시오? 내가 하비에 있을 때 공이 목숨을 구해주지 않았다면 나는 다시 생환할 수 없었을 것이오."

물론 장량이 이번에 항백을 만나러 온 것은 옛날이야기를 하며 회포를 풀기 위한 것만이 아니었다. 기실 장량에게는 또 다른 의도가 있었다. 장량이 계속해서 말했다.

"저는 이번에 한 가지 부탁할 일이 있어서 왔습니다. 가능하다면 항왕項王 [61] 께 한중漢中을 패공에게 분봉하도록 부탁해주십시오."

한중은 분지로 당시에 궁벽한 땅이었다. 그곳에서 중원이나 관중으로 가려면 교통이 매우 불편했다. 하지만 한중은 땅이 비옥하고 물산도 풍부했을 뿐 아니라 파촉에서 관중으로 갈 때 반드시 거쳐야 하는 땅이었다. 그런 궁벽한 한중 땅을 달라고 하면 항우가 의심하지 않으리란 계산이 있었다. 하지만 유방 입장에서는 장차 관중으로 세력을 확장하기에 편리한 곳이므로 상당한 장점을 지닌 곳이었다. 항백은 이미 장량의 선물을 받은 데다 장량의 부탁을 받고 보니 거절하기가 어려워서 금방 그리하겠다고 승낙했다.

한편 항우는 천하에 제후를 크게 분봉하고 스스로 서초패왕에 오른 이후 마음이 매우 유쾌했다. 그는 숙부 항백을 통해 유방이 다시 한중 땅을 달라고 한다는 말을 듣고 생각했다.

'한중은 파촉에 비해 관중에 가깝지만 그곳도 사방이 막힌 변방이므로 유방을 그 시골로 보내는 것도 괜찮겠다.'

게다가 항백도 곁에서 시시콜콜 설득하자 항우는 관중에 붙어 있는 '한중' 땅을 잘라서 유방의 봉토로 하사하고 정식으로 유방을 한왕漢王에 봉했

---

61) 항왕: 항우(項羽)의 성씨 항(項)에 왕(王)을 더한 호칭이다. 사마천이 『사기』에 이미 '항왕(項王)'이라 표기했다. 패왕과 더불어 항우를 부르는 공식 호칭이다.

　　　　　　　　　　　　　　　　　　제왕의 스승 장량

다. 항우는 유방 자신이 한중 땅을 달라고 하여 그 소원을 들어주었으므로 유방이 더 이상 야심을 가지지 않으리라 짐작했다. 또 장함 등 세 사람이 유방의 출구를 막고 있으니 걱정할 것이 없다고 생각했다.

이 밖에도 항우는 진나라 도성이었던 함양의 궁궐이 모두 폐허로 변했고, 이런 폐허 위에서 패왕 노릇을 하는 것은 아무 의미가 없다고 여겼다. 그는 모든 일을 타당하게 처리한 후 바로 고향 팽성彭城(장쑤성 쉬저우시徐州市)으로 돌아가 그곳에서 패왕으로 군림하려고 작심했다.

『사기』「유후세가」 원문

한漢나라 원년(기원전 206년) 정월, 패공은 한왕漢王이 되어 파촉 왕까지 겸했다. 한왕이 장량에게 황금 일백 일鎰과 구슬 두 말을 하사하자 장량은 모두 항백에게 바쳤다. 한왕은 또 장량을 시켜 항백에게 후한 예물을 항백에게 갖다 주게 하며 한중 땅을 달라고 부탁하게 했다. 항왕이 이를 허락하여 마침내 한중 땅을 얻었다. 漢元年正月, 沛公爲漢王, 王巴·蜀. 漢王賜良金百鎰, 珠二斗, 良具以獻項伯. 漢王亦因令良厚遺項伯, 使請漢中地. 項王乃許地, 遂得漢中地.

물론 항우의 이런 행동은 완전한 전략 실패와 단견이었다. 당시 항우가 어떻게 나올지 잘 모르던 한생韓生이란 사람은 자신이 천하 형세를 잘 안다 생각하고 항우가 팽성에 도읍을 정했다는 소문을 듣자 곧바로 달려가 간언을 올렸다.

"관중에 도읍을 정하는 것이 가장 좋습니다. 이곳은 땅이 비옥하고 지형이 험준하여 천하의 패왕으로 군림할 수 있습니다."

그러나 한생의 간언은 벌집을 잘못 건드린 결과를 빚었다. 항우의 눈에 이런 건의는 아무 소용없는 망발로 비쳤기 때문이다. 당시 항우는 "부귀를 이룬 후 고향으로 돌아가지 않으면 비단 옷을 입고 밤길을 가는 것과 같다"富貴不歸故鄕, 如衣錦夜行62)고 여겼다.

---

62) 『사기』「항우본기」에 나온다.

항우가 팽성으로 돌아가려는 목적은 말할 것도 없이 고향으로 돌아가 그곳 친척과 어르신들에게 자신의 영예와 자부심을 자랑하기 위한 것이었다. 그러나 한생은 정말 세상물정을 모르는 사람이었다. 그는 항우가 거절하자 하늘 높은 줄 모르고 이렇게 말했다.

"모두들 말하기를 초나라 사람은 인간의 옷을 입은 원숭이라더니 정말 그렇구나."

일개 유생이 감히 항우를 비난하며 지역감정과 그의 존엄성까지 언급하자 항우는 불같이 화를 내며 두 말 하지 않고 바로 한생을 끌고 나가 솥에 넣어 삶아 죽이라고 했다. 이렇게 하자 더 이상 항우를 저지하는 사람은 없었다. 그리하여 항우는 약탈한 금은보화와 미녀를 수레에 싣고 득의양양하게 동쪽을 향해 치달렸다. 각 지역 제후들도 분분히 부하들을 이끌고 자신의 봉토로 돌아갔다. 하지만, 항우는 이후 초한쟁패 과정에서 관중에 도읍하는 것이 팽성에 도읍하는 것보다 수백 배나 이익이라는 사실을 깨달아야만 했다.

잔도를 불태우다

한왕으로 봉해진 후 유방은 마음이 자못 복잡했지만 전후좌우로 형세를 판단한 후 마침내 달걀로 바위를 치는 만용은 저지르지 않기로 작심하고 잠시 은인자중하며 한중에 숨어 지냈다. 유일하게 그에게 위로가 된 것은 그를 따르는 대오가 더욱 강대해졌다는 사실이다. 먼저 항우는 유방의 불만을 해소해주기 위해 일말의 동정심을 발휘하여 그에게 군사 3만여 명을 나눠줬다. 그들은 유방의 직속 부대를 따라 한중으로 들어갔다. 다음으로 초나라와

　　　　　　　　　　　　　제왕의 스승 장량

다른 제후국 사이에 거주하던 백성 수만 명이 유방의 풍모를 우러르며 한중으로 따라갔다. 이에 유방은 이 강대한 대오를 거느리고 한중 땅 남정南鄭(산시성 난정시)으로 들어가 대오를 정비했다.

장량은 본래 한韓나라 사도였다. 그는 지금 유방의 진영에 있지만, 한왕韓王이 정식으로 분봉되었으므로 이제 한왕 성을 따라 한나라 도성 양적으로 돌아가야 했다. 가장 중요한 점은 장량이 일찍이 멸망한 적이 있는 한韓나라에 아직 미련이 남아 있어서 그 한나라를 재건하려는 염원을 버리지 않고 있다는 사실이었다. 이 때문에 장량은 유방과 두 번째로 작별 인사를 나눠야 했다. 이번에 작별할 때도 두 사람은 아쉬운 마음을 금할 수 없었다.

유방은 근래 몇 년 간의 전쟁 과정에서 장량의 재능이 매우 뛰어나다는 사실을 확인했다. 장량은 어지러운 정세를 분석하고 긴급한 상황에 대처하는 부문에서 최고의 실력을 발휘했다. 이에 유방은 장량을 특별대우하고 있었는데, 이제 또 그가 떠난다고 하자 두 손이 다 잘리는 상실감을 느꼈다.

장량의 입장에서도 유방은 큰 뜻을 품은 사람인 데다, 아랫사람의 의견, 특히 자신의 의견은 곧이곧대로 받아들이는 주군이었다. 정말 만나려 해도 만나기 어려운 '명군'明君이라 할 만했다.

유방의 대군이 한중을 향해 출발하자 장량은 말을 타고 유방을 배웅했다. 두 사람은 한 마장을 함께 걷다가 다시 또 한 마장을 걸으며 이야기를 나눴다. 장량이 말했다.

"제가 보기에 한왕漢王께서는 이제 한중에 분봉되셨지만 항우는 변덕이 심하므로 여전히 한왕께서 다시 돌아올까봐 마음을 놓지 못할 겁니다."

유방도 장량의 말을 듣고 맞장구를 쳤다.

"그렇소. 항우나 다른 제후가 한중을 침범하면 우리 한나라 군대가 막기 어려울 것이오. 어떻게 하면 좋겠소?"

그 순간 두 사람은 좋은 방법이 떠오르지 않아서 깊은 생각에 잠겼다.

며칠 후 한나라 군대는 어떤 협곡으로 진입했다. 양쪽의 높은 산은 마치 칼로 깎아 세워 놓은 듯 험준했고, 그 사이로 작은 길이 이어지고 있었다. 정오 무렵에야 태양이 보였다. 계곡을 스쳐오는 바람에는 음산한 기운이 가득했다. 때는 한여름이었지만 으슬으슬 몸이 떨릴 지경이었다. 한나라 군대는 계곡 사이를 어렵사리 지나가고 있었다. 유방은 천군만마가 뒤따르고 있어도 몸에 전율이 일었다.

이전에 이곳을 지난 사람이 그린 산천 지도를 보고 장량은 이곳이 자오곡子午谷임을 알았다. 자오곡을 직접 보자 장량의 뇌리에서 한 가지 생각이 떠올랐다. 그는 조용히 유방에게 말했다.

"한왕 전하의 걱정을 풀어드릴 한 가지 방법이 생각났습니다."

유방은 귀 기울여 그의 말을 듣고 나서 미간을 찌푸리며 말했다.

"그건 스스로 돌아갈 길을 끊는 것이 아니오?"

장량이 말했다.

"안심하십시오. 이렇게 하면 첫째, 제후들의 침략을 방비할 수 있습니다. 특히 장함의 군대가 침입하는 것을 막을 수 있지요. 둘째, 항우의 근심을 해소해줄 수 있습니다. 이는 우리 한나라 군대가 동진할 의사가 없음을 알리는 일이니 항우는 소식을 듣고 자연히 마음을 놓을 것입니다. 그런 후에 전하께서는 마음 놓고 나라를 다스리시며 힘을 길러 다시 관중으로 돌아갈 기회를 노릴 수 있습니다."

유방은 장량의 말을 듣고 살짝 고개를 끄덕이며 말했다.

"그렇게 말씀하시니 일리가 있군요. 좋소, 그 말씀대로 하겠소."

장량은 유방과 헤어졌고, 한나라 군대는 여전히 앞을 향해 나아갔다. 그때 갑자기 후방 부대가 소란해졌다. 바로 어떤 병졸이 달려와 유방에게 보고를 올렸다.

"전하! 누군가 후방의 잔도에 불을 질러 길을 끊었습니다. 모두들 너무 잔인한 짓이라고 소리를 지릅니다. 이제 우리는 다시는 고향으로 돌아갈 수 없습니다. 모두들 놀라고 당황하여 욕설을 퍼붓고 있습니다."

유방은 보고를 듣고도 전혀 모르는 체하며 매우 놀랍다는 듯이 이렇게 말했다.

"그러냐? 그럼 서둘러 전진해야겠다. 남정에 당도하여 다시 논의하도록 하자."

원래 이곳은 사방이 산이고, 계곡 양안은 깎아지른 절벽이어서 발을 붙이거나 잡고 오를 데가 없었다. 이 첩첩산중과 계곡을 지나가려고 절벽 중턱에 구멍을 뚫은 후 굵은 나무를 꽂고 그 위에 나무 판대기를 깔아 길을 만들었다. 이 길을 옛날부터 잔도棧道라 불렀다. 잔도 아래는 천 길 계곡이어서 자칫 그곳으로 떨어지면 몸이 가루가 될 지경이었다.

당시에 장량은 그런 지형을 자세히 관찰했다. 그는 깊은 계곡 벼랑에 구불구불 이어진 잔도를 보고 유방과 헤어질 때, 군사들이 지나간 후 잔도를 불태워 끊자고 건의했다. 잔도 단절로 유방의 군대가 다시 돌아갈 길이 없어진 듯 보이지만 이것은 기실 항우의 우려를 해소해주는 속임수였다. 이렇게 함으로써 유방은 힘을 기를 시간을 벌고 다시 관중으로 돌아갈 대비를 할

『사기』「유후세가」 원문

한왕漢王이 봉토로 가게 되자, 장량은 포중褒中63)까지 배웅했고, 한왕은 장량을 한韓으로 돌아가게 했다. 이에 장량이 한왕에게 말했다. "왕께서는 어찌하여 지나온 잔도를 불태워 끊어서 천하를 향해 돌아갈 마음이 없다는 걸 보여주고, 항왕의 마음을 단속하지 않습니까?" 이에 장량을 돌려보내고 행진하면서 잔도를 불태워 끊었다. 漢王之國, 良送至褒中, 遣良歸韓. 良因說漢王曰, '王何不燒絕所過棧道, 示天下無還心, 以固項王意.' 乃使良還. 行, 燒絕棧道.

---

63) 포중: 한중(漢中)의 다른 이름이다. 주나라 때 포(褒)라는 제후국이 있어서 포중이라 부른다.

수 있게 되었다. 장량의 건의는 정말 고육지책이었다고 할 만하다.

게다가 장량은 그곳 지형을 자세히 살핀 후 관중으로 통하는 또 다른 비밀 통로가 있다는 사실을 알았다. 이에 유방은 장량의 말을 들은 후 그가 돌아갈 때 잔도의 목판을 모두 불태워달라고 부탁했다. 바람이 불어오자 불길은 더욱 거세져서 불붙은 잔도는 마치 한 마리 화룡火龍이 꿈틀대는 것 같았다. 장량은 관중으로 돌아가며 천 리 잔도를 모두 불태웠다.

장량은 유방을 도와 관중으로 회귀할 준비 업무를 마무리하고 나서 자신이 평소에 마음먹었던 일을 하러 떠났다. 그는 이제 전심전력으로 한왕韓王을 보좌할 생각이었다.

제왕의 스승 장량

팽성에서
관중까지

한왕韓王을 도와 곤경에서 벗어나게 하다

장량이 전혀 짐작조차 하지 못했던 것은 그가 유방을 배웅하던 시점에 현실 상황이 급격하게 변화했다는 사실이다. 항우가 한왕 성을 팽성으로 잡아가는 일이 발생한 것이다.

"한왕 성은 정말 가증스러운 자다. 공공연히 장량으로 하여금 유방의 서진을 도와 관중으로 입성할 수 있게 하다니······."

항우는 본래 변덕이 심한 인간이었다. 특히 그는 유방이 가장 먼저 관중으로 입성할 수 있었던 까닭은 장량이 뒤에서 여러 번 힘을 썼기 때문이며, 그로 인해 유방이 신속하게 함양을 함락할 수 있었다고 생각했다. 장량은 본래 한왕 성의 수하였으므로 항우는 당연히 한왕 성에게 분노를 전가하게 되었다.

게다가 항우가 전투를 수행하는 과정에서 한왕 성은 아무 전공도 세우지 못했다. 특히 항우가 서쪽을 향해 관중으로 진군할 때 한왕 성은 그 뒤를 바짝 따르지도 않았다. 이는 분명히 한왕 성의 항우에 대한 충성심이 부족하다는 것을 보여주는 사실이었다. 항우에게 이 일은 치욕스러운 사건이었다. 이 때문에 그는 반드시 한왕 성을 한번 손봐줘야겠다고 생각했다. 이에 분봉 받은 모든 제후들이 봉토로 돌아갈 때도 한왕 성으로 하여금 봉토로 가지 말고 먼저 팽성으로 가자고 했으며, 아울러 장량도 함께 데리고 가도록 요청했다. 기실 항우는 두 사람을 팽성에 연금해두려고 마음먹었다. 한왕 성은 군사력도 미미하고 장수도 부족했으며 세력도 외로웠기에 항우의 명령을 어기지 못하고 분노를 참으며 항우를 따라 팽성으로 갈 수밖에 없었다.

팽성은 광활한 평원의 중앙에 자리 잡고 있어서 교통이 편리했다. 육로와 수로 모두 성 아래까지 도달했다. 당시에 "모든 길은 팽성으로 통한다"는 말이 있을 정도였다.

여기에다 팽성은 항우가 도성으로 정했으므로 일시에 중원의 정치, 문화, 경제의 중심이 되어 매우 당당하고 번화한 도시로 변모했다. 성안과 성밖 도처에 패왕을 호위하는 금군禁軍이 가득했다.

당시에 항우는 한왕 성을 팽성으로 데려오면서 그를 폐위하고 오현吳縣(장쑤성 쑤저우시蘇州市 우중구吳中區) 현령 정창鄭昌을 한왕으로 삼을 심산이었다. 항우가 아직 결심을 못하고 있을 때 장량이 돌아왔다. 원래 장량은 이 일을 알고 나서도 어떻게 해볼 방법이 없어서, 팽성에 도착하여 기회를 보아 일을 처리하려고 했다.

장량은 항우의 미움을 풀어주기 위해 팽성에 도착하자마자 항우를 알현하고 사죄했다.

"저는 이번에 특별히 폐하께 용서를 빌러 왔습니다. 사실 당시에 제가 패공 유방의 서진을 도운 것은 두 가지 일을 하기 위해서였습니다. 첫째, 패공을 패상으로 돌아가게 하여 폐하의 입성을 기다리게 하려는 의도였습니다.

둘째, 홍문연에서 힘써 맺은 화의가 내부 분쟁으로 상하지 않게 하려는 의도였습니다. 분쟁이 발생하면 폐하께서는 다시 제후들을 소집하여 각 지역 왕을 새로 분봉해야 하지 않습니까? 지금 제후왕들은 이미 자신의 봉토로 돌아가서 폐하를 맹주로 받들고 있습니다. 제가 만약 두 마음을 품었다면 감히 다시 폐하 곁으로 돌아왔겠습니까?"

항우는 이처럼 조리 있는 장량의 해명을 듣고 일시에 할 말이 없어지자 천천히 한왕 성에 대한 태도도 바꿨다. 이에 한왕 성은 팽성에서 한 달여를 기다린 후 갑자기 항우의 명령을 받았다. 가까운 시일 안에 양적으로 돌아가 한^韓나라 왕으로 봉직하라는 내용이었다.

장량은 그 소식을 듣고 안도의 숨을 몰아쉬며 기뻐했다. 항우도 더 이상 한왕 성을 괴롭히지 않고 팽성에서 편안히 '서초패왕' 노릇을 했다.

그러나 범증은 파촉과 한중 왕에 봉해진 유방이 마음에 걸려 그를 어떻게 다뤄야 하는지 고민했다. 범증은 늘 항우의 귓전에 대고 투덜거렸다.

"폐하! 유방이란 자는 아직도 야심을 내려놓지 않고 있을 뿐 아니라 휘하의 병력도 강력하고 맹장도 수두룩합니다. 이 자를 제거하지 않으면 심각한 후환을 남길 겁니다."

항우는 그 말을 듣고 물었다.

"그럼 어떻게 하실 작정이오?"

범증이 대답했다.

"제가 보기에는 유방의 날개에 깃털이 다 자라기 전에 일찌감치 군사를 동원해 날개를 꺾어버리는 것이 가장 좋은 방법입니다. 이렇게 하면 후환이 없을 겁니다."

항우는 범증의 말을 듣고 과연 마음이 움직여서 앞으로 어떻게 한왕^{漢王} 유방을 처리할지 남몰래 궁리했다.

장량은 이 소식을 듣고 근심에 젖었다. 어느 날 그는 항왕 좌우에 사람이 없는 틈을 타서 앞으로 나아가 아뢰었다.

"한왕이 파촉으로 들어갈 때 제가 배웅을 갔습니다. 그때 한왕이 직접 제게 말하기를, '항왕께서 진나라를 멸하고 제후들에게 위세를 떨쳤으니 그분이 천하를 소유하는 것이 자연스럽다'라고 했습니다. 이에 그는 이미 파촉과 한중에서 백성과 즐기며 여생을 보내기로 결정했습니다. 다시 동쪽으로 돌아갈 마음을 끊기 위해 그는 천 리 잔도를 모두 불태웠습니다. 한왕은 이제 안분지족하는 삶을 살고 있는데 폐하께서는 아직도 그를 의심합니다. 그럼 천하 제후들 중 그 누가 폐하를 믿겠습니까?"

"그런가?"

항우의 우유부단한 병폐가 다시 발작해서 자기 생각을 정하지 못했다. 항우가 사람을 보내 수소문해보니 과연 한왕 유방은 한중으로 들어갈 때 잔도에 불을 놓아 지금은 모든 잔도가 끊겼다고 했다. 부하의 보고를 듣고 항우는 마음의 돌덩이를 땅바닥에 내려놓았다. 그리하여 항우는 이제 베개를 높이 베고 아무 걱정 없이 잠들 수 있게 되었다. 왜냐하면 앞으로 유방이 만약 군대를 거느리고 촉 땅을 나서려면 반드시 새로 잔도를 수리해야 하기 때문이다. 잔도 수리라는 대형 토목공사를 일으키면 항우 자신도 바로 유방의 동정을 알아채고 사전에 방비할 수 있게 된다. 또 깎아지른 절벽에 산 넘고 물 건너며 거대한 잔도를 수리하려면 어느 세월에 공사를 마무리할 수 있겠는가?

장량은 항우의 주의를 돌리고, 유방에게는 파촉에서 한숨 돌릴 기회를 주기 위해 제나라 장수 전영의 반란 소식을 항우에게 알렸다.

"제가 생각하기에 폐하께서 걱정해야 할 자는 한왕 유방이 아니라 북방 제나라 장수 전영입니다. 전영은 일찍이 폐하의 명령에 따르지도 않았고, 폐하께서 관중으로 입성할 때도 수행하지 않았습니다. 게다가 최근의 소문에 의하면 전영은 폐하께서 분봉한 제왕齊王을 쫓아내고 스스로 제왕이 되었답니다. 또 팽월彭越(?~BC 196)과 진여도 심한 소란을 피우고 있다는데, 이들이야말로 폐하께서 진정으로 걱정해야 할 무리입니다."

앞에서 언급한 바와 같이 제나라 장수 전영은 과거에 항우와 틈이 벌어진 적이 있기 때문에 항우는 함양에 입성한 이후 전영을 왕으로 봉하지 않았다. 전영은 불만을 품고 항우가 분봉한 제왕 전불田市(?~BC 205)을 죽이고 도성 임치臨淄(산둥성 쯔보시淄博市 린쯔구)에서 스스로 왕이 되었다. 이어서 전영은 또 내친김에 도적 출신 팽월과 친교를 맺은 후 그에게 장군 인수를 수여하고 그로 하여금 북방의 제북왕濟北王 전안田安(?~BC 206)을 공격하게 했다. 전안은 팽월의 적수가 아니어서 제북은 한 달도 못 되어 함락되었으며 이로써 전영은 삼제三齊[64]를 통일하여 진정한 제나라 왕으로 군림했다.

항우는 전영이 공개적으로 자신을 배반했다는 소문을 듣고 불같이 화가 나서 이제 유방을 마음속 첫째 적으로 꼽는 것이 아니라, 자신의 대열에 가담하지 않은 전영과 진여 같은 자들을 첫째 적으로 꼽았다. 항우는 어떻든 유방은 이미 잔도를 불태웠으므로 짧은 기간 내에 준동할 걱정은 없다고 여겼다. 이에 그는 직접 대군을 이끌고 북정北征에 나서 제왕 전영과 생사를 건 전쟁을 치르기로 결심했다.

다시 유방의 곁으로 돌아오다

---

64) 삼제: 항우는 전국시대 제(齊)나라 땅을 제(齊), 제북(濟北), 교동(膠東)으로 삼분해서 제후왕을 봉했다. 이 세 곳을 삼제(三齊)라 한다.

『사기』「유후세가」 원문

장량이 한韓에 이르자, 장량이 한
왕漢王을 따랐다는 이유로 항왕은
한왕韓王을 그의 분봉국으로 보내
지 않고 자신을 따라 함께 동쪽으
로 가도록 했다. 장량은 항왕을 설
득했다. "한왕이 잔도를 불태워 끊
은 것은 다시 돌아올 마음이 없다
는 것입니다." 또 제왕 전영이 모반
하자 그것을 글로 써서 항왕에게
알렸다. 항왕이 이 때문에 서쪽으
로 한을 걱정하지 않고, 군사를 징
발하여 북으로 제나라를 공격했
다. 良至韓, 韓王成以良從漢王故, 項王不遣成之國, 從與俱
東. 良說項王曰, '漢王燒絶棧道, 無還心矣.' 乃以齊王田榮反,
書告項王. 項王以此無西憂漢心, 而發兵北擊齊.

한왕 성은 본래 사람이 유약했는데, 이번
에 장량 덕분에 위기를 돌이켜 안정을 이룰
수 있었다. 장량은 항우가 이미 한왕 성의 한
韓나라 귀환에 동의했다는 사실을 알고 매우
기뻐했다. 그는 또 일심으로 귀환 준비를 하
며 한왕 성과 함께 봉토로 돌아가려 했다. 그
러나 뜻밖에도 예상하지 못한 일이 또 발생
했다.

"한왕 유방이 이미 함양을 습격하여 함
락시켰습니다."

관중에 주둔한 옹왕 장함이 항우를 경악
케 할 소식을 전했다. 장함은 원래 유방을 견
제하기 위해 항우가 관중에 심어둔 장수였다.

상황은 이러했다. 유방은 한중에 도착한 지 오래지 않아 마음을 가라앉
힌 후 정예병을 양성하고 백성을 잘 다스리면서 관중 탈취 준비를 착실하게
진행했다. 하지만 한중은 예상과 달리 재물도 부족하고 인구도 적은 곳이었
으며 병사들도 궁벽한 땅에서 고독감과 적막감을 이기지 못했다. 전체 군영
에 향수병이 널리 퍼져 밤마다 군사들이 부르는 쓸쓸한 사향곡思鄕曲이 밤하
늘에 울려 퍼졌다. 군심軍心이 흔들리자 유방 휘하의 장졸들이 몰래 도주하기
시작했다. 유방은 어떻게 해볼 방법이 없어서 도망병을 내버려둘 수밖에 없
었다.

그러나 아주 신속하게 발생한 한 가지 사건으로 인해 유방은 우울한 마
음을 바꿀 수 있었다. 왜냐하면 이 무렵 '소하가 달빛 아래 한신을 쫓아가다'
蕭何月下追韓信라는 천고의 이야기가 막을 올렸기 때문이다. 유방은 소하의 추천

으로 군사 분야의 천재를 찾았다. 장차 유방을 도와 항우를 꺾을 사람, 그가 바로 한신이었다.

한신은 본래 항우의 부하였지만 항우 아래에서는 자신의 포부를 펼칠 수 없음을 깨닫고 초나라를 버리고 한나라로 귀의했다. 아울러 소하의 추천으로 빠른 시간 안에 유방의 신임을 얻고 대장군에 임명되었다. 대장군은 현재의 삼군 총사령관에 해당한다. 한신은 대장군에 임명된 후 유방과 더불어 강산을 논하고 천하를 이야기했다. 우울증에 걸려 투지를 상실했던 유방은 한신 덕분에 마음을 활짝 열었다. 이 대담을 후세 사람들은 제갈량諸葛亮(181~234)의 '융중대'隆中對65)에 비겨 '한중대'漢中對라고 부른다.

한신은 일찍이 항우의 진영에 머물 때 항우를 세밀하게 관찰하여 그의 특징을 매우 깊이 알고 있었다.

이를 근거로 한신이 유방에게 말했다.

"항우란 자는 필부의 용기와 아낙네의 인정을 가진 자로 강퍅하게 자신의 능력만 믿을 뿐입니다."

유방은 줄곧 항우를 두려워했으나 한신이 항우를 멸시하는 말을 하는 것을 듣고 자신감을 회복했다. 유방은 한신의 책략을 바탕으로 한나라 원년 하늘은 높고 공기는 맑은 시절인 8월 중추中秋에 군대를 이끌고 관중을 향해 출발했다.

기실 당시 관중은 이미 셋으로 분할되었기 때문에 삼진三秦이라 불렸다. 유방이 동진하기 위해서는 반드시 장함, 사마흔, 동예가 관할하는 삼진 땅을

---

65) 융중대: 삼고초려(三顧草廬)로 자신을 찾아온 유비(劉備)에게 제갈량이 '천하삼분지계(天下三分之計)'를 올린 일을 가리킨다. 당시 제갈량이 등현(鄧縣) 융중(隆中)에 거주했기 때문에 '융중대(隆中對)'라 부른다. 『삼국지(三國志)』「제갈량전(諸葛亮傳)」에 나온다.

거쳐야 했다. 삼진 중에서 장함의 봉토는 진나라 수도 함양 서쪽 지역이었고, 제후국 소재지는 항우의 명령에 따라 상구商丘(산시성 싱핑시興平市)에 설치했다.

그러나 이번에 한나라 군대는 장함의 정면 방어 지역을 피해, 몰래 진창陳倉(산시성 바오지시寶鷄市) 옛길로 우회했다. 그들은 장함의 의표를 찌른 후 측면에서 맹렬하게 공격을 퍼부었다. 장함을 패배시킨 한나라 대군은 기세를 몰아 사마흔과 동예까지 격파하고 동진東進 노선 위의 호랑이를 제거했다. 관중의 삼진 땅은 다시 유방의 수중에 떨어졌다.

유방이 갑자기 기습병을 운용하여 일거에 관중을 함락한 것은 모두 '겉으로 잔도를 수리하는 척하면서 몰래 진창 길로 건너가는'明修棧道, 暗度陳倉66) 한신의 계책에 따랐기 때문이다. 한신의 첫 번째 작품은 그의 군사적 재능을 확실하게 보여준 한 편의 명작이었다. 한나라 군대가 구불구불 샛길을 따라 진창에 이르러 장함을 격파하고 사마흔과 동예를 압박한 기간은 불과 1개월에 불과했으니 귀신처럼 신속한 작전이라고 할 만했다.

항우는 유방이 이처럼 빨리 한중을 뚫고 나와 다시 골칫거리가 될 줄은 상상도 하지 못했다. 더욱 항우가 인정하기 어려웠던 것은 한나라 군대를 인솔하는 대장군이 바로 자신의 장막에서 도주한 탈영병 한신이라는 사실이었다. 장함, 사마흔, 동예는 본래 항우가 유방을 견제하기 위해 보낸 세 갈래 병력이었는데 결국 유방 밥상의 고기 신세가 되고 말았다. 이 때문에 항우는 시간이 갈수록 더욱 분노를 이기지 못했다.

항우는 유방을 거론하기만 하면 불같이 화를 냈다. 그런데 그 무렵 한왕 성이 사태를 파악하지 못하고, 봉토로 돌아가 왕 노릇 할 생각에만 빠져 항우의 악랄한 심정을 건드렸다. 한왕 성이 다시 항우를 만났을 때 항우의 얼

　　　　　　　　　　　　　　　　　　　　　　제왕의 스승 장량

'소하가 달빛 아래에서 한신을 쫓아가는' 내용을 그린 매병

굴에는 이미 검은 구름이 드리워져 있었다. 항우는 한왕 성을 봉토로 보내려 하지 않고 오히려 그의 봉작을 왕에서 후侯로 낮췄다.

처음에 장량은 유방이 삼진을 평정했다는 소식을 듣고 남몰래 한나라 군대의 승리에 기쁨의 찬사를 연발했다. 그러나 항우가 한왕 성을 후로 강등 했다는 소식을 듣고는 깊은 상실감에 젖었다.

장량은 항우가 정예병을 이끌고 한나라에 반격을 준비한다는 사실을 알고 나서, 항우가 주력부대를 한韓나라 경계 안에 주둔하여 유방의 한漢나라 군대가 중원으로 남하할 때 장애물로 작용할까봐 걱정이었다. 이 때문에 그 는 특별히 '전선 정세 분석서'를 써서 항우에게 보내 이런 의견을 제시했다.

"한왕 유방은 작은 부富에 만족하는 자인지라 자신이 본래 차지해야 했 다고 생각하는 관중 땅을 얻으려 할 뿐입니다. 실력을 논하자면 진정으로 폐 하에게 위협이 될 수 없습니다. 목전의 동향을 살펴보면 동쪽으로 경솔하게 한 발자국도 움직이지 못할 것입니다."

장량은 또 제왕 전영과 양왕梁王 위표가 손잡고 반란을 일으켜 천하에 포고한 문건을 특별히 항우에게 전하며 덧붙였다.

"소문을 들으니 제나라가 조나라·양나라와 연합하여 함께 초나라에 대항한다고 합니다. 이 세력의 위협이 유방의 위협보다 훨씬 강력합니다."

항우는 장량의 서찰을 읽고 나서 일리 있는 말이라고 생각했기에 유방에 대한 경계심은 내려놓고 전력을 다해 북방의 제나라로 진격했다.

하지만 장량이 보낸 서찰의 먹이 아직 다 마르기도 전에 유방 쪽에서 새로운 동향이 전해졌다. 유방은 한신으로 하여금 황하를 건너 북상하게 하여, 제나라와 조나라 등 제후국을 공격할 준비를 하게 했다. 동시에 그는 또 다섯 제후를 규합하여 동쪽으로 초나라를 공격하면서 항우에게 어느 곳도 손을 쓰기 어려운 지경에 빠지게 했다. 4년 동안 서로 체면을 차리며 본심을 숨겨왔던 유방과 항우가 이제 철저하게 가면을 벗었다. 이로써 유방과 항우의 초한쟁패는 생사를 건 새 단계로 접어들었다.

이때 항우는 유방의 세력 확대를 경계했다. 이 때문에 특별히 서쪽에 위치한 한韓나라는 반드시 항우 자신을 위해 튼튼한 대문 역할을 해주기를 바라면서 스스로 한韓나라를 완전히 장악하려 했다. 그런 생각으로 그는 명령을 내려 즉시 한왕 성을 죽이고 정창을 한왕韓王으로 삼았다. 그는 정창을 통해 한韓나라를 통제하면서 그곳이 전선의 강고한 방어벽이 되어 유방이 동진할 때 자신의 방패막이가 되어주기를 바랐다.

항우의 행동에 장량은 경악했다. 다행히 장량은 항우를 늘 경계했기 때문에 항우가 휘하 군사들을 보내 한왕 성을 포위할 때, 낌새를 채고 팽성을 탈출했다.

한왕 성이 죽은 후 장량은 남몰래 자신이 어디로 가야 할지 생각했다. 그는 황석노인의 가르침을 상기하면서 시세의 흐름에 따라 행동해야겠다고

제왕의 스승 장량

깨달았다. 그는 좌절을 참고 한 걸음 한 걸음 전진하기로 했다. 이리저리 생각해봐도 당시 장량의 입장에서는 하루 빨리 유방과 관계를 회복하여 그에게 의탁하는 것이 가장 좋은 길로 여겨졌다. 이에 장량은 변장을 하고 단기필마로 유방에게 의지하기 위해 관중을 향해 출발했다. 장량은 항우의 추격병에 잡힐까봐 감히 큰길로는 가지 못하고 오로지 궁벽한 샛길로 천 리를 치달려 마침내 관중에 도착했다.

『사기』「유후세가」원문

항왕은 끝내 한왕^{韓王} 성을 보내지 않고 후^侯로 봉했다가 다시 팽성에서 죽었다. 장량은 도주하여 샛길로 한왕에게 귀의했다. 한왕^{漢王} 유방 역시 다시 돌아와 삼진^{三秦}을 평정한 무렵이었다. (한왕 유방은) 또 장량을 성신후로 봉했다. 項王竟不肯遣韓王, 乃以爲侯, 又殺之彭城. 良亡, 閒行歸漢王, 漢王亦已還定三秦矣. 復以良爲成信侯.

　　유방은 장량이 왔다는 소식을 듣고 기쁨을 금치 못했다. 그는 장량의 계책에 따라 잔도를 불태워 항우의 의심을 막고 반년의 휴식과 정비 기간을 가졌다. 이 시기에 유방 주위의 인물들은 모두 빼어난 행적을 보였다. 소하는 유방을 도와 한중에서 백성과 재물을 관리하고 군수품을 조달했다. 번쾌 등 무장은 전선에서 적을 쳐부수며 요새를 함락했다. 새로 임명된 대장군 한신은 또 전군을 총괄하며 작전을 펼쳤다. 그는 지금 다시 관중을 탈환했고, 이제 곧 항우와 직접 전투를 벌일 것이다. 다만 그의 신변에는 좋은 계책을 마련하고 수시로 자문의 대상이 되어줄 모사가 부족했는데 이제 장량이 달려왔다. 그는 하늘에서 내려온 사람을 만난 듯 기뻐했다. 유방은 바로 장량을 성신후^{成信侯}에 봉했다. 성신후에 담긴 의미는 장량이 신의를 지켜 마침내 한왕 유방에게 귀의했다는 뜻이다.

　　한왕 성의 피살로 한^韓나라의 재상이 되려던 장량의 꿈은 산산이 깨어졌다. 장량은 고통스러운 사유 속에서 마침내 한나라를 재건하고 선왕의 후예를 세우는 일이 전혀 중요한 일이 아님을 깨달았다. 그의 인생 행로는 이 지

점에서 한韓나라 재건이라는 이전의 꿈이 한漢나라 보좌라는 현재의 꿈으로
바뀌게 된다. 명나라 이지李贄(1527~1602)는 항우가 한왕 성을 죽이는 바람에
장량이 한나라로 귀의하게 된 사실을 읽고 다음과 같이 비꼬았다.

"한漢나라를 위해 훌륭한 군사軍師 한 사람을 내쫓았으니 얼마나 멍청한
가?"

과거에 함께 지낸 4년 동안 장량은 두 번 유방을 떠났다. 장량의 한漢나
라 귀의는 한韓나라라는 어머니와 이어져 있던 탯줄이 끊겼음을 의미한다.
마침내 장량은 독립된 육체를 갖게 되었다. 이제 유방과 장량이라는 이 아름
다운 조합은 모든 역량을 극점으로까지 끌어올리게 된다.

제왕의 스승 장량

5장

쟁패

하읍^{下邑}의
계책

유방이 팽성에서 대패하다

유방은 형세의 변화가 이처럼 신속하리라고는 전혀 예상하지 못했다. 그렇게 짧은 시간에 항우는 유방의 의표를 찌르며 본때를 보였다. 유방은 팽성을 함락한 후 승리의 기쁨을 얼마 누리지도 못하고 오히려 하읍이라는 작은 마을에서 항우에게 포위되어 생사도 예측하기 어렵게 되었다.

유방이 이처럼 낭패를 당하게 된 것은 그가 일찍부터 너무 순조로운 전투만 계속해왔기 때문이다. 본래 관중을 평정한 후 한나라 군대의 세력은 눈덩이처럼 불어났다. 이 때문에 유방은 득의만만한 모습을 보이며 자만심을 갖게 되었다. 그는 항우가 군사를 거느리고 전영을 치러 간 틈을 타 각지의 제후왕에게 연락했다. 그는 새^塞, 적^翟, 위^魏, 은^殷, 하남^{河南} 등 다섯 지역 제후왕의 연합군 50~60만을 통솔하여 백만 대군이라 칭하면서 동쪽으로 기세등등하게 전진해 항우의 소굴 팽성을 들이쳤다.

이때 초나라 군대는 대부분 항우를 따라 제나라로 떠나서 팽성에는 지키는 병사가 없었다. 한나라 군대는 신속하고도 쉽게 팽성을 빼앗았다. 그러자 유방은 승리에 취하여 두뇌가 멍청해진 듯 관중으로 진입할 때와는 완전히 다른 모습을 보였다. 유방은 첫 전투에서 승리한 후 팽성 성루에 초나라 깃발 대신 한나라 깃발을 꽂았지만 다음 단계의 방어 대책은 전혀 마련하지 않고 팽성 성머리에서 풍악을 울리며 잔치를 즐기기에 바빴다.

장량은 이런 모습을 보고 간곡하게 간언을 올렸다.

"전하! 이런 때일수록 군기를 바로잡고 방어 준비를 해야 합니다. 항우가 금방 대군을 이끌고 쳐들어올 수 있습니다."

그러나 유방은 전혀 아랑곳하지 않고 이렇게 장담했다.

"우리는 마침내 항우의 소굴을 빼앗았소. 이것은 마땅히 경하해야 할 기쁜 일이오. 며칠 즐긴다고 무슨 큰일이 나겠소? 또 항우는 지금 원정을 나가 제나라를 공격하느라 제 몸을 뺄낼 수조차 없을 것이오. 이 기회에 장졸들에게 한바탕 향락을 즐기게 해야 하오. 평소의 고생에 보답하는 의미로 말이오."

번쾌와 하후영 등 노장들도 대재앙이 닥쳐올 것 같은 불길한 예감에 사로잡혔다. 그들은 근심을 떨치지 못하고 거듭 한왕에게 간언을 올렸지만 유방은 자신의 판단이 옳다고 여기며 누구의 말도 듣지 않았다.

이 무렵 항우는 제나라 땅에서 전영에게 승리한 후 그를 평원平原(산둥성 평위안현)으로 내쫓았다. 전영은 결국 백성들에게 살해되었다. 이어서 항우는 제나라 땅에서 옛 만행을 반복하며 깡그리 불태우고, 깡그리 죽이고, 깡그리 약탈했다. 그는 제나라 도성을 완전히 불태웠을 뿐 아니라 항복한 제나라 장졸을 생매장했고, 제나라 여성을 겁탈했다. 제나라는 금방 폐허로 변했다. 그러나 전영의 아우 전횡田橫(?~BC 202)이 도망친 소수의 제나라 군사들을 인솔하고 도살에서 살아남은 제나라 백성 몇 만 명을 다시 모아 항우에게 극

진나라 기마병 쇠뇌의 방아쇠

력 저항했다. 전횡의 저항 때문에 항우는 그곳을 떠나지 못하고 제나라와의
전쟁을 계속하지 않을 수 없었다.

　　바로 이때 항우는 유방이 팽성을 점령했다는 소식을 들었다. 유방이 끝
내 자신의 근거지를 습격하자 항우는 극도의 분노에 몸을 떨었다. 그는 군사
대권을 대장 용저龍且(?~BC 203)에게 넘기고 계속 전횡을 공격하는 척하면서
한나라 군대를 속이게 한 후, 자신은 직접 정예병 3만을 거느리고 군사들에
게 가장 빠른 전마를 지급했다. 그는 몰래 노현魯縣(산둥성 취푸시曲阜市)을 출발
하여 호릉胡陵(장쑤성 페이현 룽구진龍固鎭 동북)을 거친 후 한나라 군대의 후방을
돌아 밤새 행군했다. 이로써 군사상 유명한 장거리 습격 사건의 막이 올랐
다. 항우는 연도 내내 깃발도 숨기고 북도 울리지 않은 채 아무도 몰래 팽성
으로 접근하여 여명이 밝아올 무렵 한나라 군대가 아직 꿈속을 헤맬 때 맹
렬하게 공격을 퍼부었다. 유방은 서초패왕의 담력과 용맹함을 제대로 맛보았
다.

정오 무렵 한나라 군대를 대파했다. 한나라 병사들이 모두 도망치며 서로 뒤따라 곡수와 사수 일대로 들어가자 한나라 병졸 10여만을 죽였다. 한나라 병사들은 모두 남쪽 산속으로 도주했고, 다시 초군이 추격하자 영벽 동쪽 수수睢水에까지 이르렀다. 한나라 군대가 퇴각하다가 초나라 군대에 밀려 병사들이 많이 죽었고, 한나라 병사 10여만 명이 모두 수수에 밀려들어갔기 때문에 수수가 흐르지 못할 정도였다. 日中, 大破漢軍. 漢軍皆走, 相隨入穀、泗水, 殺漢卒十餘萬人. 漢卒皆南走山, 楚又追擊至靈壁東睢水上. 漢軍卻, 爲楚所擠, 多殺, 漢卒十餘萬人, 皆入睢水, 睢水爲之不流.

항우의 작전은 실로 뛰어난 상상력의 소산이었다. 그가 거느린 3만 정예병은 마치 하늘에서 내려온 듯 신출귀몰했다. 유방은 손발을 제대로 쓸 수도 없었다. 한나라 군대가 궤멸하자 초나라 군대는 그들을 북쪽으로 곡수穀水(산둥성 위타이현魚臺縣 구팅진轂亭鎭 인근)와 사수泗水(장쑤성 패현沛縣 근처의 쓰허泗河) 일대까지 추격하며 살상했다. 이 일대에서 피살된 장졸이 10여 만에 이르렀다. 나머지 패잔병 10만~20만도 남쪽 산속으로 도망쳤다.

한나라 군대가 자신의 군대보다 몇 십배 많았음에도 항우는 그들을 바짝 추격하며 사납게 공격했다. 한나라 군대는 영벽靈壁(안후이성 링비현) 동쪽 수수睢水[67]까지 내몰렸다. 당시는 아직 4월이라 날씨는 쌀쌀하고 하늘은 흐렸다. 강가에서 살해된 한나라 군사 10여 만 명의 시체가 수수에까지 쌓여 강물이 흐르지 못할 정도였다.

유방은 자신의 생각이 신중하지 못하여 이런 재앙에 직면하자 어찌할 방도가 없어서 하후영과 일부 병졸들의 호위를 받으며 계속 북쪽으로 도주했다. 황망하고 비참한 도주였다. 이 도주 길에서 그는 또 후세 사람들에게조차 용서받지 못할 사건을 일으켰다. 사마천도 인정사정없이 그의 추악한 행위를 기록했다. 기록에 의하면 당시 유방의 도주 수레에는 자신의 두 아이

---

67) 수수: 지금의 중국 허난성 카이펑시(開封市) 쥔이현(浚儀縣)에서 발원하여 동남 방향으로 흘러 장쑤성 쉬저우시(徐州市) 남쪽에서 화이허(淮河)로 유입되던 강으로, 벤허(汴河) 남쪽으로 흘렀다. 1622년과 1629년 황허(黃河)의 범람으로 수수(睢水)의 물길은 거의 사라졌다.

제왕의 스승 장량

가 함께 타고 있었다. 그런데 항우의 군대가 바짝 추격하자 유방은 악독한 마음으로 세 번이나 자신의 두 아이(태자 유영과 노원공주)를 발로 차서 수레에서 떨어뜨렸다. 그때 마침 유방의 부장 하후영이 인정을 발휘하여 위험을 무릅쓰고 세 번 모두 수레를 멈추고 아이들을 구했다. 하후영이 유방에게 소리쳤다.

"아무리 상황이 위험해도 정신 줄을 놓아서는 안 됩니다. 무고한 아이들을 왜 버립니까?"

항우는 통쾌하게 적을 공격하여 한나라 군대 거의 전부를 궤멸시켰다. 결국 유방과 장량 등 몇 십 명만 살아서 도주했다. 지금 생각해봐도 당시 유방이 도주하면서 보인 행동은 눈뜨고 봐줄 수 없는 추악한 행위였다. 그러나 유방은 혼란 속에서 어쨌든 살아남아 한숨을 돌리고 다시 항우와 대결할 시간을 얻게 된다.

영포, 팽월, 한신에게 연락하다

"자방! 어서 대책을 좀 마련해주시오. 누구라도 나를 도와 천하를 얻게 해주면 함곡관 동쪽 땅을 모두 드리겠소."

하읍에 당도한 후 유방은 바삐 말에서 내렸다. 말안장도 풀지 않고 그는 황급하게 장량에게 말했다. 하읍은 당시에 위나라 땅이었다. 유방의 아내 여치의 오빠 여택呂澤(?~BC 199)이 군사 한 부대를 이끌고 그곳을 지키고 있었으므로 안전한 곳이라 할 만했다. 이에 유방은 패잔병을 이끌고 하읍에 주둔했다. 유방의 말은 두서가 없었지만 장량은 유방과 오랜 시간을 함께했기에 금방 유방의 뜻을 알아차렸다.

유방에게 이번 팽성 대패는 침통한 일격이었다. 그래도 소하가 당시에 삼진 땅을 잘 지켰기 때문에 관중은 무사했다. 그러나 이번 패배는 유방이 거병한 이래 처음 맞닥뜨린 최대의 참사였다. 거의 전군이 궤멸했고, 유방의 부친과 아내까지 항우에게 포로가 되었으므로 유방은 정말 얼굴을 들 수 없을 정도였다.

유방은 이제 자신의 힘만으로는 항우와 승부를 내기 어렵다는 사실을 분명하게 인식하게 되었다. 이에 유방은 생각을 바꿔 자신은 관중 땅만 다스리고, 관동關東(함곡관 동쪽) 지역은 다른 사람에게 분봉하여 그들과 함께 항우를 공격해야 승산이 있다고 생각했다. 그런데 누구에게 분봉해야 하나?

장량은 유방의 말을 듣고 잠시 생각에 잠겼다가 한 가지 계책을 제시했다.

"저는 장차 항우와의 대결 과정에서 우리와 연합할 수 있는 사람이 셋이 있다고 생각합니다. 만약 천하를 저들 셋에게 분봉하고 서로 연합하면 항우를 격파할 수 있을 겁니다. 첫째는 구강왕九江王 영포입니다. 둘째는 유격왕 팽월입니다. 신속하게 사자를 보내 두 사람과 동맹을 맺으십시오. 셋째는 바로 지금 전하께서 중용하고 있는 대장군 한신입니다. 이제 한신에게 혼자서 한 지역을 담당하게 하고 군단 하나를 거느리게 하여, 우리 한나라 본진과 서로 의지하는 형세를 이루게 하십시오."

유방은 장량의 말을 듣고 좀 생각하다가 말했다.

"팽월과 연합하는 일은 어렵지 않을 듯하오. 처음 그가 봉기했을 때 나를 도와 진나라를 함께 친 적이 있고, 우리 두 사람은 그때 서로 좋은 감정을 가졌소. 의기투합했다고 말할 수도 있소. 그가 내거는 조건이 지나치게 까다롭지 않다면 그를 얻는 일이 그리 어렵지 않을 것이오. 한신에게도 구체적으로 어떤 지역을 안배하여 어떻게 군권을 줄 것인지 결정하는 일은 우리 내부의 사정이므로 상의만 잘 이루어지면 쉽게 해결할 수 있을 것이오. 다만 영포는 항우 휘하의 맹장이오. 진나라를 멸하는 전쟁에서도 그는 여러 차례 항우의 선봉장을 맡아 생사를 넘나들며 막대한 전공을 세웠소. 항우도 그를 아주 중시하고 있소. 그러므로 그와 연합하는 일은 사서 고생하는 일과 진배없을 것이오."

유방이 걱정하는 영포는 본래 육六(안후이성 류안현六安縣) 땅 사람으로 진나라의 법을 위반하여 얼굴에 먹으로 죄수 표시를 새기는 경형黥刑을 당했기 때문에 경포黥布라 부르기도 한다. 평민 출신인 영포가 젊었을 때 어떤 사람이 그의 관상을 보고는 형벌을 받은 후 제후왕의 봉작을 받을 것이라 예언했다. 그는 형벌을 받는다는 말에도 화를 내지 않고 오히려 자신의 출세 날짜가 멀지 않았다 인식했다. 그가 기쁨에 겨워 미소를 지으며 말했다.

"어떤 사람이 내 관상을 보고 형벌을 받은 후 왕이 된다고 했다. 거의 맞는 말이다!"

사람들은 그의 말을 듣고 비웃었지만 그는 전혀 개의치 않았다. 나중에 영포는 죄를 짓고 여산의 부역 공사장에 파견되었다. 여산에 동원된 죄수 몇십만 중에서 영포는 호걸들과 교분을 맺고 그중 한 무리와 강호로 도망쳐 강도질을 했다. 그러다가 진승과 오광의 농민 봉기가 일어난 후 영포는 파군番君
68) 오예吳芮(BC 241?~BC 201)에게 투신하여 그의 사위가 되었다. 그는 군사 수천을 모아 반진反秦 깃발을 들었다. 진나라 장수 장함이 진승을 멸하고 여신呂臣(BC 235?~BC 173)을 격파할 때 영포는 오히려 군사 몇 천 명을 이끌고 진나라 군대를 패퇴시켜 자신의 군사 재능을 과시했다. 이때 그는 항량이 이미

---

68) 파군: 『사기정의』에서는 '番'의 발음을 '파(婆)'로 달았으므로 '番君'은 파군으로 읽어야 한다. '番'는 '鄱'로도 쓴다. 오예가 '파(番: 장시성江西省 포양현鄱陽縣)' 땅 현령이었으므로 '파군'이라 칭했다.

강소와 회계를 평정했다는 소식을 듣고 바로 장강을 건너 서진하며 자신의 대오를 끊임없이 불렸다. 많은 장수들이 항량에게 귀의할 때 영포도 그의 휘하에 들어갔다. 나중에 영포는 항우에게 귀의하여 구강왕에 봉해졌다.

장량은 현재 영포가 처한 상황을 손바닥 보듯이 환하게 알고 있었으며, 영포와 항우 사이의 갈등에 대해서도 분명하게 인식하고 있었다. 장량이 유방에게 말했다.

"전하께서는 진정 항우가 영포를 후하게 대한다고 생각하십니까? 당초에 항우가 천하에 제후왕을 분봉할 때 영포에게는 겨우 구강 한 곳만 맡겼습니다. 그곳은 땅도 좁고 지위도 낮아서 영포는 깊은 불만을 품었습니다. 이 때문에 줄곧 항우와 불화하고 있습니다."

유방이 고개를 끄덕이며 말했다.

"나 같으면 절대 그처럼 옹졸하고 인색하게 굴지 않았을 것이오."

장량도 고개를 끄덕였다.

"그것이 전하께서 항우와 다른 점입니다. 항우는 지금까지 공을 세운 사람을 저울질하며 포상을 인색하게 했습니다. 하지만 전하께서는 이처럼 천하를 사람들에게 고루 분봉하며 넓은 도량을 베푸십니다. 이 점이야말로 항우를 격파할 수 있는 강력한 무기입니다."

장량이 또 말했다.

"기실 영포와 항우가 서로 불화하게 된 두 가지 일이 있습니다."

유방이 물었다.

"그게 무엇이오?"

"첫째, 당초에 항우가 군대를 거느리고 전영을 치러 갈 때 이치로 말하면 영포도 자신의 군대를 이끌고 지원하러 가야 했습니다. 하지만 그는 몸이 아프다는 핑계를 대고 몇 천 군사만 파견하여 책임을 모면하려 했습니다. 둘

제왕의 스승 장량

째, 얼마 전에 전하께서 연합군을 이끌고 팽성으로 진격할 때 항우는 멀리 제나라 땅에 있어서 제대로 대처할 수 없었습니다. 영포는 당시 팽성에서 가까운 곳에 있었으면서도 자신의 군대를 움직이지 않고 팽성이 함락되는 걸 눈을 뜨고 지켜보았습니다. 항우는 영포가 불충을 저지른다고 여기고 몇 차례나 사자를 보내 영포를 소환했습니다. 영포는 항우가 어떤 사람인지 잘 아는지라 부름에 응하지 않았습니다. 그래도 항우는 북쪽 제나라와 조나라, 그리고 서쪽 전하의 군대가 걱정이 되어 그와 반목할 수 없었습니다."

장량의 분석을 듣고 유방은 고개를 끄덕였다.

"영포는 지금 항우와 불화하고 있지만 근본으로 치면 결국 초나라 대장군이오. 그에게 유세하려면 담력이 크고 기교가 뛰어난 사람이 있어야 할 듯하오."

"영포는 기질이 억센 자이므로 담대하고 세심하며 언변에 뛰어난 사람을 파견해야 합니다. 저는 수하隨何가 적임자라고 생각합니다."

유방은 장량의 건의에 따라 즉시 수하를 영포의 거처로 파견하는 동시에 유능한 사람을 팽월에게도 보내 항우와 인재 쟁탈전을 벌였다.

수하는 유생의 신분으로 재능을 발휘할 기회를 얻었다. 그는 주군의 명령을 욕되게 하지 않고 자신의 임무를 완수해야 했다. 그가 영포에게 유세하여 초나라를 배반하고 한나라로 투항하게 한 과정은 이미 후세 사람들에 의해 유세의 모범으로 인용되어 왔다.

재미있는 점은 수하가 영포에게 공세를 펴고 있을 때 항우도 사자를 파견하여 영포에게 초나라에 협조하라고 재촉했다는 사실이다. 그런데 수하는 교묘하게도 마지막 단계에서 영포가 이미 한나라에 귀의했다고 일방적으로 선언하고는 영포를 핍박하여 초나라 사자를 죽이게 했다. 이렇게 되자 선택의 여지가 없어진 영포는 한나라에 투항하겠다고 선언할 수밖에 없었다.

하읍에 이르자 한왕이 말에서 내려 말안장에 기댄 채 말했다. "내가 함곡관 동쪽 땅을 버리려 한다면 누가 나와 함께 공을 세우려 하겠소?" 장량이 앞으로 나서서 대답했다. "구강왕 경포는 초나라의 용맹한 장수이지만 항왕과 틈이 벌어져 있습니다. 팽월은 제왕 전영과 양 땅에서 반란을 일으켰습니다. 이 두 사람을 급히 쓸 수 있습니다. 그리고 한왕의 장수로는 오직 한신에게 큰일을 맡기면 한 지역을 감당할 수 있습니다. 관동 땅을 버리려 하신다면 이 세 사람에게 버리십시오. 그러면 초나라를 격파할 수 있습니다."라고 했다. 至下邑, 漢王下馬踞鞍而問曰, '吾欲捐關以東等棄之, 誰可與共功者?' 良進曰, '九江王黥布, 楚梟將, 與項王有郤. 彭越與齊王田榮反梁地. 此兩人可急使. 而漢王之將獨韓信可屬大事, 當一面. 卽欲捐之, 捐之此三人, 則楚可破也.'

항우는 영포가 초나라를 배반한 사실을 알고 바로 대장 용저를 보내 영포를 공격하게 하고 영포의 아내와 자식을 죽였다. 예상할 수 있는 바와 같이 이 일은 영포의 반초反楚 결심을 더욱 강하게 했고, 마침내 영포는 유방에게 귀의했다.

한편 팽월은 유방이 파견한 사자의 두세 마디 말에 바로 설득당했다. 팽월이 한나라로 귀의하자 유방은 다시 그를 위나라 상국으로 임명하여 초나라 후방을 습격하게 하면서 적의 군량 보급로를 끊고 적병을 견제하게 했다. 유방의 전체 부대에서 팽월의 군대는 초나라 배후에 꽂아둔 홍기와 같아서 항우가 마음대로 작전을 수행하지 못하게 했다. 이처럼 팽월은 전장에서 한나라 군대의 전투를 강력하게 지원했다.

영포와 팽월 두 장수는 항우의 오른팔과 왼팔 같았는데 장량은 유방에게 이 두 사람과 연합하라고 건의했다. 이 계책은 항우의 핵심 세력에 침투하여 항우를 꼼짝달싹 못하게 만든 묘수였다.

또 한신은 팽성대전 때 자신의 능력만으로 수수 남쪽에 진지를 구축하여 항우의 공세를 저지했다. 한신은 작전 능력이 뛰어날 뿐 아니라 전투 지역을 관리하는 데도 우수한 능력을 보였으므로, 분명 한 지역을 혼자서 담당할 만한 장수였다. 이에 유방은 한신을 좌승상으로 삼고 그에게 일정한 군대를 주어 단독으로 외부에서 작전을 수행할 수 있게 했다. 이 밖에도 조참과 관영 등 일부 장수들에게 3만 군사를 주어 한신과 함께 전투에 참여하게 했다. 유방의 일사불란한 지휘에 따라 한신은 과연 북방에서 새로운 전장을 개척하여 유방이 천하를 얻는 과정에서 주력 장수로 활약했다.

한 달도 안 되는 짧은 기간에 장량은 한신, 팽월, 영포라는 3대 기재^{奇才}를 유방의 곁에 모이게 했다. 이 세 사람의 힘을 함께 모으자 강력하고 질긴 동아줄이 되었다. 이들은 유방의 적절한 조절을 통해 항우를 타격하며 막강한 위력을 과시했다. 유방은 팽성 참패 이후 또다시 항우와 균형을 이룰 기반을 조성하게 되었다.

젓가락으로
제후 분봉을 막다

역이기의 단견

장량이 잠시 자리를 비운 사이에 한나라에 큰일이 벌어질 뻔했다. 이제 형양이란 곳에서 다시 시작되는 이야기다.

작년 4월 유방은 팽성에서 대패하여 하읍으로 후퇴했다. 5월에는 소하가 관중에서 일부 장정을 모집하여 군대를 편성하고 전투를 도우러 왔다. 소하의 도움을 받은 유방은 원기를 회복했다. 유방은 또 흩어진 장졸을 모아 새롭게 형양을 점령했다. 유방은 6월에 관중으로 돌아왔지만 8월에 이르러 다시 형양으로 진격하여 항우와 맞섰다. 그는 좌우로 돌기도 하고, 앞뒤로 오르내리기도 하면서 해결하기 어려운 전투를 수행했다.

지도를 살펴보면 형양은 하남성 구舊 형택현滎澤縣(허난성 정저우시 서북 구성진古滎鎭)의 서남쪽으로 사람들 눈에 띄지 않는 작은 시골 마을이다. 그러나 당시에 항우와 유방은 왜 이곳에 눈독을 들이며 목숨을 걸고 지키려 했을까?

본래 유방은 전력으로 항우를 격파하려 했지만 완전한 승리를 거두려면

제왕의 스승 장량

관중에만 똬리를 틀고 있을 수는 없었고 중원에 발을 딛고 있어야 최후의 승자가 될 수 있었다. 당시의 형양이 바로 서로 놓칠 수 없는 중원의 요지였다.

지리상의 위치를 보면 형양은 남쪽으로 숭산嵩山(중악中嶽. 허난성 덩펑시 서북)에 의지해 있고, 북쪽으로 황하에 임해 있으며 사수汜水[69]가 경내를 흐른다. 이곳은 옛날부터 자연스럽게 낙양의 대문 역할과 함곡관으로 진입하는 목구멍 역할을 했다. 그리고 당시에는 관중에서 식량을 운반하는 일이 매우 어려워서 한나라의 군량은 모두 오창敖倉에서 가져왔다. 오창은 바로 형양 서북쪽 오산敖山에 있는데, 천하에서 가장 유명한 식량 저장 창고다. 진시황이 중원을 점령한 이후 오산에 창고를 짓고 양식을 저장하기 시작했다. 그가 육국을 정벌하기 위해 건설한 군량 공급기지 중 하나였으므로 육국 통일에 기반을 제공한 군수 대본영이라 할 만했다.

한나라 군대가 형양을 점령하자 대장군 한신은 바로 오창을 통제했다. 초나라의 습격을 방지하기 위해 중무장 병력을 파견하여 수비했을 뿐 아니라, 산 정상에서 황하 연안까지 모두 용도甬道를 건설했다. 용도란 도로 양쪽에 보루와 성벽을 쌓아올린 길이다. 그런 후 용도를 이용하여 형양에 주둔한 한나라 군대에 식량을 운송했다. 한신은 북정에 나선 이후 주발과 조참을 오창 수비대장으로 임명했다. 이런 점을 봐도 그가 이곳을 얼마나 중시했는지 알 수 있다.

시세에 정통한 범증도 오창의 중요성을 분명하게 알고 있었다. 그는 항우에게 여러 번 자신의 의견을 말했다.

---

69) 사수(汜水) : 후한 이전에는 범수(氾水)로 불렸고 그 이후로는 사수(汜水)로 부른다. 지금의 허난성 싱양시(榮陽市) 경내를 북상하여 황허(黃河)에 합류한다. 산둥성 허쩌시(荷澤市)의 판수이(氾水)와 다른 강이므로 주의해야 한다

역이기

　"유방이 형양에 발을 내릴 수 있는 것은 바로 오창에서 끊임없이 군량을 공급할 수 있기 때문입니다. 만약 저들의 군량 보급로를 끊으면 싸워보지도 못하고 저절로 물러갈 것입니다."

　항우는 범증의 말이 일리 있다 생각하고 곧 정예병과 뛰어난 장수를 파견하여 한나라의 군량 보급로를 빼앗고 용도를 끊으면서 식량까지 탈취하게 했다. 그런 후 그는 또 직접 군사를 거느리고 유방을 포위하러 갔다. 유방은 이번에 형양에서 항우에게 포위되어 하늘에도 탈출할 문이 없고 땅에도 빠져나갈 구멍이 없게 될 줄 예상하지 못했다. 그는 군사를 이끌고 몇 번 성을 나서 포위망을 돌파해보았지만 번번이 초나라 군대의 공격을 받고 되돌아와야 했다. 이 무렵 초한전쟁의 전체 전황이 긴급했으므로 다른 지역 한나라 군대도 모두 작전에 전념하기에 바빴다. 이 때문에 형양으로 구원병을 보내 유방을 도와줄 방법이 없었다. 유방은 한동안 성을 굳게 지키며 기다려보았

　　　　　　　　　　　　　　　　　　　　　　　제왕의 스승 장량

지만 구원병은 그림자도 찾아볼 수 없었다. 눈앞에서 성안의 식량이 점점 줄어들면서 수시로 성이 함락될 위험에 처하자 유방은 초조하고 불안한 마음을 감출 수 없었다. 소위 "군사를 기르는 것은 1천 일이지만 군사를 쓰는 것은 한 시각이다"라는 격이었다. 매번 이런 상황을 만나면 뛰어난 모사가 등장하기 마련이다.

기실 모사는 그 역할을 제대로 수행하기가 참으로 어렵다. 지략이 사안의 핵심에 도달하면 군주의 마음을 얻어 자연스럽게 칭찬을 받지만 만약 지략이 핵심에 도달하지 못하면 자신의 목숨까지 위험해진다. 따라서 모사로 활동하려면 머리도 좋아야 하고 담력도 커야 하며 마음 씀씀이도 꼼꼼해야 한다. 이렇게 해야 중요한 사건을 맞닥뜨렸을 때 뛰어난 계책을 낼 수 있다. 항우의 진영에서는 범증이 늘 사안의 핵심을 찌르며 타당한 계책을 제시했다. 유방의 진영에서는 모사 여러 명이 번갈아가며 유방을 위해 계책을 마련했다. 이번에 등장하는 모사가 바로 역이기다.

어느 날 장량이 외출하고 나서 유방은 역이기가 자신의 곁에 대기하고 있는 것을 보았다. 유방이 그를 부추겼다.

"초나라 군대의 힘이 너무 강력하여 우리가 포위를 돌파할 수 없으면 어떻게 하오? 초나라의 힘을 약화시키고 초나라의 병력을 분산했으면 좋겠소. 선생께선 무슨 고견을 갖고 계시오?"

역이기는 나이가 예순이 넘은 노인으로, 당초에 유방이 서진하며 진나라와 싸울 때 그로 하여금 진기한 보배를 갖고 가서 요관의 수비대장을 항복하도록 권유한 사람이다. 이 때문에 유방은 역이기를 깊이 신임하고 있었고, 이번에 그에게 초나라 군대에 대응할 방법을 논의하게 된 것이다.

역이기는 유방의 질문을 받고 자신의 능력을 발휘할 기회를 잡았다는 듯이 미소를 지으며 마음속에 간직하고 있던 계책을 제시했다.

"신에게 한 가지 방법이 있습니다. 이 방법을 쓰면 항우는 천하에서 물러날 것이고, 전하께선 더 이상 마음을 쓸 필요도 없이 남쪽으로 앉아 황제를 칭할 수 있을 것입니다."

유방이 깜짝 놀라며 말했다.

"그런 묘책이 있다니, 어서 말씀해 보시오."

역이기는 목소리를 가다듬으며 낭랑하게 말을 이었다.

"옛날에 상商나라 탕왕湯王은 하夏나라 걸왕桀王을 토벌한 이후 걸왕의 후손을 참살하지 않고 기杞나라에 제후왕으로 봉했습니다. 주周나라 무왕武王도 상나라 주왕紂王을 토벌한 이후 주왕의 후손을 참살하지 않고 송宋나라에 제후왕으로 봉했습니다. 그리하여 걸왕과 주왕의 후손 및 그 나라 왕공대신들은 여전히 부귀영화를 누리며 반란을 일으킬 마음을 먹지 않고 있습니다. 그러나 진시황은 어땠습니까? 도덕을 상실했고 도의를 폐기했으며, 제후들의 종묘사직을 침탈했을 뿐 아니라 육국을 멸망시켜 그 후손들은 발 디딜 땅조차 없게 되었습니다. 이러했기 때문에 진시황이 죽자 육국 후손들이 분분히 봉기하여 진나라에 항거하게 된 것입니다. 이렇게 몇 년도 지나지 않았지만 진나라의 화려한 궁궐에는 잿더미만 남게 되었습니다. 이것이 우리가 받아들여야 할 교훈입니다."

역이기는 옛 역사에 밝고 지금의 상황에도 두루 통달한 사람인데 이렇게 하나하나 근거 있는 이치를 설파하자 유방은 믿지 않을 수 없었다. 유방이 재촉했다.

"일리 있는 말씀이오. 계속 말씀해 보시오."

역이기는 유방이 집중해서 듣는 모습을 보자 저절로 흡족한 마음이 들었다. 이에 단숨에 자신의 묘책을 제시했다.

"전하께서 진나라와 반대되는 정책을 시행하여, 다시 육국의 사직을 복원하고, 육국의 옥새를 새겨, 육국의 후손을 제후왕으로 책봉하시면 각국의 군신과 백성은 틀림없이 전하의 은혜에 감격하고 전하의 어진 덕을 흠모하며 전하의 신하가 되기를 원할 것입니다. 그때 전하의 덕망이 사해에 두루 퍼지고 천하 만민의 민심이 귀의하는 가운데, 남쪽으로 앉아 황제를 칭하고 호령을 내리면 저 미미한 일개 항우가 어찌 전하에게 대항할 수 있겠습니까? 신이 보기에 항우는 틀림없이 공경스럽게 전하에게 조공을 바칠 것입니다."

유방은 눈썹을 휘날리며 고담준론을 토로하는 역이기를 매우 기쁜 마음으로 바라보았다. 그는 자신이 항우와 생사를 건 싸움을 할 필요도 없이 천하를 얻을 수 있다면 얼마나 즐거울지를 상상했다. 그는 바로 역이기에게 분부했다.

"어서 각공劃工에게 육국의 옥새를 새기게 하고, 선생께서 내 대신 그것을 갖고 각국으로 가서 제후왕을 분봉하시오."

장량의 명쾌한 논리

역이기가 연거푸 유방에게 대답을 하고 흥겹게 각공을 재촉하러 갈 때 마침 장량이 밖에서 돌아왔다. 유방은 밥을 먹다가, 들어오는 장량을 보고는 기쁨에 젖어서 말을 했다.

"자방! 어서 오시오. 어떤 사람이 내게 초나라 군대를 약하게 만들어 천하를 가볍게 얻을 수 있는 묘책을 제시했소."

이어서 유방은 장량의 질문을 기다리지도 않고 옥새를 새겨 육국의 후예를 분봉하기로 한 일을 이야기해줬다. 말을 마치고 유방은 만면에 미소를 띠며 물었다.

역이기가 아직 떠나지 않았는데 장량이 밖에서 돌아와 한왕을 배알했다. 한왕은 바야흐로 식사를 하다가 말했다. "자방! 앞으로 오시오. 어떤 문객이 나에게 초나라의 권력을 꺾을 계책을 제시했소." (한왕은) 역이기의 말을 모두 알려주며 말했다. "자방에게는 어떻게 보이시오?" 장량이 말했다. "누가 폐하에게 이런 계책을 냈습니까? 폐하의 대사는 끝나게 됩니다." 한왕이 말했다. "어째서요?" 장량이 대답했다. "앞에 놓인 젓가락으로 대왕께 하나하나 이유를 들어보겠습니다." 食其未行, 張良從外來謁. 漢王方食, '子房前! 客有爲我計橈楚權者.' 具以酈生語告. 曰, '於子房何如?' 良曰, '誰爲陛下劃此計者? 陛下事去矣.' 漢王曰, '何哉?' 張良對曰, '臣請藉前箸爲大王籌之.'

"자방! 이 계책이 어떻소?"

뜻밖에도 장량은 유방의 말을 듣더니 깜짝 놀라며 물었다.

"누가 이런 되지도 않은 꼼수를 생각해냈습니까? 전하께서 만약 이 계책에 따르시면 큰일을 망치게 됩니다."

유방은 놀랍다는 듯이 장량을 바라보며 부지불식간에 손에 들고 있던 젓가락을 상 위에 내려놓았다. 그리고 이상하다는 듯이 물었다.

"옥새 몇 개만 새길 수 있으면 남쪽으로 앉아 황제를 칭할 수 있는데 이 어찌 좋은 일이 아니오."

장량은 고개를 가로 저으며 앞으로 나아가 유방의 맞은편 자리에 앉았다.

"전하! 젓가락을 빌려 주시면 전하에게 이 일이 타당하지 않다는 사실을 설명하겠습니다."

장량은 손을 뻗어 젓가락 하나를 잡고 상 위에 획을 그으며 말했다.

"첫째, 옛날 상나라 탕왕이 하나라 걸왕을 토벌한 이후 그 후손을 기나라에 봉한 것은 틀림없는 사실입니다. 하지만 탕왕이 그렇게 한 것은 자신의 힘으로 상대방을 사지에 몰아넣었기 때문입니다. 그런데 지금 전하께서는 항우를 사지에 몰아넣었습니까?"

"그렇게 할 수 없었소."

유방은 고개를 가로저었다.

"당연히 불가능한 일이오."

"좋습니다."

장량은 다시 젓가락으로 상 위에 획을 그으며 물었다.

"둘째, 주나라 무왕이 상나라 주왕을 토벌한 이후에도 상나라 후손을 제후국에 분봉한 것은 확실한 사실입니다. 하지만 그것은 무왕의 병력이 강대하여 주왕의 목을 벨 수 있다고 자신했기 때문입니다. 그런데 지금 전하께서는 항우의 목을 쉽게 벨 수 있습니까?"

"불가능하지, 불가능하오."

유방은 장량의 말을 듣고 낙심한 듯이 고개를 저었다.

"좋습니다."

장량은 또 젓가락으로 상 위에 획을 하나 그으며 말했다.

"셋째, 주나라 무왕은 상나라 주왕에게 승리한 후 앞 왕조의 현인 상용商容을 위해 정려문을 세워줬고, 현인 비간比干의 분묘를 다시 수리해줬으며. 주왕에 의해 구금된 충신 기자箕子를 석방하여 천하의 민심을 얻었습니다. 그런데 지금 전하께서는 성인聖人의 분묘를 수리해주고 현자의 정려문을 세워주어 천하 사람들로 하여금 전하의 어진 덕을 우러르게 했습니까?"

"불가능한 일이오, 불가능해요."

유방은 오래 생각할 것도 없다는 듯이 바로 대답했다. 지금 그는 항우에게 형양에 포위되어 생사조차 확실히 예측할 수 없는 지경인데 무슨 능력과 시간으로 그런 일을 할 수 있겠는가?

"좋습니다."

장량은 또 젓가락으로 상 위에 획을 하나 그으며 계속 분석했다.

"넷째, 당초에 주나라 무왕은 상나라 주왕에게 승리한 후 그가 거교鉅橋에 모아놓은 식량을 가난한 사람에게 풀었고, 또 그가 녹대鹿臺에 쌓아놓은

한나라 화폐 오수전五銖錢

재물을 궁핍한 사람에게 풀어서 천하 백성을 구제했습니다. 그런데 지금 전하께서는 항우의 식량을 풀어 천하의 빈민들에게 베풀 수 있습니까?"

"그것도 내가 할 수 없는 일이오."

유방은 장량의 말을 듣고 나서 그렇게 하는 것이 어렵다는 사실을 알고 불안감을 느끼기 시작했다.

"좋습니다."

장량은 또 젓가락 끝에 힘을 주어 상 위에 획을 하나 그으며 의심을 용납하지 않겠다는 어투로 말했다.

"다섯째, 주나라 무왕은 상나라 주왕에게 승리한 후 전쟁에 사용한 병거를 사람이 타는 수레로 개조했고, 창칼과 방패를 땅 위에 쌓아 그 위에 호피虎皮를 덮은 후 백성들에게 이제 다시는 전쟁을 하지 않겠다고 선언했습니다. 그런데 지금 전하께서는 깃발을 눕히고, 북을 치지 않고, 창칼을 내려놓고, 다시는 전쟁을 하지 않겠다고 선언하실 수 있습니까?"

유방은 천천히 고개를 떨어뜨렸다. 역이기도 그 곁에 서서 장량의 말을 듣고 당황한 표정을 지었다.

　　　　　　　　　　　　　제왕의 스승 장량

"그게 어떻게 가능하겠소? 지금 초나라와 한나라는 전쟁 중이오. 연일 봉화가 오르는데, 누가 창칼을 내려놓으려 하겠으며, 누가 다른 사람에게 도살되려 하겠소?"

유방은 바로 고개를 가로저었다.

"좋습니다."

장량은 몸을 일으켜 좌석 앞을 왔다 갔다 하며 계속 낭랑한 목소리로 말을 이었다.

"여섯째, 주나라 무왕은 상나라 주왕에게 승리한 후 군마軍馬를 화산華山 (서악西嶽. 산시성 화인시華陰市 남서쪽) 남쪽에 풀어놓고[70] 천하를 향해 지금부터는 조용한 정치를 할 테니 즐겁게 생업에 종사하라고 선언했습니다. 그런데 지금 전하께서는 이런 일을 할 수 있습니까?"

"할 수 없소."

유방은 재차 고개를 저으며 덧붙였다.

"지금은 군사와 군마를 모아야 하는 시절이오. 내가 어떻게 군마를 쉬게 할 수 있겠소? 하지만 자방! 말씀은 그렇지만 목전에 육국 제후를 분봉하려는 것은 가장 근본적인 방안이고, 그렇게 하면 여러 부문에서 항우를 견제할 수 있을 것이오. 그렇게 하지 않고 어떻게 지금의 난관을 극복할 수 있겠소?"

역이기도 낙담하여 유방의 말을 듣다가 반박할 거리를 찾은 듯 이렇게 덧붙였다.

"전하의 말씀이 맞습니다. 지금 가장 중요한 점은 더 많은 사람과 연합

---

70) 『상서(尚書)』 「무성(武成)」에 나온다. "화산 남쪽으로 말을 돌려보내고, 도림 들판에 소를 풀어놓다.(歸馬于華山之陽, 放牛于桃林之野.)"

한나라 시대 은양 손잡이羈¥鈿 모양 인장

하여 공동으로 항우와 싸워 이기는 것입니다."

"좋습니다."

장량은 또 젓가락으로 상 위에 획을 하나 그으며 말했다.

"일곱째, 주나라 무왕은 상나라 주왕에게 승리한 후 군수품을 운송하던 소떼를 도림桃林 들판에 풀어 방목하면서 천하를 향해 이후로는 더 이상 군량을 모으고 운송할 필요가 없다고 선언했습니다. 이로부터 주나라 백성은 편안하게 태평세월을 향유했습니다. 그런데 지금 한왕께서는 도림에서 소떼를 방목하며 더 이상 군량을 모으고 운송할 필요가 없다고 선언하실 수 있습니까?"

"불가능하오."

제왕의 스승 장량

이것도 너무나 명백한 일이었다. 유방은 오늘도 온종일 군량과 사료를 제때 공급할 수 없을까봐 걱정했다. 군량 운송이 중단되면 어찌 군사들의 마음이 동요하지 않을 수 있겠는가?

"좋습니다."

장량은 젓가락으로 상위에 다시 마지막 획을 그으며 말했다.

"천하에는 재주와 학문이 뛰어난 유세객이 많습니다. 그들은 자신의 친척·친지와 작별하고 선조의 사당과 분묘를 떠나 전하를 따르며 고생스럽게 작전 계획을 마련합니다. 이렇게 하는 이유는 장래에 작은 땅이라도 분봉 받고 싶기 때문이 아니겠습니까? 그런데 만약 전하께서 지금 육국의 후손을 제후왕으로 책봉하면 재주 있는 천하의 선비들은 분분히 전하를 떠나 자기 고국으로 돌아가 자신의 군주를 위해 힘을 바치고, 자신의 조상 분묘와 사당을 종신토록 사수할 것입니다. 이렇게 되면 전하께서는 외로운 사람으로 전락할 것인데 누구와 함께 천하를 탈취할 수 있겠습니까? 이것이 바로 육국의 후손을 제후왕으로 분봉해서는 안 되는 8대 이유입니다."

장량은 유방이 아무 말도 못하는 것을 보고 쇠뿔도 단김에 뽑는다는 격으로 간절하게 말했다.

"지금 우리가 견지할 수 있는 유일한 방법은 백절불굴의 정신으로 초나라를 격파하는 것입니다. 생각해 보십시오. 목전의 초나라 군대는 우리 한나라보다 훨씬 강합니다. 전하께서 설령 옥새를 새겨 육국의 후손을 제후왕으로 봉한다 해도 그들은 자신의 지위를 보전하기 위해 항우의 권위에 굴종할 것입니다. 그때 전하께서는 무슨 방법으로 저들을 제어하시며, 저들로 하여금 전하에게 머리를 숙이고 신하를 칭하게 할 수 있겠습니까? 지금 전하의 병력과 처지는 상나라 탕왕이나 주나라 무왕의 경우와 완전히 다릅니다. 그런데 어떻게 그분들의 방법을 모방할 수 있겠습니까? 만약 전하께서 육국 후손을 분봉하는 계책을 쓰신다면 천하 통일의 위업은 강물 따라 흔적도 없이 사라질 겁니다."

장량이 단숨에 제시한 여덟 가지 반문과 마지막 총결은 깊이도 있고 내용도 알차서 반박을 허락하지 않는 설득력을 갖고 있었다. 유방은 그의 말을 듣고 한마디도 반박할 수 없었다. 유방은 장량이 육국의 후예를 분봉하는 일이 결국 헛고생으로 그칠 뿐이라고 설파하자 화도 나고 조급해졌는지 방금 입에 넣었던 밥을 그대로 뱉어내며 역이기를 큰 소리로 꾸짖었다.

"정말 총명이 과하시구려! 이처럼 잘못된 생각을 제시하다니. 자칫하면 대사를 그르칠 뻔했소!"

장량의 분석은 정말 글자마다 진주가 들어 있는 것처럼 매우 정묘精妙했다. 그가 역이기의 계책에 반대한 것은 시대가 달라졌기 때문이다. 곧이곧대로 옛 성현의 방법을 그대로 따라 해서는 안 된다. 더욱더 중요한 것은 분봉이 기실 인재를 끌어들일 수 있는 장려 수단으로 작용할 수 있음을 장량이 인식하고 있었다는 점이다. 전쟁에서 공을 세운 신하를 분봉이란 방법으로 포상할 수도 있고, 천하의 장사들로 하여금 한왕 유방을 따르도록 격려할 수도 있다. 분봉은 장사들의 마음을 군주에게 매어둘 수 있는 중요한 시책이기도 하다. 그러나 만약 이렇게 하지 않으면 무슨 방법으로 장사들의 마음을 격려하여 승리를 얻을 수 있겠는가?

기실 장량의 이 논설은 유방의 질문에 임시로 대답한 것이 아니라 그가 오랫동안 생각하며 얻은 결론이다. 장량은 본래 특수한 신분 출신이다. 그의 조부와 부친은 한韓나라에서 다섯 임금을 모신 재상이었다. 이 때문에 그는 한나라를 재건하고 자기 가문의 영광을 재건하여 빛나는 업적을 이루고 싶어 했다. 게다가 그가 젊은 시절 전력을 다해 추구한 것도 모두 한나라 재건이었다. 그러나 근래 몇 년 간의 단련을 거치며 그는 새로운 인식을 하게 됐

제왕의 스승 장량

다. 즉 지금은 천하 통일이 이미 대세라는 사실을 알아차린 것이다. 다시 또 낡은 방법과 낡은 법도에 기대 육국의 후손을 제후왕으로 책봉한다면 제후 왕들은 자신의 작은 소굴을 지키려고 각자의 정치를 하며 서로 공격을 일삼 게 된다. 그렇게 되면 국가는 다시 분열과 혼란의 고통을 겪게 될 것이다. 게 다가 진시황이 육국을 멸망시킬 때는 진나라의 공격력이 강하기는 했지만 육국의 기반이 이미 거의 뒤흔들린 뒤였다. 그러므로 설령 육국을 다시 세워 준다 해도 유명무실한 허수아비로 그쳤을 것이다. 한왕 성이 제후왕으로 분 봉된 후에 자신의 봉토로 돌아갈 수 없었다는 사실이 바로 분명한 증거다. 따라서 장량은 이제 더 이상 육국을 분봉하여 가문을 재건하려는 환상에 젖지 않았다. 그는 예민하게도 유방만이 초나라를 멸하고 천하를 통일하여 민심을 얻은 후 불후의 공적을 세울 수 있다고 간파했다. 이 때문에 그는 육 국의 후손을 제후왕에 봉하려는 논의에 극력 반대 의견을 표시했다.

장량의 이런 인식은 그가 이전에 한왕 성을 옹립하여 한나라를 재건하 려던 인식에 비해 비약적으로 발전한 논리다. 1700년 후 명나라 이지도 자신 의 감정을 억제하지 못하며 장량의 이 논설을 '명쾌한 논리'라고 감탄했다.

역이기는 목전의 상황이 글렀음을 알아챘다. 그는 유방에게 혼란한 계 책을 제시하여 그의 분노를 야기했기에 자신의 잘못을 보충한다는 의미로 얼른 한 가지 계책을 더 올렸다.

"지금 상황을 보면 연나라와 조나라는 이미 평정했지만 제나라만 아직 함락하지 못했습니다. 지금 제나라 전광田廣(?~BC 203)은 천 리에 이르는 제 나라 땅을 통제하고 있으며, 전간田間은 군사 20여 만을 거느리고 역성歷城(산 둥성 지난시濟南市 리청구)을 점령했습니다. 전씨 가족은 매우 강대하고 교활하며 변덕이 심합니다. 지금 전하께서 몇 십만 대군을 북쪽으로 보냈지만 짧은 기 간에 제나라를 함락할 수 없습니다. 제게 조서 한 통을 주시어 제나라 왕의 귀순을 설득하러 가도록 윤허해주십시오."

유방은 고개를 돌려 장량을 바라보며 말했다.

"자방! 어떻게 생각하시오?"

장량은 고개를 끄덕이며 동의했다.

"가능한 일입니다. 초나라 외의 모든 대소 제후들을 모두 한나라에 귀의
하게 하여 함께 진나라에 대항해야 합니다. 그것이 가장 좋은 일입니다."

그리하여 유방은 역이기에게 새로운 임무를 맡기고 즉시 제나라로 북상
하게 했다.

　　　　　　　　　　　　　　　　　　　　　　　　　제왕의 스승 장량

초·한 균형의
저울추

한신이 임시 제나라 왕에 책봉해달라고 청하다

출렁출렁 흘러가는 황하 연안에서 유방과 항우는 계속 사투를 벌이고 있었다. 유방이 형양성을 고수하는 일도 난관에 부딪쳤다. 항우는 대군을 동원하여 형양성을 물샐틈없이 포위하고 불같은 공격을 끊임없이 퍼부으며 유방을 사지로 몰아넣었다.

그날 유방은 장량·진평 등과 함께 모여 형양성 고수와 포위 돌파에 관한 방법을 토론했다. 그때 갑자기 시종이 앞으로 달려와 보고를 올렸다.

"전하! 한신이 사람을 보내 서찰을 전해왔습니다."

유방은 줄곧 구원병이 오기를 고대하고 있었다. 또 한신이 얼마 전 몇 차례 전투에서 승리했다는 소문을 듣고 기뻐하던 참인데, 오늘 또 서찰을 보내왔다는 보고가 올라온 것이다. 그는 틀림없이 한신이 군사를 이끌고 남하하여 초나라 군대를 협공하고 포위를 풀어준다는 소식일 것이라고 생각했다. 그래서 얼른 사자를 들여보내라고 어명을 내렸다.

『사기』 「회음후열전」淮陰侯列傳 원문

"제나라는 사기를 잘 치고 변덕이
심하며 약속을 잘 뒤집는 나라입
니다. 또 남쪽으로 초나라와 국경
을 마주대고 있어서 임시 왕을 책
봉하여 진압하지 않으면 나라의 형
세가 안정을 찾지 못할 것입니다.
바라옵건대 저를 임시 왕으로 임
명하는 편의를 발휘해주십시오."齊
僞許多變, 反覆之國也. 南邊楚, 不爲假王以鎭之, 其勢不定. 願
爲假王便.

한신의 사자는 곧바로 들어와 머리를 조
아리며 서찰을 올렸다. 그는 다시 한쪽으로
물러나 두 손을 모으고 고개를 숙이며 유방
의 대답을 공손하게 기다렸다. 유방은 급하게
서찰을 개봉하여 내용을 읽다가 갑자기 얼어
붙은 듯 동작을 멈췄다. 서찰의 내용은 다음
과 같았다.

"전하의 염려 덕분에 신은 이미 제나라를
완전히 평정했습니다. 그러나 제나라는 골치
아픈 곳입니다. 백성들이 간교하고 흉악하며 언행에 변덕이 심합니다. 남쪽
변방은 또 초나라와 가깝습니다. 만약 임시 제후왕假王을 세워 정사를 다스리
지 않으면 국가가 안정을 찾지 못할 것입니다. 전하께서 신을 임시 제나라 왕
에 책봉하시어 이 땅을 진무하게 해주십시오."

지금 유방은 형양과 성고에 이르는 전선에서 곤경에 처해 정신없이 바쁜
나날을 보내고 있는데, 주전선 밖에 있는 한신은 오히려 득의양양하게 군사
를 지휘하며 전진하고 있는 중이다. 그는 북쪽 전선에서 순조롭게 진군하여
파죽지세의 형세를 드러냈다. 또 그는 근래에 연속해서 위魏, 대代, 조趙, 연燕
등의 제후국을 평정했다. 맞붙는 전투마다 승리를 거두자 사람들은 한신을
위대하게 바라보기 시작했다.

그러나 한신의 전공이 빛날수록 유방은 더욱더 참패자의 모습이 부각
될 수밖에 없었다. 팽성에서 도주할 때는 초나라 군사가 급격하게 추격해오
자 자신의 혈육인 두 아이를 세 차례나 수레 밖으로 떨어뜨렸다. 형양에서
항우의 포위를 뚫고 나갈 때는 기신紀信으로 하여금 자기 대신 임금의 옷을
입고 동문에서 항복하라 하고 자신은 서문으로 황망하게 도주했다. 성고에

제왕의 스승 장량

서 포위되었을 때는 또 하후영과 수레를 타고 북문으로 탈출하여 소수무小 修武에 도착했다. 소수무에서 유방은 한신의 인수를 회수했다가 다시 한신으로 하여금 군사를 거느리고 제나라를 공격하라고 명령했다.

제나라는 강국이었다. 남쪽에는 험준한 태산이 있고, 서쪽에는 천험의 요새 황하가 구비친다. 사방 2천 리 땅에 군사와 백성이 백만이었으며 큰 성 곽이 70여 곳이라 천하의 10분의 2를 점했다. 이에 사람들은 제나라를 줄곧 '동쪽의 진나라'로 불러왔다.

그러나 한신이 군대를 이끌고 제나라 국경에 당도했을 때 한 가지 소식 이 전해졌다. 즉 제나라가 이미 한나라에 투항했다는 소식이었다. 본래 유방 은 한신에게 제나라로 출병하라고 명령을 내린 동시에 역이기를 제나라로 보 냈다. 역이기는 세 치 혀에 의지하여 제나라 왕에게 유세하여 한나라에 항복 하겠다는 동의를 받아냈다. 역이기는 병졸 한 사람도 쓰지 않고 북방의 최강 국인 제나라를 한왕 유방에게 귀의하게 했다. 이는 참으로 단순하지 않은 일 이었다.

이 무렵 한신의 군단은 아직 제나라로 진격 중이었는데 도중에 역이기 의 소식을 들었다. 한신은 이렇게 생각했다.

'제나라가 이미 투항했으므로 이제 군대를 돌려야겠다.'

그런데 뜻밖에도 한신의 수하로 있던 범양范陽(허베이성 줘저우시涿州市)의 모 사 괴통蒯通이 한신과 다른 의견을 제시했다. 괴통이 말했다.

"장군! 한왕께서 장군에게 명령을 내려 제나라를 공격하게 하는 한편 또 사람을 보내 제나라를 항복하게 만들었습니다. 그런데 지금 한왕의 진군 중지 명령을 받았습니까?"

한신은 괴통의 의도를 잘 이해하지 못하고 이렇게 대답했다.

"그런 명령은 아직 받지 못했소."

복원한 진나라 갑옷과 투구

괴통이 말했다.

"장군께서는 한왕의 진군 중지 명령을 받지 못했으면서 무슨 이유로 지금 진군을 멈추려 하십니까? 생각해 보십시오. 장군께서는 목숨을 걸고 전투에 나서 한 해에 겨우 50여 개 성만 함락했습니다. 그런데 저 역이기라는 자는 일개 서생에 불과함에도 세 치 혀에만 의지하여 제나라 70여 개 성을 함락했습니다. 지금 장군께선 일개 역이기보다 못하단 말씀입니까? 이제 두 사람의 전공을 어떻게 계산해야 합니까?"

한신이 생각해보니 괴통의 말에도 일리가 있었다.

"좋은 말씀이오. 그럼 우리 역이기의 공로에 상관하지 말고 계속 전진하여 제나라를 공격합시다."

제나라 왕은 한신이 군대를 이끌고 공격에 나섰다는 소식을 듣고 불같이 화를 냈다. 그는 자신이 이미 한나라에 귀의했고 투항 조건도 모두 합의했는데 한왕이 신용을 지키지 않고 군대를 보내 공격하는 것은 사기 행위라고 여겼다. 제나라 왕은 자신의 분노를 역이기에게 옮겼다. 그는 역이기가 장난을 친 것이라 생각하고 부하에게 명령을 내려 역이기를 산 채로 솥에 넣어

제왕의 스승 장량

삶아죽이라고 했다.

제나라는 사전에 방비를 하지 못했기 때문에 한신의 대군이 공격해오자 고밀高密(산둥성 가오미시)로 패주하여 항우에게 구원을 요청하지 않을 수 없었다. 항우는 이 기회에 대장 용저를 보내 한신과 맞서 싸우게 했지만 용저는 한신에게 참수되었고 제나라도 멸망을 고하고 말았다.

본래 역이기가 평화적으로 해결했던 제나라 문제는 한신이 전체 형세를 돌아보지 않고 자신의 공적만을 늘리기 위해 억지로 전투를 강행함으로써 유방의 모든 전략적 고려는 파괴되고 말았다. 이때 유방과 항우의 전투는 교착 상태에 빠져 있었다. 유방은 형양에 포위되어 하루를 일 년처럼 보내면서 아침부터 저녁까지 구원병이 오기를 학수고대했다. 따라서 유방은 당연히 의외의 사태가 생기는 걸 바라지 않았다. 즉 제나라에서 아무 일이 발생하지 않고, 한신의 군대가 신속하게 형양으로 달려오는 것이 가장 좋은 상황 전개였다. 그런데 한신은 오지 않았을 뿐 아니라 오히려 기회를 틈타 '제나라 임시 왕'으로 책봉해 달라고 요구했다. 아무도 상상하지 못한 일이었다. 이른바 '임시 왕'假王이란 표면적으로는 잠시 대리한다는 의미를 나타내지만 이 말에는 제나라 땅을 소유하고 싶은 한신의 사심이 포함되어 있었다.

유방은 한신의 서찰을 보자마자 화가 머리끝까지 치미는지 사자를 향해 탁자를 치며 욕설을 퍼부었다.

"이 자식! 나는 지금 여기서 곤경에 처해, 곧 화살도 떨어지고 식량도 끊길 판국이라, 날마다 포위를 풀어줄 구원병만 학수고대하고 있건만 왕으로 책봉해 달라고?"

장량과 진평은 유방의 말을 듣고 깜짝 놀랐다. 한신의 사자 면전에서 어떻게 속마음을 다 내보이며 욕설을 할 수 있나? 한신이 이 상황을 알면 화가 나서 한왕을 배반하고 항우에게 투항할 수도 있다. 그럼 만사가 끝난다.

특히 장량이 보기에 지금 한신은 마치 초·한 두 나라의 균형을 맞추는 저울추와 같았다. 저울추를 다른 쪽으로 옮기면 저울이 한쪽으로 기울 수밖에 없다. 장량과 진평 두 사람은 약속이나 한 듯이 탁자 밑으로 발을 뻗어 몰래 유방의 발을 밟았다. 장량은 또 얼른 유방의 귓가로 고개를 뻗어 낮은 목소리로 속삭였다.

"전하! 지금 절대 화를 내시면 안 됩니다. 생각해보십시오. 지금 우리는 이곳에 포위되어 있고, 한신은 저 멀리 제나라 땅에 있습니다. 그가 왕을 칭한다고 우리가 제어할 수 있겠습니까? 지금 그가 이미 책봉을 청해 왔으므로 순리에 따라 그를 제나라 왕에 봉하여 그곳을 진무하게 하는 편이 더 낫습니다. 이렇게 하면 한신이 적어도 중립을 유지할 것입니다. 그렇지 않고 그가 만약 반란이라도 일으켜 초나라를 돕는다면 우리는 바로 위험에 빠지게 됩니다."

장량의 몇 마디 말에 유방은 아차 싶었다. 바로 자신의 말이 실언이었음을 깨달았다. 지금 어떻게 화를 낼 수 있나? 유방은 재빨리 눈알을 한 번 굴리고 다시 탁자를 내리치며 방금 전의 어투로 사자를 꾸짖었다.

"대장부가 천하를 활보하려면 본래 왕을 칭해야 하는 법이다. 그럼 진짜 왕이 되려고 해야지 무슨 놈의 얼어 죽을 임시 왕이란 말이냐?"

이 순간적인 반응의 변화는 정말 감쪽같았다. 유방은 본래 욕설을 잘하는 사람이라 아무도 이상하게 생각하지 않았다. 게다가 앞뒤 논리의 전환이 천의무봉이어서 아무도 낌새를 느낄 수 없었다. 한신의 사자도 유방의 '분노'를 전혀 알아채지 못했다. 장량도 곁에서 유방의 임기응변을 보고 감탄을 금치 못했다. 유방은 정말 참을성이 뛰어난 사람이다. 방금 전에는 뱃속 가득 화가 치밀었지만 금방 분노를 삼키며 자연스럽게 태도를 바꿨다. 이것이 다른 사람보다 뛰어난 유방의 장점이다. 그의 이번 행동은 지난날 한신이 불량배의 가랑이 밑을 기어나간 일과 쌍벽을 이룬다고 할 만하다.

하지만 장량이 보기에 이번에는 한신이 이런 방법으로 제나라 왕이 되었지만 그와 유방 사이에는 결국 풀기 어려운 화근이 잠복하게 되었다고 느꼈다. 동시에 장량은 또 지금 한신이 천하의 판세를 좌우할 힘을 지니고 있으므로, 자칫 유방이 부주의하게 행동하면 초한전쟁의 균형이 완전히 항우 편으로 기울게 될 것으로 생각했다. 장량은 이 일의 중요성을 고려하여 전시의 노정이 위험함에도, 자신이 직접 제나라 왕의 옥새와 인수를 가지고 한신에게 가서 일을 처리하기로 했다.

한신이 장량의 권고를 따르다

장량은 한신을 만난 후 그를 위로하는 유방의 마음을 전하면서 제나라 왕의 옥새도 함께 전했다. 또 한 걸음 더 나아가 한신을 한나라 편에 잡아두기 위해 심리전을 펼치기 시작했다.

"이전에 초와 한이 다투던 중요한 순간에 만약 초나라가 승리했다면 항우는 더욱 교만해졌을 텐데, 어찌 장군께서 제나라 왕을 칭하도록 용인할 수 있었겠소. 그는 틀림없이 승리의 여세를 몰아 장군과 결전을 벌였을 것이오. 그랬으면 장군께서는 홀로 군사를 지탱하느라 고립무원의 상태에 빠져 전투를 지속하기 어려웠을 것이오. 내 생각에는 먼 장래를 고려해볼 때 장군께서는 전력으로 한왕을 도와 초나라 군대를 격파하는 편이 좋을 듯하오. 그때가 되면 한왕께서도 장군께 천하를 나눠주고 부귀를 함께 할 것이오."

장량의 권고가 사리에 맞자 한신은 바로 고개를 끄덕였다. 초한전쟁 최후 단계에서 한신은 아주 특수한 지위를 점하고 있었다. 한신은 이미 유방과

한나라 옥제 신선 기마상

항우 밖에 자리 잡은 제3의 세력이었다고 할 수 있다. 당시에 유방과 항우 입장에서는 한신이 어떤 편에 붙느냐에 따라 초한전쟁의 마지막 균형이 쏠리게 되어 있었다. 한신은 양편의 균형을 좌우할 중요한 저울추였다.

바로 얼마 전에 한신이 초나라 군사 20만을 수몰시키고 초나라 장수 용저를 격살했기 때문에 항우는 그 소식을 듣고 두려움에 떨었다. 하지만 항우는 지금 형양 전투에 매여 있어서 한신과 맞설 부대를 빼낼 수 없었다. 이에 항우는 한신이 옛날 자신의 휘하에 있었다는 인연을 이용하여 유세객 무섭武涉을 보내 한신을 회유하려고 했다.

무섭은 한신을 만나 이렇게 말했다.

"장군께서는 지금 한왕을 위해 목숨까지 바치려 하지만 자신의 결말이 어떻게 될지 생각해보셨습니까? 아마 끝내 한왕의 손아귀에서 벗어나지 못할 것입니다."

한신이 물었다.

"그럼 선생께선 내가 어떻게 하면 좋겠다고 생각하시오?"

무섭이 말했다.

"지금 장군께서는 천하를 좌우할 지위를 점하고 있습니다. 장군께서 친소 관계를 어떻게 정할지는 장군에게 주도권이 있습니다. 이런 상황을 하찮게 보지 마십시오. 장군께서 오른쪽으로 한왕에게 기울면 한왕이 승리하고, 장군께서 왼쪽으로 항왕에게 기울면 항왕이 틀림없이 승리할 것입니다. 게다가 장군께서는 과거에 항왕과 왕래한 적이 있으니 서로 친구 사이인 셈입니다. 그런데 어째서 한왕을 버리고 항왕과 우호 관계를 회복하지 않으십니까? 우호 관계만 회복하면 누구도 장군을 함부로 하지 못할 것입니다."

그러나 한신은 속으로 이해득실을 따져 본 후 이렇게 말했다.

"애초에 내가 항왕을 따를 때는 미관말직에 불과했소. 관직은 낭중郞中에 그쳤고, 지위는 집극執戟을 넘지 못했소.[71] 내가 항왕에게 올린 제안은 전혀 채택되지 못했소. 이 때문에 내가 항왕을 버리고 한왕에게 투신하기로 결정한 것이오. 한왕께선 내게 대장군 인수와 군사 수십만을 주셨소. 그리고 자신의 옷을 벗어 나를 덮어주셨고, 자신의 밥을 내게 건네주셨소. 또 내가 계책을 내면 모두 따라주시어 지금의 한신이 있게 된 것이오. 한왕께서 이처럼 나를 신임하시는데 내가 그분을 배반한다면 너무 배은망덕한 짓이 아니겠소?"

한신이 항우의 유혹을 거절한 후에도 한신을 따르던 정객 괴통이 또 대군을 거느린 한신을 사주하며 내부 반란을 조장했다. 괴통은 한신을 설득하

---

71) 한신이 항우 휘하에 있을 때 벼슬이 집극낭중(執戟郎中)이었다. 창을 들고 항우를 호위하는 말단 무사 직이었다.

기 어렵다는 사실을 알고 무섭과 다른 방법으로 한신에게 말했다.

"제가 장군의 얼굴을 보니 제후왕에 그칠 뿐 아니라 고난이 많을 관상인데, 장군의 등을 보니 그 고귀함을 말로 다 표현할 수 없습니다."

괴통의 말은 과연 효과를 발휘하여 한신의 흥미를 유발했다. 한신이 서둘러 물었다.

"무슨 까닭이오?"

괴통이 득의양양하게 말했다.

"초한전쟁이 이미 3년이 넘었지만 천하는 아직도 누구에게 귀속될지 모릅니다. 오직 장군과 같은 성현만이 이런 교착 상태를 해소하고 천하의 무질서를 바로잡을 수 있습니다."

한신이 이해할 수 없다는 듯이 물었다.

"그것이 내 관상과 무슨 관계요?"

괴통이 웃으면서 대답했다.

"장군! 제가 천천히 말씀드리겠습니다. 목전의 형세로 볼 때 만약 장군께서 한나라를 도우면 한나라가 승리하고, 초나라를 도우면 초나라가 승리합니다. 이 때문에 초왕 항우와 한왕 유방의 운명은 모두 장군의 손에 달려 있습니다. 장군의 입장에서는 초나라가 승리하든 한나라가 승리하든 가장 높이 올라간다 해도 제후왕에 그칠 뿐이고, 늘 재앙의 뿌리를 안고 살아야 합니다. 그러나 만약 장군께서 한나라도 돕지 않고 초나라도 돕지 않은 채 천하를 아예 셋으로 나눠 솥발처럼 정립하면 초나라나 한나라 어느 편도 먼저 장군을 공격하지 못할 것입니다. 장군께서는 성현의 재능을 갖췄고, 강력한 군대도 보유했습니다. 지금 또 부유한 제나라 땅에다 연나라와 조나라까지 점유했습니다. 이런 상황에서 장군께서 군대를 거느리고 자립하여 왕이 된다면 천하의 어느 누가 장군의 명령에 따르지 않겠습니까? 이 때문에

제왕의 스승 장량

제가 장군의 '등'^背(배반을 의미함)을 보고, 말로 표현할 수 없는 고귀한 앞길이 예시되어 있다고 말씀드린 것입니다. 속담에도 '하늘이 내리는 부귀를 받지 않으면 결국 징벌을 받고, 하늘이 내린 호기에 행동하지 않으면 결국 재앙을 당한다'라고 하지 않습니까? 장군! 부디 깊이 생각해주십시오."

괴통의 의도는 분명했다. 그는 한신에게 유방을 배반하고 천하를 삼분하여 삼국정립의 형세를 이루라고 권했다. 게다가 그 말은 한나라를 배반하고 초나라와 연합하라는 무섭의 유세에 비해서도 더욱 한신의 입맛에 맞았다. 한신은 잠시 마음이 흔들리는지 이렇게 말했다.

"일리 있는 말씀이오. 내가 잘 생각해보리다."

그러나 한신은 이리저리 생각해보다가 마음이 약해지고 말았다. 그는 결국 괴통의 제의를 거절했다.

"한왕께서는 은혜로운 눈으로 영웅을 알아보고 격식을 파괴한 채 내게 대장군의 인수를 수여하여 내가 수십만 명의 군사를 거느릴 수 있게 했소. 이는 그가 내게 베푼 은총이 남보다 곱절이나 크다는 뜻이오. 나는 마침내 한왕에게 의지하여 오늘의 내가 되었는데 어떻게 차마 한나라를 배반할 수 있겠소? 다시 말하자면 내가 한나라를 위해 이처럼 큰 공을 세울 수 있었던 것도 한왕이 나를 해치지 않았기 때문이오."

한신은 또 지금 장량이 직접 유방의 책봉 조서와 옥새를 받들고 온 것을 보고, 유방을 배반하는 것은 정리상 있을 수 없는 일이라고 생각했다. 이에 그는 제나라 왕에 책봉하는 옥새를 받은 후 장량의 권고를 따랐다.

한신의 거취는 어떤 의미에서 초한전쟁의 승부를 결정지은 사건이라 할 만하다. 제나라 왕의 옥새를 수여한 것은 장량이 유방에게 권유한 임시 타협 안이라고 할 수 있지만 유방은 이처럼 순리에도 맞고 인정에도 맞는 임시 계책을 수용함으로써 시간을 벌 수 있었다.

기실 장량의 속셈은 분명했다. 그는 현재 초한전쟁의 중심은 중원의 형양과 성고에 있지만 승부를 결정짓는 관건은 북방과 동방을 결국 누가 장악하느냐에 달려 있다고 보았다. 그곳을 장악한 사람이 마지막에 중원의 사슴을 포획하게 될 것이다. 그런 의미에서 북방의 한신이 바로 항우를 격파할 수 있는 중요한 인물이었다.

어떻든 제나라 임시 왕 책봉을 둘러싼 풍파는 결과적으로 잠시 한신의 욕망을 만족시키는 것으로 끝났다. 한신도 이제 군사를 일으켜 초나라를 습격하겠다고 응답했다. 본래 항우 쪽으로 기울어 있던 저울추는 장량의 노력에 힘입어 다시 균형을 이루게 되었을 뿐 아니라 천천히 유방이 유리한 쪽으로 힘의 균형이 기울기 시작했다.

유방과 항우의
쟁투

광무산 대치

항우는 스스로 서초패왕이라 일컬었지만 초한전쟁에 참여한 이후 아주 곤란한 일을 당했다. 이미 몇 달 동안 유방은 성고를 점령했고, 항우는 형양을 점령하여 쌍방은 황하 강변 광무廣武에서 대치했다. 싸우지도 않고 화의도 맺지 않고 서로 묵묵히 자기 진지만을 고수했다. 항우의 세력은 유방에 의해 절대 우위에서 대등한 양상으로 바뀌어 점점 초나라와 한나라가 대치하는 형세를 드러냈다.

유방이 군대를 이끌고 광무산廣武山으로 들어간 것은 장량의 아주 중요한 책략이었다. 광무는 형양과 성고 사이의 황하 남쪽 연안에 위치한 작은 구릉지대臺地여서 통칭 광무산이라고 한다. 광무산 동쪽은 몽택蒙澤(허난성 상추시商丘市 동북 일대)과 이어져 있고, 서쪽은 사수汜水와 연결되어 있으며, 그 중간은 끊어진 협곡인데, 이 협곡이 산을 둘로 깎아 세워 마치 봉우리처럼 보이게 한다. 초나라와 한나라 군대는 이 협곡을 사이에 두고 강경하게 대치하며 한

발짝도 양보하려 하지 않았다. 비교해보면 초나라의 역량은 여기서부터 급속하게 쇠약해지기 시작했다.

항우의 군대는 광무산 전선을 제외하고도 형양성 안쪽의 사병과 백성에게 식량 보급도 해야 했다. 항우는 이에 대한 부담을 매우 강하게 느꼈을 뿐 아니라 불행하게도 당시 천하의 식량 창고 오창은 유방의 통제 아래에 있었다.

장량의 건의로 유방은 항우와 함께 고양이가 쥐를 잡는 놀이를 했다. 우선 성고는 본래 항우가 점령했지만 뜻밖에도 유방은 팽월에게 황하를 건너오도록 명령을 내려 초나라 성 동아東阿(산둥성 둥아현)를 공격하게 했다. 항우는 이 사실을 알고 기분이 나빠서, 자신이 직접 군대를 거느리고 팽월을 공격하러 갔다. 한나라는 이 기회에 군사를 움직여 항우 배후의 식량과 치중輜重(양식과 군용물자를 실은 수레)을 모두 불태웠다. 그런 후에 유방은 항우가 서둘러 팽월을 추격하기를 기다려 즉시 군대를 이끌고 황하를 건너 성고를 점령했다.

항우는 전투를 마치고 회군했을 때 팽월이 또 미꾸라지처럼 돌아와 자신의 군량 보급로를 끊었다는 사실을 알게 되었다. 동시에 팽월은 또 초나라 후방으로 잠입하여 기만전술을 쓰며 끊임없이 초나라의 군량 보급로에서 소동을 일으켰다. 이로 인해 항우는 마음이 매우 어지러워져서 유방을 버려두고 다시 팽월과 싸우러 돌아갔다. 그러나 항우가 떠나자 유방은 다시 그 기회를 노리고 불의의 반격을 가했고, 이후 계속 항우와 성을 뺏고 뺏기는 싸움을 했다.

진격하기도 하고 후퇴하기도 하는 가운데 팽월과 유방은 암묵적으로 매우 긴밀한 연대를 과시했다. 유방과 팽월이 항우와 벌인 쥐잡기 놀이는 매우 숙련된 수준으로까지 발전했다. 항우는 용맹했지만 온종일 동분서주하느라 실로 힘든 나날을 보내면서 결국 한나라 군대에 대처하기 어렵다는 사실을 깨닫게 되었다.

항우는 또 다른 한 가지 일 때문에 울분을 떨치지 못했다. 당시에 그는 팽월을 공격하러 가기 전에 성을 수비하는 대사마大司馬 조구曹咎(?~BC 203)에게 일렀다.

"조 장군! 성고를 단단히 지켜야 하오. 어떤 일이 벌어지더라도 경거망동하지 마시오. 모든 일은 내가 다시 돌아온 후에 처리하도록 하시오."

그러나 한나라 군사들의 도발 솜씨가 더욱 수준이 높았다. 항우가 떠나자마자 조구는 성밖에서 들려오는 욕설을 참지 못했다. 그는 결국 분노를 터뜨리며 성문을 열고 그들과 싸우러 달려 나갔다. 처음에는 조구가 승리하는 듯했고, 한나라 군대를 사수泗水 강변까지 추격했다. 사수는 남에서 북으로 흘러 성고와 형양 사이를 통과한 후 마지막에 황하로 유입된다.

초나라 군사들이 강을 중간쯤 건넜을 때 한나라 군사들이 대비하고 있다가 몸을 돌려 달려들어 초나라 군사들을 대파했다. 조구는 또 다른 초나라 장수 사마흔과 그 광경을 보았다. 그는 패배를 돌이킬 수 없다는 사실을 알고 칼을 뽑아 목을 찌르고 자결했다.

한나라는 초나라를 대파한 후 다시 성고를 점령했다. 이에 유방은 바로 성고를 거점으로 삼고 그곳에 주둔했으며 오창을 통해 식량을 공급했다. 그는 다시 형양을 단단히 포위하여 초나라 수비대장 종리매鍾離昧(?~BC 200)를 곤경에 빠뜨렸다.

이 무렵 항우는 이미 팽월이 점령한 10여 개 성을 함락하고 서둘러 서쪽으로 돌아와 형양의 포위를 풀고 종리매를 구원하려 했다. 그는 군사를 이끌고 광무로 달려가 유방과 묵묵히 대치했다. 하지만 항우 입장에서 이런 묵묵한 대치는 앉아서 죽음을 기다리는 일과 같았다. 왜냐하면 항우에게는 몇 가지 걱정거리가 있었기 때문이다. 첫째, 팽월이 여전히 항우의 후방에서 소란을 피우며 그의 군량 보급로 끊는 것을 낙으로 삼고 있었다. 둘째, 용저가 피살된 후 항우는 무섭을 한신에게 보내 유세하게 했으나 아직 소식이 없었다. 셋째, 한신이 제나라 왕에 봉해달라고 자청한 일이 성사되었으므로, 한신이 만약 남하하여 유방과 연합군을 구성하면 항우는 상당히 어려운 지경에 빠지고 만다. 이 때문에 항우는 가능하면 빨리 유방과 마지막 결전을 치르고 싶어 했다.

항우가 유방의 부친을 삶아 죽이려 하다

남의 핍박을 받고서야 용력을 발휘하는 데 익숙한 항우는 이 무렵 특이한 계책을 시행했다. 그 계책은 물론 범증이 생각해낸 것이다. 범증이 항우를 깨우치며 말했다.

"우리가 팽성에서 대승을 거둘 때 유방의 부친 태공太公과 그의 아내 여치呂雉를 모두 포로로 잡지 않았습니까? 지금 두 사람에게서 승리의 실마리를 찾을 수도 있습니다."

항우는 범증의 말을 듣자마자 알겠다는 뜻으로 고개를 끄덕였다. 기실이 계책은 일찌감치 생각해 둔 적이 있지만 항우가 줄곧 동분서주했기 때문에 유방의 가족을 인질로 잡아둔 사실을 잠시 망각하고 있었다.

항우는 즉시 행동하기로 결정하고 부하에게 명령을 내려 조속히 팽성에서 유방의 가족을 데려오라고 했다. 유방 부자를 전선에서 만나게 할 참이었다. 그런 후 항우는 초나라 진영 앞에 큰 칼과 도마를 설치하고 유 태공을 그위에 묶어놓은 후 유방을 향해 선언했다.

"유방 네 이놈! 어서 나와서 결전을 치르자. 그렇지 않으면 태공을 삶아 죽이겠다."

유방은 보고를 들은 후 즉시 성 위로 올라가 초나라 진영을 바라보았다. 마음이 초조하고 괴로웠다. 그는 즉시 장량을 찾았다.

"항우의 포악한 행위는 모든 사람들이 알고 있소. 그자는 항복한 병졸 20만 명을 하룻밤 사이에 생매장해서 죽인 살인마요. 어떤 일이든 저지를 수 있소. 어서 방법을 생각해 보시오."

장량이 말했다.

"이것은 분명히 항우의 음모입니다. 혈연의 정과 관계된 일이지만 조심스럽게 처리하지 않으면 전군의 안전에까지 위험이 미칩니다."

유방은 기다릴 수 없다는 듯이 다그쳤다.

"이번에는 목숨을 걸고 항우와 결사전을 치르겠소."

장량은 유방이 즉시 출전하려 하자 그를 제지했다.

"전하! 절대 안 됩니다. 그건 항우의 계략에 말려드는 행위입니다. 그렇게 하시면 태공을 구출할 수도 없고 전하의 목숨도 보장할 수 없게 됩니다."

유방은 초조함에 애를 태우며 탄식했다.

"나는 외람되게 왕 노릇을 하며 몇 십만 대군을 거느리고 있지만 우리 아버지와 아내의 목숨조차 보장할 수 없소. 이 어찌 천고의 웃음거리가 아니겠소?"

장량은 인내심을 발휘하며 말했다.

"전하께서는 항우의 만행을 아무 말 없이 바라보기만 하십시오. 지금 전하께서 항우를 두려워하지 않을수록 항우가 오히려 전하를 두려워하게 됩니다. 반대로 전하께서 항우를 두려워하면 할수록 항우는 전하를 두려워하지 않게 됩니다. 그자가 전하를 두려워할수록 태공을 쉽게 살해하지 못

한나라 시대 연희 장면을 그린 화상석 장식 문양

하고, 그자가 전하를 두려워하지 않을수록 마음대로 태공을 살해할 것입니다."

장량이 이렇게 말하자 유방도 잠시 생각하다가 마음을 다잡고 옛날 풍읍에서 불량배로 살던 때의 배짱으로 진영 앞으로 달려갔다. 그는 짐짓 아무 상관없다는 표정을 지으며 항우에게 말했다.

"지난날 나는 네놈과 함께 회왕의 면전에서 명령을 받들고 결의형제를 맺었다. 그러니 내 아버지는 네놈의 아버지이기도 하다. 네놈이 정말 우리 아버지를 삶아 죽이면 내게 그 국물 한 사발이라도 나눠다오. 내가 맛있게 들이키겠다."

항우는 득의양양하게 이제 유방을 잡을 수 있겠다고 생각하다가 이처럼 깡패 같은 대답을 들었다. 유방이 저런 초식을 날리리라곤 전혀 짐작하지 못했다. 정말 전무후무한 깡패였다. 항우는 기가 막혀 어쩔 줄 모르다가 바로

제왕의 스승 장량

태공을 삶아죽이라고 명령을 내렸다.

그때 항우 곁에 있던 항백이 즉시 그를 타일렀다.

"태공을 죽이는 일은 매우 쉽지만 우리에게 유리하다고 볼 수 없소. 어쩌면 불필요한 질책을 초래할 수도 있소. 천하를 다투는 사람은 흔히 자기 혈친도 돌아보지 않는 법이오. 그를 죽여도 우리에게 아무 도움이 되지 않소. 하물며 남의 부모를 죽이면 뜻밖의 재난을 야기할 수도 있소."

『사기』「항우본기」 원문
한왕이 말했다. "나와 항우는 모두 북면하고 회왕에게서 명령을 받들어 형제가 되기로 약속했다. 그러니 내 아버지는 바로 네 아버지다. 기필코 네 아버지를 삶겠다면 내게도 국 한 그릇을 나눠주면 다행이겠다.'' 漢王曰, '吾與羽俱北面受命懷王, 約爲兄弟, 吾翁卽若翁. 必欲烹而翁, 幸分我一杯羹!'

항우는 잠시 생각하다가 태공을 삶아 죽이는 것은 자신의 영웅 형상과도 부합하지 않는다고 느꼈다. 초나라 사람들의 습속에 따르면 적 천만 명을 죽인 사람은 영웅으로 여기지만, 반항할 힘이 없는 사람을 죽인 자는 겁쟁이로 취급한다. 항우는 어쩔 수 없이 태공을 풀어줄 수밖에 없었다.

그러나 사태는 이렇게 끝났지만 항우는 결과를 받아들일 수 없다는 듯이 자신의 대장 한 명으로 하여금 유방의 본영을 치게 했다. 물론 유방도 단단히 준비를 하고 있었다. 그의 휘하에는 명궁 누번樓煩(?~BC 203)이란 장수가 있었다. 그는 초인적인 팔 힘을 갖고 있어서 백 보 밖에서도 화살을 쏘아 버들잎을 맞힐 수 있을 정도였다. 유방은 누번에게 진영 앞에서 잘 은폐하고 있다가 항우가 보낸 장사들이 쳐들어오면 활로 쏘아죽이게 했다. 누번의 활 솜씨는 정말 한 발도 어긋나지 않았다. 이번 교전에서 항우는 아무런 이득도 얻지 못했다.

항우의 10대 죄상

유방은 깡패 짓을 잘했지만 항우가 다시 새로운 수법을 선보인 걸 보면 그의 공갈 협박이 큰 효과를 발휘하지는 못한 듯하다. 항우는 사자를 한나라 성안으로 보내 유방에게 선전포고서를 전하는 한편, 경무장한 결사대원 셋을 한나라 진영 앞에 세우고 큰 소리로 싸움을 걸었다. 그들은 전력을 다해 한나라 군대를 비웃기 시작했다.

"네놈들은 모두 주정뱅이에 밥벌레가 아니냐? 그 나물에 그 밥이라더니, 그 왕초에 그 졸개들이로구나!"

이 수법은 확실히 효과를 발휘했다. 한나라 군사들은 욕설을 듣기 싫어하며 모두 울분을 터뜨렸다. 그들은 주먹을 불끈 쥐고 소리쳤다.

"정말 가증스러운 놈들이군. 감히 우리를 비웃다니. 우리가 정말 놈들을 겁낸다고 생각하는 건 아니겠지? 아예 놈들과 결판을 내자. 과연 누가 이기고 누가 지는지!"

유방도 한나라 군사들이 안색이 바뀔 정도로 초나라 군사들에게 욕을 먹는 것을 보니 그리 좋아 보이지 않았다. 이에 저놈들과 전투를 한번 치러 실력을 증명하고 싶었다. 그러나 장량이 그를 깨우쳤다.

"항우는 기실 개인의 무예와 용력에 의지하는 자에 불과하므로 힘을 다퉈서는 안 되고, 지혜를 다퉈야 합니다. 전하! 절대 저놈들의 계략에 넘어가서는 안 됩니다."

장량이 이렇게 격려하자 유방은 정말 항우와 지혜를 겨루는 것이 가장 좋은 방법이라 느껴져서 머리를 굴리기 시작했다. 당시에 완전무장한 항우는 광무산 협곡 건너편에서 이쪽을 노려보고 있었다. 유방은 모든 것을 던지겠다는 듯이 담대하고 당당하게 단기필마로 창 한 자루만 들고 진영 앞에서 소리를 질렀다.

"항우는 들어라! 너같이 무도한 놈이 어찌 내게 도전할 자격이 있느냐?

이제 네놈의 10대 죄상을 내가 천하 사람들을 대신해서 밝혀주겠다.

첫째, 애초에 초 회왕께서 명령하시기를 관중에 먼저 들어간 사람을 관중 왕으로 삼겠다고 했다. 그런데 네놈은 약속을 어기고 나를 파촉과 한중으로 귀양보냈다. 이것은 신용 있는 행동이 아니다.

둘째, 초 회왕께서는 송의를 상장군으로 삼아 북쪽 조나라를 구하게 했다. 그런데 네놈은 부장의 몸이었는데, 무슨 권한으로 그를 살해했느냐?

셋째, 네놈은 조나라 한단의 포위를 풀고 임무를 완성한 후 회왕에게 돌아가 임무 완수를 보고해야 했지만 사사롭게 제후들을 핍박하여 관중을 공격하게 했다. 이는 군왕을 멸시하고 제후를 능멸한 짓이다.

넷째, 네놈은 관중으로 들어간 후 진나라 궁궐을 불태우고 진시황의 능묘를 도굴하여 사사롭게 재물을 취했다. 이는 불인하고 불의한 짓이다.

다섯째, 진나라 임금 자영이 분명히 항복했는데도 네놈은 그를 잔혹하게 살해했다. 이는 예법을 무시하고 공의公義를 위반한 짓이다.

여섯째, 네놈은 사기를 쳐서 진나라 자제 병사 20만 명을 신안에 생매장했다. 이는 잔인하고 신용 없는 짓이다.

일곱째, 네놈은 가장 좋은 영토를 차지하고 다른 제후들은 고국에서 추방했다. 이는 사사롭게 이익을 갈취한 짓이다.

여덟째, 네놈은 공공연히 의제를 먼 벽촌으로 추방했고, 한왕韓王의 영토를 점령했으며, 양나라를 초나라에 합병해서 혼자서 패왕이라 칭했다. 이는 공의를 위반한 짓이다.

아홉째, 네놈은 부하를 보내 몰래 의제를 시해했다. 이는 천리를 위반한 짓이다.

열째, 네놈은 정사를 불공평하게 처리하고, 맹약을 준수하지 않아서 죄가 하늘에 닿았다. 대역무도한 네놈의 죄는 용서할 수 없다. 이제 내가 의군을 이끌고 제후들을 불러 함께 간적이 된 네놈을 토벌하려고 한다. 그런데 네놈이 무슨 자격으로 내게 도전한단 말이냐?"

유방은 항우를 욕하느라 흥이 나서 손발까지 마구 흔드느라, 분노를 억누르지 못하는 항우의 모습을 전혀 알아채지 못했다. 장량이 곁에서 그런 모습을 보고 있다가 얼른 앞으로 달려가 유방을 모셔오려 했다. 항우 쪽에서는 이미 명궁 한 사람이 몰래 강궁을 준비하고 기회를 노려 유방에게 발사했다. 유방은 날아온 화살에 맞아 땅바닥에 쓰러졌다.

강궁의 끝이 유방의 오른쪽 흉부에 명중했지만 다행히 발사 거리가 멀어서 치명상을 입지는 않았다. 그러나 늑골이 몇 대 부러진 듯했다. 유방의 반응도 아주 빨랐다. 자신은 중상을 입고 가슴의 통증이 폐부까지 전해졌지만 이 일을 적들이 눈치채지 못하게 했다. 유방은 기민하게 소리쳤다.

"망할 놈이 내 발꿈치를 맞췄구나!"

배후에 있던 호위무사가 서둘러 유방을 구조하여 성안으로 옮겼다.

항우 쪽에서는 유방이 쓰러졌다가 다시 일어나 발이 아프다고 소리 지르는 모습만 보았다. 그 소리를 듣고 항우는 매우 애석하게 여겼다. 가까스로 이런 천재일우의 기회를 잡았는데 뜻밖에도 유방의 목숨이 그렇게 길 줄이야. 항우는 정말 '하늘의 뜻이 이와 같은가'라고 생각했다.

유방은 가슴에 화살이 꽂힌 채로 군영으로 돌아왔다. 화살촉이 오른쪽 가슴에 상처를 냈지만 다행히 급소는 아니었다. 하지만 화살이 제법 깊이 박혀서 상처가 결코 가볍지 않았다. 장수들은 즉각 어의를 불러와 화살촉을 제거하고 상처를 붕대로 감쌌다.

장량이 생각하기에 한나라 주장인 유방이 전체 군사들 앞에서 상처를 입었으므로 틀림없이 사기에 나쁜 영향이 미치고 심지어 전군이 궤멸할 가능성도 있을 듯했다. 이에 장량이 유방에게 권했다.

"전하 지금 억지로라도 일어날 수 있으시면 목봉을 짚고서라도 말을 타고 각 군영을 한 바퀴 순찰하십시오. 그래야 전하께서 무사하심을 증명할 수 있습니다."

그때 유방은 고통을 참기 어려웠고 몸을 일으키는 것조차 힘들었지만 자신도 이 일의 중요성을 잘 알았다. 이에 장량의 건의를 받아들여 무거운 갑옷까지 갖춰 입고 말 위에 올라 겉으로는 여전히 당당한 모습을 보이며 성 안의 각 군영을 한 바퀴 돌았다.

초나라 쪽에서는 과연 유방의 상처가 깊지 않다는 소식이 아주 신속하게 항우에게 전해졌다. 항우도 유방이 쓰러진 이 기회에 한나라를 공격하려던 계획을 포기할 수밖에 없었다.

그러나 유방의 상처는 꽤 심각했다. 그날 저녁 장량은 전군에 엄한 군령을 내려 초나라 군대의 기습에 대비했다. 한왕의 부하 하견何肩이 소수 정예병을 이끌고 한왕을 안전하게 성고로 호송하여 치료를 받게 했다. 위기는 넘겼지만 광무산 전선에서는 여전히 팽팽한 대치 상태가 계속되었고, 수시로 위급 상황이 발생했다. 유방과 장량은 게으름 피우지 않고 부지런히 다음 단계의 대응 방안을 준비했다.

초·한의
경계 물길

유방이 항우와 강화를 논의하다

유방과 항우는 태극권을 하듯이 서로 밀기도 하고 당기기도 했다. 이처럼 광무에서 쌍방은 부지불식간에 열 달 동안 대치했다. 그러나 기실 유방은 이미 절대적인 우세를 점하고 있었다. 형양 전투에서 한나라는 초나라를 대파했다. 유방은 한편으로 회남왕으로 봉한 영포에게 군대를 이끌고 구강九江까지 가서 초나라의 퇴로를 끊게 했다. 다른 한편으로는 팽월에게 서찰을 보내 역시 군대를 이끌고 양나라 땅으로 들어가서 초나라의 군량 보급로를 교란하게 했다. 게다가 소하는 비범한 행정 능력을 발휘하여 제때에 유방에게 관중에서 보충한 대규모 신병을 보내줬다.

유방의 일관된 지휘하에 한나라 군대의 역량은 크게 강화되었다. 그러나 항우가 거느린 부대는 천 리 전선을 분주하게 오갔지만 군수품 공급조차 부족해서 초나라 상하 장졸들의 불만이 비등했다. 안하무인으로 행동하던 항우는 완전히 곤경에 빠졌지만 군사를 물릴 뜻은 전혀 없었다. 그는 여전히

제왕의 스승 장량

쉬지 않고 군사를 보내 한나라 군대의 군량 보급로를 시끄럽게 했다. 이처럼 중요한 시기에 유방이 장량을 찾았다.

"우리가 이곳에서 항우를 곤경에 몰아넣었지만 개가 막다른 골목에 몰리면 담장을 뛰어넘는다는 격으로 퇴로가 끊긴 항우가 태공과 아내를 살해할까 두렵소. 어찌하면 좋겠소?"

장량도 태공과 여후呂后72)가 걱정이었다. 항우는 변덕이 심한 사람이므로 그가 어떤 의외의 일을 벌일지 아무도 몰랐다. 장량이 잠시 생각에 잠겼다가 말했다.

"만전의 대책을 준비해야 합니다. 우리가 유리한 점은 지금 항우가 잠시 군량이 부족하여 막다른 골목에 몰렸다는 것입니다. 이제 그를 압박하여 강화를 논의하면서 태공과 왕후마마를 방면하게 하는 편이 좋겠습니다. 어떻습니까?"

장량이 강화를 제의한다 해도 항우는 성격이 강경하므로 그에게 회담 제의를 받아들이게 하는 것도 결코 쉬운 일이 아닐 터였다. 왜냐하면 항우가 초패왕을 자칭한 이래로 그는 하늘과 땅 사이에서 유아독존 식으로 행동하며 다른 사람과 전혀 타협하지 않았기 때문이다.

사마천의 기록에 의하면 유방은 먼저 유세객 육가陸賈(BC 240?~BC 170)를 초나라 군영에 파견하여 항우를 만나보고 태공과 여후의 방면 문제를 담판하게 했다. 육가는 초나라 사람인데 뛰어난 언변으로 이름을 날렸다. 유방도 늘 그를 각 제후국에 파견하여 외교 업무를 처리하게 했다.

이번에 항우를 설득하는 일에 대해서도 육가는 자신감을 보였다. 그는

---

72) 여후: 당시에 유방이 이미 한왕의 신분이었으므로 여후(呂后)로 칭함.

자신의 세 치 혀로 가볍게 항우를 설득하여 태공과 여후를 석방하겠다고 했다. 육가는 항우를 만나 자신만만하게 떠벌렸다.

"천하의 백성들이 전란에 고통을 받은 지 이미 오래입니다. 이제 전쟁을 끝낼 때도 됐습니다. 기실 초한전쟁은 반드시 승부를 내야 하는 싸움이 아닙니다. 한왕께서도 본래 초나라 사람입니다. 일찍이 한왕과 항왕 두 분은 어깨를 나란히 하고 적과 싸웠으므로 꼭 상대방을 사지에 몰아넣을 필요가 없습니다. 이 때문에 한왕께서 저를 파견하여 항왕과 더불어 강화를 논의하게 하고 아울러 태공과 여후의 석방을 요청하게 했습니다. 만약 초와 한이 강화를 이루면 쌍방에도 유리하고 천하 사람들에게도 유리합니다."

항우는 육가의 말을 들으며 그의 제의를 믿을 수 없었다. 유방이 과연 더 이상 싸움을 하지 않으려 할까? 지금 강화를 바란다는데 도대체 무슨 의도를 숨기고 있는지 알 수 없었다. 그는 생각을 정하지 못하고 범증을 찾아서 물었다.

"아보! 지금 유방이 강화를 하고 싶다는데 우리는 어떻게 하면 좋소?"

범증은 그의 말을 듣고 노련하고 용의주도한 표정을 지으며 고개를 가로저었다.

"폐하! 지금은 한나라를 멸해야 할 때입니다. 지금 공격하지 않고 이 기회를 놓치면 호랑이를 산으로 돌려보내는 격이 되어 후환이 끝이 없을 것입니다."

항우도 줄곧 잠재의식 속에서 자신이 절대 유방에게 패배하지 않는다고 생각했다. 그는 끝까지 포위를 늦추지 않으면 틀림없이 유방을 철저하게 궤멸시킬 수 있으리라 믿었다. 이에 항우는 육가의 제의를 차갑게 거절했다.

"돌아가서 한왕에게 전하시오. 한왕이 정말 천하 창생을 위할 생각이라면 나와 결전을 벌여 천하를 하나로 귀의하게 해야 한다고 말이오."

달변가 육가는 마지막까지 항우를 설득하지 못했고, 결국 태공과 여후는 돌아오지 못했다. 그는 빈손으로 돌아올 수밖에 없었다.

강화가 결렬되자 유방은 근심에 싸여 찌푸린 미간을 펼 수 없었다. 강화에 동의하지 않은 항우가 계속해서 형양을 공격했기 때문이다.

진평의 반간계

기실 이번 강화가 결렬된 것은 항우 진영의 모사 범증과 관련이 컸다. 유방은 자신이 천하를 얻는 과정에서 범증이 가장 큰 장애물로 작용할 것이기에 범증을 제거하지 않으면 항우를 격파하기 어렵겠다고 생각했다.

장량은 유방의 굳은 표정을 보고 여러 가지 계책을 구상하다가 진평이 기이한 계책을 잘 낸다는 생각이 나서 유방에게 진평을 찾아 상의해보라고 했다.

진평도 모사로서 높은 수준에 도달한 사람이었다. 그는 밝은 계책으로는 불가능한 일이라 여기고 어둠의 계책 한 가지를 생각해냈다. 그는 마침내 반간계 한 가지를 유방에게 바쳤다. 진평이 유방에게 말했다.

"전하께서 제게 황금 4만 근을 내려주시면 이번 활동의 경비로 삼겠습니다."

돈 문제에서 유방은 씀씀이와 융통성이 컸다. 그는 즉시 황금 4만 근을 진평에게 주고 마음대로 써도 된다고 했다. 진평은 그 돈을 가지고 다양한 방법으로 항우와 범증 사이를 이간시키려 했다. 그중 한 가지는 이렇다.

어느 날 항우의 사자가 한나라 군영에 왔다. 진평은 먼저 그에게 매우 풍성한 연회를 마련했다. 그는 사자를 만나자마자 거짓으로 놀란 척하면서 말

진평

했다.

"저는 아보께서 파견하신 사자로 생각했는데 알고 보니 항왕께서 파견하신 사자로군요."

이렇게 말하고는 곧 풍성한 음식을 나쁜 음식으로 바꿨다. 사자는 돌아가서 항우에게 그가 받았던 대우의 차이를 모두 이야기했다. 항우는 신중하지 못한 사람이라 정말로 사자의 말을 믿었다. 진평은 이처럼 서서히 범증에 대한 항우의 의심을 증폭시켰다. 항우는 마침내 정말 범증과 유방이 사사로운 관계를 맺고 있다 여기고 중요한 일을 더 이상 범증과 상의하지 않았다. 범증은 아무 까닭도 없이 냉대를 받자 화가 나서 항우에게 말했다.

제왕의 스승 장량

"천하대사는 이미 정해졌으니 이제 폐하 마음대로 하십시오. 이 늙은 몸은 고향으로 돌아가렵니다."

진평의 반간계가 큰 힘을 발휘하여 항우는 신중치 못하게도 범증의 말에 동의했다. 결과는 어떻게 되었을까? 범증은 팽성에 도착하지도 못하고 중도에 악성 등창에 시달리다 세상을 떠났다.

후공이 임무를 완수하다

범증이 죽자 강화를 가로막던 장애물이 제거되었다. 장량이 또 유방에게 건의했다.

"후공侯公이 언변에 뛰어납니다. 이제 그를 다시 항우에게 보내 강화를 논의하게 하십시오."

후공이 출발하기 전에 장량이 말했다.

"이번 담판의 우리 전략은 분명하고 확실해야 하오. 단번에 성공하지 못하면 장차 번거로운 일이 생길 것이오. 항우에게 초한 쌍방이 홍구鴻溝[73]를 경계로 서쪽은 한나라가 동쪽은 초나라가 차지하기로 한다고 말씀해주시오."

홍구는 형양 부근의 운하로 중원의 큰 강을 여러 개 이어서 당시 수운과 교통의 간선 역할을 하고 있었다.

장량은 또 유방 대신 항우에게 보내는 편지를 한 통 써서 초한 사이에

---

73) 홍구: 전국시대 위(魏)나라가 완공한 운하다. 지금의 허난성 싱양시(滎陽市) 북쪽 황허(黃河)에서 시작하여 동남쪽으로 잉수이(潁水)를 거쳐 화이허(淮河)까지 이어진다.

장기 강화를 맺고 전쟁을 중지하자고 제의했다. 이에 유방은 후공을 불러 당부의 말을 전한 후 내일 바로 초나라 진영으로 가서 강화 담판을 하라고 부탁했다. 후공은 임무를 받들고 항우의 군영으로 갔다.

이때 항우는 초나라 군량 문제 때문에 근심하고 있었다. 그는 팽월이 또 군량 보급로를 끊었다는 소식을 듣고 분노를 터뜨리는 중이었다. 이런 와중에 유방이 또 강화 사신을 보냈다는 보고를 받고 몹시 화를 냈다.

"유방이 또 사람을 보내 뭘 하자는 것인가? 나는 강화에 생각이 없고 유방과 결사전을 벌일 것이다."

항백이 뒤에서 조용히 말했다.

"폐하! 일을 정체시키지 말고 순리대로 처리해야 합니다. 보아하니 이번에 유방은 진심으로 강화를 원하는 듯합니다. 더 이상 싸워봤자 아무 의미가 없습니다. 우리는 결국 식량을 제때 조달할 수 없습니다."

항백의 말을 듣고 항우는 기분을 풀며 후공에게 물었다.

"좋소, 유방의 강화 조건이 무엇이오?"

후공이 말했다.

"한왕께서 저를 파견하여 두 가지 조건을 말씀 올리게 했습니다. 폐하께서 받아들이시면 천하는 이제부터 전쟁을 그치게 될 것입니다."

항우가 말했다.

"좋소, 첫 번째 조건부터 말씀해 보시오."

후공은 기회를 놓치지 않고 바로 말했다.

"첫째, 초한 양국이 함께 지킬 경계를 확정하여 서로 평화를 유지하는 것입니다. 더 이상 군대를 동원하여 서로 침범하지 않는 조건입니다. 폐하께서는 어떻게 생각하시는지요?"

이 점은 항우도 완전히 동의했다. 이렇게만 된다면 전쟁을 중지할 수 있

제왕의 스승 장량

다. 항우가 후공에게 말했다.

"가능하오. 다만 어떤 곳을 경계로 할 것인지는 다시 상의해야 하오. 그럼 두 번째 조건은 무엇이오?"

"두 번째는 한왕의 부친과 부인을 석방하여 함께 살게 해주십시오."

항우는 이 말을 듣자마자 발끈 화를 냈다.

"어쩐지 유방의 목적이 바로 여기에 있었구나. 돌아가서 그자에게 전하라. 그 사람들의 석방을 요구한다면 회담을 계속할 수 없다."

후공은 항우의 말을 듣고도 화를 내지 않고 말했다.

"초나라의 군량이 이미 충분하지 않은 걸로 압니다. 또 지금 팽월이 초나라의 군량 보급로를 끊었다고 들었습니다. 이런 상황이 오래 지속되면 초나라가 어떻게 싸울 수 있겠습니까? 한왕께서는 절대 폐하와 다툴 생각이 없고 태공과 부인의 송환만 바랍니다. 이것은 절대 지나친 요구가 아닙니다."

항백이 곁에서 듣고 있다가 얼른 항우를 일깨웠다.

"무섭이 돌아왔다고 합니다. 그의 말에 의하면 한신은 절대 한나라를 배신하지 않고, 병력을 결집하여 초나라로 진격하려고 한답니다."

항우는 항백의 말을 듣고 깜짝 놀랐다. 무섭은 한신을 설득하여 초나라로 투항하게 하려고 항우가 제나라에 파견한 사신이다. 그런데 끝내 성공하지 못했다. 지금 대장 용저는 이미 한신에게 살해되었고, 한신은 또 제나라 왕에 봉해졌다. 그가 군사를 이끌고 남하하여 유방과 힘을 합쳐 초나라를 공격한다 하고, 영포와 팽월도 끊임없이 후방을 교란하고 있다. 상황이 이런 상태로 굳어지면 항우 자신이 패배할 것은 의심할 바 없는 사실이다.

항우가 곰곰이 생각해보니 홍구를 경계로 땅을 나눠야만 이 곤경에서 벗어날 수 있을 것 같았다. 이에 어쩔 수 없이 후공에게 이렇게 말했다.

"알았소, 두 번째 조건도 수락하겠소."

후공은 담판에 승리하고 귀환했다. 이 때문에 그는 중국 역사에서 '초와 한의 물길 경계', 즉 '초하한계'楚河漢界를 확정한 첫 번째 인물이 되어 천하 사람들이 모두 그의 이름을 알게 되었다. 나중에 유방은 황제가 된 후 후공의 공적을 잊지 못하여 그를 '천하의 변사'로 호칭함과 아울러 평국군平國君에 봉했다.

이것이 한나라 4년(BC 203)의 일이었다. 그 다음 일은 어려울 것이 없었다. 항우는 인질로 잡고 있던 태공과 부인을 송환하고 한나라와 초나라의 공존共存을 위한 조약에 서명했다. 홍구를 경계로 서쪽은 한나라가 동쪽은 초나라가 차지한다는 내용의 이 조약을 중국 역사에서는 '홍구강화'라 부른다.

현재의 지도로 보면 이 조약의 분계선은 광무산 동쪽의 정저우시鄭州市에서 동남 방향으로 비스듬히 내려가며 중원 지역을 양분하는 모양이다. 그 절반은 항우에게, 나머지 절반은 유방에게 귀속되었다.

항우는 강화조약에 서명하고 불과 며칠 후 득의양양하게 광무산을 떠나 동쪽을 향해 길을 잡았다. 하룻밤 사이에 초나라 군영의 막사와 천군만마가 모두 사라졌다.

기이한 계책으로 홍구를 건너다

유방은 쌍방의 대치 국면이 해소되었고 부친과 아내도 돌아왔으므로, 양국이 홍구를 경계로 서로 침범하지 않으면 천하가 태평할 것이라 여기고 깨끗하게 관중으로 귀환하기로 결정했다. 그러나 유방이 철군 명령을 내리자 장량과 진평이 갑자기 비밀리에 유방을 찾아왔다. 장량이 먼저 말했다.

"전하! 절대 지금 관중으로 돌아가서는 안 됩니다."

유방은 이해하지 못하고 물었다.

"나는 이미 항우와 홍구를 경계로 삼겠다고 약속했고, 아버지와 아내도 호랑이 굴에서 벗어났소. 그런데 왜 돌아가서는 안 된다는 거요?"

장량이 웃으면서 말했다.

"전하! 우리가 항우와 강화조약을 맺은 것은 그의 공격을 늦추려는 목적에 불과합니다. 또 지금 태공과 왕후마마께서도 이미 안전하게 귀환했으므로 지금이야말로 기이한 계책을 낼 때입니다. 그런데 어찌 서쪽으로 돌아가려 하십니까?"

진평도 거들었다.

"그렇습니다. 전하께서는 지금 이미 천하의 절반을 점령했고, 제후들도 모두 전하에게 귀의했습니다. 지금이 가장 좋은 시기라고 말씀드릴 수 있습니다."

장량도 계속 말했다.

"허나 항우는 지금 군량이 모두 고갈되었고, 병졸들도 피로를 이기지 못하고 있습니다. 저들이 대비하지 않을 때 의표를 찔러야 합니다. 지금 기회를 잡아 저들을 박멸해야 합니다."

유방은 그의 말을 듣고 어리둥절해하며 난색을 표시했다.

"하지만 지금 다시 싸움을 시작한다 해도 항우를 격파할 자신이 없소."

"분명 그렇습니다. 우리는 진정 항우를 격파하기 어렵지만 지금이 유일한 기회입니다."

진평도 곁에서 거들었다.

"자방의 말이 맞습니다. 지금은 하늘이 저들을 멸망시키려 하는 때입니다. 이 기회를 놓치는 건 호랑이를 키워 스스로 재난을 만드는 것과 같습니다. 저들을 풀어주면 때는 이미 늦습니다. 서둘러 결정해주십시오."

그래도 유방은 미적거렸다.

"그러나 우리는 이미 조약에 서명했고 아직 먹물도 마르지 않았소. 우리가 조약을 위반하면 어찌 천하 사람들의 웃음거리가 되지 않겠소?"

장량이 다시 단호하게 말했다.

"큰일을 하는 사람은 작은 절차에 구애되지 않습니다. 항우를 격파하기만 하면 더 이상 담판이나 조약을 맺을 필요가 없습니다."

유방은 장량의 이 말을 듣고 더는 주저하지 않았다. 이에 그날 밤 그는 장량, 진평과 더불어 제후들을 모아 초나라를 함께 공격할 전략을 짰다. 그런 후 대군에게 홍구를 넘어 철수 중인 항우의 주력부대를 공격하라고 명령을 내렸다.

장량은 천하를 뒤흔든 이 책략으로 초한전쟁의 마지막 향방을 결정했다. 이는 건곤일척의 경전적 지략인데 1천 년 후 당나라 한유韓愈도 이 일을 시로 읊었다.

그 누가 군왕에게 말머리 돌리라 했나? 誰勸君王回馬首

진실로 건곤일척 승부수가 되었네. 眞成一擲賭乾坤74)

---

74) 한유의 칠언절구 「과홍구(過鴻溝)」에 나온다.

삼각형 그림
맞추기

유방의 골칫거리

초나라와 한나라가 결전을 치르는 과정에서 이 무렵 초나라 군대의 힘은 이미 정점을 지나 마지막 나락으로 떨어지고 있었지만, 이 이야기는 여전히 긴장감을 유지하고 줄곧 생동감 있게 전개되었다.

당시는 이미 기원전 202년 10월이라 진나라 옛 역법에 따라 새해를 맞이해야 하는 때였다. 그러나 유방은 정신없이 항우를 추격하느라 속이 바짝바짝 타들어가서 설을 쉴 틈이 없었다.

한 달 전에 유방은 항우를 추격하여 양하陽夏(허난성 타이캉현太康縣) 남쪽에 도달했기 때문에 그곳에 군대를 주둔하는 한편 한신과 팽월에게 사람을 보내 함께 힘을 합쳐 초나라를 섬멸하자고 했다. 그러나 아무리 기다려도 한신과 팽월은 원군을 보내지 않았다.

유방처럼 꼼꼼하지 않은 사람 입장에서 팽월이나 한신과 같은 사람을 이해하기란 분명 어려운 일일 수밖에 없다. 유방은 일찍이 팽월에게 사람을 보내 원군을 보내주기를 희망했다. 그러나 뜻밖에도 팽월은 조소를 머금고 말했다.

"위나라 땅을 이제 겨우 평정하여 아직 민심이 불안합니다. 게다가 우리는 초나라에 여러 번 패배했고, 아직 그 영향이 남아 있어서 군대의 사기도 높지 않습니다. 그러므로 원군을 보낼 수 없습니다."

팽월의 이 몇 마디에 유방은 아무 말도 할 수 없었다.

또 한신은 더욱 그 마음을 분명하게 이해하기 어려운 사람이어서, 유방에게는 가장 골치 아픈 존재였다. 당초에 한신이 자신을 임시 제나라 왕으로 봉해달라고 요청했을 때 유방은 불만이었지만 거절하지 않고 동의해주었다. 그러나 중요한 순간에 이르러 원군을 보내달라고 몇 번이나 요청했지만 한신은 여전히 군대를 보내지 않았다. 유방은 그가 무슨 생각을 하는지 알 수 없었다.

그 무렵 한나라 군대의 상황이 다소 좋지 못하여 유방의 마음은 다급했다. 유방은 외로운 군대를 이끌고 초나라 영역으로 깊이 들어갔으나 초나라 군대가 격렬하게 저항하여 한나라 군대는 한때 심각한 타격을 입었다. 유방은 기가 죽어 회군한 후 자신의 진영을 고수할 수밖에 없었다.

"한신, 팽월, 영포의 부대가 다가오면 얼른 내게 보고하라."

유방은 어떻게 해볼 방법이 없어서 초조하게 사방으로 세작을 보내 소식을 염탐하게 했다. 유방은 어쩔 수 없이 장량을 불러 질문했다.

"나는 이미 한신을 제나라 왕에 봉했고, 팽월을 위나라 재상에 임명했는데 이것도 부족하단 말이오?"

유방의 입장에서는 자신이 이렇게 성의를 보였는데도 이런 굴욕을 당하는 건 정말 체면을 구기는 일이었다. 장량도 남몰래 한신 등의 의도를 추측해보고 있었다. 이처럼 시세를 살피는 공부는 그가 유방에 비해 훨씬 뛰어나

진한 시기 여성의 주름 잡힌 의복

다고 할 수 있다.

한신과 팽월이 약속에 맞춰 원군을 보내오지 않았지만 사실이 증명하고 있는 바와 같이 그들은 여전히 믿을 만하고 이용 가치가 있는 세력이었다. 예를 들어 한신이 시종일관 항우와 동맹을 맺지 않았다는 점에서도 이런 사실은 증명이 된다. 얼마 전 항우가 한신을 토벌하기 위해 자신의 대군을 초나라 제일 맹장 용저에게 주고 북상하게 했지만, 한신은 용저에게 전혀 인정을 베풀지 않고 유수濰水(산둥성 웨이허濰河) 가에서 초나라 군대를 섬멸하고 용저까지 죽였다.

그리고 항우는 이전에 한신에게 서찰을 보낸 적이 있고, 또 사자 무섭을 보내 한신에게 초나라로 귀의하라고 권했지만 한신은 한마디로 항우의 제의를 거절했다. 이 때문에 장량은 일찍이 유방을 이렇게 일깨운 적이 있다.

"전하! 절대 한신에게 불만을 품어서는 안 됩니다. 한신이 어떤 사람인지는 그의 태도를 보면 압니다. 그가 항우와 동맹을 맺지 않은 점만 봐도 전하에게 큰 도움이 됩니다. 비록 한신이 원군을 파견하지 않았지만, 그가 제나라에서 대군을 거느리고 조용하게 있기만 해도 항우에게는 강력한 견제로 작용할 수 있습니다. 전하께서는 이런 점을 기뻐하셔야 합니다."

해결사 장량

이번에 한신이 시간을 끌며 유방에게 원군을 보내지 않은 점에 대해 장량은 자기 나름의 견해를 갖고 있었다. 그는 솔직하게 유방에게 이야기했다.

"전하! 입장을 바꿔 생각해보십시오. 당초에 한신은 제나라 왕에 봉해졌지만 그것은 기실 스스로 왕을 칭한 것이지 전하의 본심은 아니었습니다. 그러니 한신이 지금 안심하지 못하는 건 당연합니다. 전하께서 그 일을 후회할까봐 걱정하고 있는 것입니다. 만약 전하께서 지금 제후의 신분이면서도 봉토가 없다면 원군을 파견하고 싶겠습니까?"

유방은 고개를 끄덕이며 이해하겠다는 표정을 지었다.

"그럼 팽월은 어찌 그럴 수 있소?"

팽월에 대해서도 장량은 자신의 견해를 갖고 있었다. 애초에 팽월은 군사 1만여 명을 거느렸지만 관중으로 입성한 항우가 제후들을 분봉할 때 팽월의 몫은 없었다. 그는 줄곧 진나라 말기 혼란한 세상에서 정처없이 떠돌며 어떤 사람에게도 몸을 의탁하지 못했다. 오래지 않아 제나라 왕 전영이 항우를 배반하고 팽월에게 장군 인수를 수여했다. 제나라의 적은 줄곧 초나라였으므로 팽월은 제나라 왕의 명령에 따라 항우가 파견한 군대와 여러 번 싸워 승리를 거뒀다. 이 점만 봐도 팽월이 결코 항우에게 기대지 않는다는 사

제왕의 스승 장량

전한시대 거북 방패. 장링^{江陵} 펑황산^{鳳凰山} 출토

실을 알 수 있다. 이에 장량이 유방에게 말했다.

"팽월도 이와 같습니다. 팽월은 본래 양나라 땅을 평정할 때 그 공로가 적지 않았습니다. 당초에 전하께서는 위표가 위나라에서 먼저 왕이 되었으므로 팽월을 위나라 재상으로 임명할 수밖에 없었습니다. 팽월은 이 점에 대해 다분히 불만을 품고 있습니다. 위표는 이미 죽었고 후손도 없습니다. 그러니 팽월이 왕이 되고 싶어 하는 건 당연하지 않습니까? 그런데도 전하께선 이 점을 먼저 생각하지 않았습니다. 그러니 그가 전하를 위해 달려와 목숨을 걸고 싸우려 하겠습니까?"

유방이 장량의 말을 들어보니 모두 자신의 생각이 주도면밀하지 못한 까닭이었다. 이에 다급하게 말했다.

"그렇구려. 그럼 자방이 빨리 좋은 방책을 마련하여 그들로 하여금 서둘러 원군을 보내도록 해주시오."

장량이 말했다.

"그들이 이렇게 시간을 끌며 파병을 늦추는 까닭은 전하를 압박하여 어떤 반응을 얻어내려고 하기 때문입니다. 제 생각에 지금 가장 급한 일은 두 사람과 약속을 맺는 일입니다. 즉 만약 모두 힘을 합쳐 항우를 격파하면 진陳(허난성 타이캉현 근처) 땅 동쪽에서 바닷가에 이르는 땅은 전부 제나라 왕 한신에게 주십시오. 또 수양睢陽(허난성 상추시 남쪽) 이북에서 곡성穀城(산둥성 둥아현)에 이르는 땅은 모두 팽월에게 주고 그를 왕에 봉해야 합니다. 생각해보십시오. 한신의 고향은 초나라입니다. 그가 초나라 땅을 얻고 싶어 하는 것은 당연한 일입니다. 전하께서 저 두 사람에게 방금 말씀드린 토지를 나눠주면 그들은 틀림없이 바로 군사를 일으켜 달려올 것입니다. 이렇게 하지 않으시면 장차 사태의 진전을 예측할 수 없습니다."

유방의 입장에서는 그가 의군 대열에 투신한 이래로 자신을 따르는 소하, 번쾌, 주발 등과 고난을 함께했고, 그들을 모두 충신이라고 할 만하지만 지금까지 그들에게 어떤 실질적 보상도 해주지 못했다. 구두상으로도 마찬가지였다.

하지만 유방의 매력은 바로 이 점에 있었다. 그는 기꺼이 장량의 건의를 받아들였을 뿐 아니라 전혀 인색하게 굴지도 않았다. 바로 이 점이 그가 항우와 확연하게 다른 점이다. 게다가 유방의 뇌리에 또 한 가지 사실이 떠올랐다. 지난날 그가 팽성에서 패주하여 하읍에 당도했을 때 장량이 시의적절한 계책을 올리며 이렇게 이야기한 적이 있었다.

"항우를 격파하려면 반드시 한신, 팽월, 영포 세 사람에게 의지해야 합니다."

지금 사태를 살펴보면 과연 그와 같이 되었다.

이에 유방은 매우 흔쾌하게 땅을 하사했다. 팽월이 시간을 늦추며 원군

　　　　　　　　　　　　　　　제왕의 스승 장량

을 보내지 않는 이유를 고려한 조치였다. 팽월은 위나라 땅을 막 평정했지만 아직도 초나라 항우를 좀 두려워하고 있었다. 이에 유방은 장량의 말대로 수양 이북에서 곡성에 이르는 모든 땅을 팽월에게 준다고 했다. 여기에는 진정한 위왕魏王(양왕梁王으로도 불림)의 명칭에 걸맞은 땅도 포함되어 있었다.

한신에게 할양한 토지는 더욱 광대했다. 바로 진 땅 동쪽에서 해안에 이르는 영토가 모두 들어 있었다. 이렇게 하여 중원에서 가장 물산이 풍부하고 인구가 많은 땅이 모두 두 사람에게 귀속되었다.

유방은 또 사자에게 봉토가 표시된 지도를 가지고 밤새도록 제나라와 위나라 땅으로 가서 한신과 팽월에게 자신의 뜻을 전달하게 했다. 두 사람은 유방의 말을 전해 듣고 매우 기뻐하며 주먹을 불끈 쥐고 즉시 출병하겠다고 대답했다.

동시에 회남왕 영포는 유방의 맹우盟友로서 한나라 장수 유가劉賈(?~BC 195)와 함께 구강으로 진격하는 동시에 초나라 대장 대사마 주은周殷(?~BC 158)을 항복시키고 구강의 군사들을 접수하여 남방에서 유방에게 호응할 준비를 했다.

한신, 팽월, 영포의 세 지역 대군이 달려와 연합하자 지금까지 어긋났던 삼각형 그림 맞추기 조합이 드디어 완성되었다. 장량은 몇 번의 손놀림으로 유방을 위해 이 그림 맞추기를 완성했다. 이에 한나라 대군의 전투 대형이 지극히 견고해져서 흠잡을 데가 없게 되었다. 유방은 곤경을 벗어나 군세軍勢를 크게 떨치며 항우와 대담하게 일전을 치를 수 있게 되었다.

항우의
최후

작전의 대가

다시 또 겨울이 왔다. 회수 북쪽 대지는 찬 서리에 초목이 시들어 황량한 풍경만 가득했다. 이곳에서 초나라와 한나라의 마지막 결전이 시작되고 있었다.

약속대로 한신은 친히 대군을 이끌고 임치에서 남하했다. 팽월의 부대도 대열을 나누어 창읍昌邑(산둥성 쥐예현巨野縣)에서 출발하여 항우가 팽성으로 돌아가는 퇴로를 끊으려 했다. 여기에다 영포도 회남에서 달려와 유방에게 호응했다. 세 지역 대군이 연합하자 초한전쟁의 형세는 완전히 역전되었다.

우리는 초한전쟁 형세도에 기대 당시 몇몇 장수들의 행군과 작전 기풍을 음미해볼 수 있다. 지도상으로 보면 유방의 행진 노선은 비교적 안정감이 있지만 다분히 고지식한 느낌이 든다. 항우는 거칠게 진격했다가 나중에 다시 해하로 후퇴했다. 전체 노선이 정체되어 있고 작전의 영감이 전혀 없다. 한신을 보면 역양에서 정형井陘(허베이성 스자좡시石家莊市 징싱관井陘關)까지 갈 때는 함양 근처에서 북상했고, 다시 동쪽으로 고밀까지 갔다가 남하하여 패현에 이르렀으며, 마지막에는 해하垓下[75]에서 항우를 압박했다. 행군 노선이 대담하고 호방하며 가볍고 기민하다.

당시 항우는 당연히 자신에게 밀려드는 거센 파도를 밀어내려 안간힘을 썼지만 결국 유방, 한신, 팽월 등 몇 갈래 군대의 압박을 받아 숨도 제대로 쉬지 못했다. 그는 본래 팽성으로 돌아가려 했으나 귀로가 한신에 의해 끊기고 말았다. 마지막에 그는 피로에 지친 10만 군사를 이끌고 해하로 패퇴했다가 그곳에서 자결했다.

한신은 진정 작전의 대가가 되기에 손색이 없다. 그는 피로에 지친 항우의 빈틈을 노려 소리도 없이 그를 포위했다. 또 10만 철갑 군사 속에 단정히 앉아 '십면매복'[76]이라는 곡조를 연주했다. 그리고 그는 비범한 군사적 지혜로 항우의 군대를 살상하여 흐르는 물에 떠가는 꽃잎처럼 만들었다. 항우가 결국 유방의 30만 대군 속에 포위되자, 한신은 이 최후의 전투를 유연하게 지휘하여 승리했다. 떠가는 구름이나 흘러가는 물과 같은 한신의 작전 기풍은 그야말로 신선의 풍모나 도인의 품격을 연상하게 한다.

지난날 팽성에서 항우는 3만 기병으로 한나라 50여 만 대군을 대파했지만 지금의 한나라 군대는 이미 그 시절 한나라 군대가 아니었다. 지금의 한나라 군대는 각 지역에서 진격해온 정예병과 명장의 조합이었다. 초나라 군대도 그 시절 초나라 군대가 아니었다. 초나라 군대는 장기간 피로에 지친

---

75) 해하: 해하의 정확한 위치가 어딘지 지금도 논란이 많지만 현재 학자들은 대체로 지금의 안후이성 링비(靈璧)와 구전(固鎭) 사이로 추정한다.

76) 십면매복(十面埋伏): 열 방향에서 빈틈없이 복병을 배치했다는 뜻이다. 『원본 초한지-서한연의(西漢演義)』(교유서가, 2019) 제80회에 의하면 한신이 구리산(九里山)에 십면매복을 펼치고 항우를 유인하여 격파한 후 해하로 내몰았다고 한다. 정사에는 나오지 않는 내용이다. 여기서 곡조라고 한 것은 비유적인 표현이다.

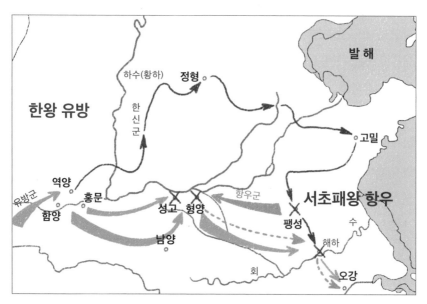

초한전쟁 형세도

상태로 출전했고 군량도 부족했다. 이런 상황에서 우세한 병력에 포위되었으니 더욱 사기가 떨어질 수밖에 없었다.

역사는 이미 바뀌어 초한전쟁의 종국으로 달려가고 있었다. 비장한 결말이 항우를 기다리고 있었다.

사면초가^{四面楚歌}

밤이 되자 해하는 칠흑 같은 암흑이었다. 초나라 군사들의 마음이 흔들리며 원성이 들끓었다. 그때 갑자기 주변 한나라 군영에서 쓸쓸한 가을바람을 타고 초나라 노래가 들려왔다. 그 소리는 먼 곳에서 점점 가까워지면서 초나라 군사들의 귀에 들어와 박혔다.

9월 가을 깊어 사방 들판에 서리 날리고, 九月深秋兮四野飛霜

하늘 높고 물은 말라 찬 기러기 슬피 우네. 天高水涸兮寒雁悲愴

수자리 생활 괴로움에 밤낮으로 방황하며, 最苦戍邊兮日夜傍徨

방패와 무기 잡고 해골처럼 모래언덕에 섰네. 披堅執銳兮骨立沙崗

집 떠난 지 10년이라 부모와 생이별이고, 離家十年兮父母生別

아내는 어찌 견디나 독수공방 외롭겠네. 妻子何堪兮獨宿孤房

기름진 땅 있어도 뉘와 함께 지킬 것이며, 雖有腴田兮孰與之守

이웃집 술 익어도 뉘와 함께 맛을 보랴? 鄰家酒熟兮孰與之嘗

백발 부모 문에 기대 가을 물만 바라보고, 白髮倚門兮望穿秋水

어린 자식 아버지 생각에 눈물로 간장 끊네. 稚子憶念兮淚斷肝腸77)

……

전설에 의하면 이 초나라 노래는 장량이 지은 후 사병들에게 가르쳐 부르게 했다고 한다. 초나라 군사들은 어둠 속에서 이 노래를 듣자 더욱 신비한 느낌이 들었다.

말하자면 초나라는 중국에서 마지막까지 이질 문화를 간직한 제후국이었다. 초나라는 중원과 언어도 달랐고 음악의 음률도 크게 차이가 났다. 초나라 음률은 슬프고 애절해서 때로는 오열하는 듯 흐느끼는 듯 했고, 때로는 애원하는 듯 원망하는 듯 했다. 누가 들어도 초나라 노래임을 알 수 있었다. 전국시대 초나라 대시인 굴원屈原(BC 340?~BC 278)은 이 초나라 노래를 이용하여 멱라수汨羅水 (후난성 핑장현平江縣 미뤄수이) 가에서 이렇게 읊었다.

―――

77) 이 노래 가사는 중국 정사에는 나오지 않고 명나라 견위(甄偉)가 지은 『원본 초한지-서한연의』 제82회에 나온다. 이 번역도 『원본 초한지』 제3권 209~210쪽을 참고했다.

아, 풀과 나무가 쓸쓸히 시드니, 惟草木之零落兮

미인도 늙어갈까 두려워하네. 恐美人之遲暮

......

두약과 혜초 뜯어 눈물을 가려도, 攬茹蕙以掩涕兮

내 옷깃 적시며 주르르 흐르네. 霑余襟之浪浪78)

천고의 슬픔과 애원을 노래한 절창이다.

장량은 사병들에게 저녁이 되면 초나라 군영 밖 사방에서 이 노래를 부르게 했다. 초나라 노랫소리는 애절하고도 그윽하게 바람을 타고 초나라 군영으로 스며들었다. 그곳 장졸들은 모두 정신을 집중하고 귀를 기울이다가 낮은 목소리로 따라 부르기도 했다. 노랫소리가 항우의 장막 속에까지 들려왔다. 항우는 깜짝 놀라며 말했다.

"어찌하여 한나라 군영에서 초나라 노래가 들려오느냐? 초나라 땅이 이미 한나라 군사들에게 모두 점령되었단 말이냐? 어떻게 초나라 사람이 이렇게 많으냐?"

초나라 군대의 사기는 본래 땅바닥까지 떨어져 있었는데, 이제 그들의 향수병까지 자극하자 몰래 도망치는 병졸이 생기기 시작했다. 한나라 군영의 사병들이 도망치는 초나라 병졸들을 쫓아가 가로 막으려 하자 장량이 말했다.

"가게 내버려두라! 우리는 싸우지 않고도 이길 수 있다."

이렇게 하여 초나라 군영에서는 시간이 갈수록 더욱 많은 병졸들이 도

---

78) 굴원의 「이소(離騷)」에 나온다.

패왕별희/해하가

망쳤다. 심지어 종리매, 계포 등 일찍이 항우와 동고동락했던 장수들도 미련 없이 그들의 군영을 떠났다. 마지막까지 남은 군사는 항우가 강동에서 데려온 8천 자제 중 8백 명뿐이었다. 그들만 말없이 항우의 군영을 굳게 지키고 있었다.

초나라 노래의 살상력이 이처럼 크다는 것은 일반인들이 이해하기 어렵다. 그러나 분명히 항우처럼 용맹한 사람도 이 같은 초나라 노래를 듣고 고향 생각을 금치 못했다. 항우도 결국 보통 사람에 불과했다. 하물며 그의 가장 큰 소망이 바로 비단 옷을 입고 고향으로 돌아가는 것이 아니었던가?

비록 항우는 항복한 진나라 장졸 20만을 생매장할 때 눈도 깜짝하지 않았으나 그 시각에는 찢어지는 심정을 감출 수 없었다. 또한 그는 본래 흐르는 물에 꽃잎을 뿌리듯 수많은 목숨을 죽였는데, 이제 자신이 그와 같은 비참한 지경에 떨어질 줄 어찌 짐작이나 했겠는가? 이에 그는 한 손에는 칼을 뽑아 들고 다른 한 손으로는 그가 총애하는 여인 우희虞姬를 잡고 슬프게 노래를 불렀다.

힘은 산을 뽑았고 기개는 세상을 덮었지만, 力拔山兮氣蓋世

때가 불리하니 오추마도 나아가지 않는구나. 時不利兮騅不逝

오추마가 나아가지 않으니 내 어찌 하리오? 騅不逝兮可奈何

우虞여! 우여! 그대를 또 어찌할꼬? 虞兮虞兮奈若何79)

항우는 '혜'兮 자를 노래할 때 본래 그 대목을 길게 뽑아야 했지만 그렇게 하지 못하고 목이 메는 듯 꺽꺽 끊기는 소리를 냈다. 기실 항우가 표현하려 한 한마디는 바로 '우희여!'일 뿐이었다.

"나 항우의 운명은 얼마나 비참해도 상관없지만 그대를 이 세상에 남겨놓으려니 내 마음이 찢어지는구나!"

지난날 항우는 숙부 항량과 함께 군중 속에 섞여 있다가 순행에 나선 진시황을 보고 호기를 부리며 이렇게 말했다.

"저 지위를 빼앗아 내가 대신하리라."

그러나 지금은 한 시기를 혁혁하게 빛낸 진시황의 지위를 빼앗지도 못했을 뿐 아니라 막다른 골목에 몰려, 한낱 사수 정장을 지낸 유방의 '십면매복'

---

79) 『사기』 「항우본기」에 나온다. 이 번역은 『원본 초한지-서한연의』 제83회를 참고했다.

제왕의 스승 장량

에 빠졌다. 이제 오직 항우의 귀족 기질만 남아 역사의 무대를 지탱하고 있다.

항우가 슬프게 노래를 부르자 우미인도 일어나 화답했다. 우희의 답가는 『초한춘추』楚漢春秋에 기록되어 있다.

> 한나라 군사는 이미 우리 땅을 공략했고, 漢兵已略地
>
> 사방에는 초나라 노랫소리뿐일세. 四面楚歌聲
>
> 대왕의 의기도 다했으니, 大王意氣盡
>
> 천첩이 어찌 삶을 도모하리오? 賤妾何聊生80)

사마천은 『사기』 「항우본기」에서 당시 광경을 이렇게 기록했다.

> 노래를 몇 번 부르자 우미인이 화답했다. 항왕이 눈물을 몇 줄기 흘리자 좌우 사람들도 모두 흐느끼며 아무도 쳐다보지 못했다. 歌數関, 美人和之. 項王泣數行下, 左右皆泣, 莫能仰視.

당시 그 자리에 있던 사람들은 모두 이 노래를 항우가 초나라 군사들과 자신의 비참한 운명을 탄식한 곡조라고 이해했다. 패왕별희覇王別姬81)는 실로 천고의 절창으로 끝없이 공연되고 있다.

---

80) 『초한춘추』 원본은 전해져오지 않는다. 이 가사는 당나라 장수절(張守節)이 『사기정의(史記正義)』에서 육가(陸賈)의 『초한춘추』를 인용한 대목에 들어 있다.

81) 패왕별희: "패왕이 우희와 이별하다"는 뜻이다. 항우와 우희의 마지막 이별 장면은 각 시기마다 각종 민간 연예로 공연되거나 각종 소설로도 창작되었다. 지금도 중국 경극(京劇)의 인기 공연 아이템이며, 이를 바탕으로 같은 제목의 영화가 만들어지기도 했다.

虞姬

우희

사면초가는 기실 장량이 공을 들여 이끌어낸 심리전이다. 그는 초나라 노래를 이용하여 항우 군대의 사기를 떨어뜨리고 투지를 와해시켜서 군사들을 흩어지게 했다. 이는 당시 장량의 민심 이해 수준이 지혜의 정점에 도달했음을 설명해준다. 지금도 장량의 사당 현판과 기둥에는 다음과 같은 대련이 걸려 있다.

설령 패왕의 북이 천 번이나 울려도, ^{縱有霸王千般鼓}

장량의 퉁소 소리 한 곡에도 못 미쳤네. ^{不及張良一曲簫}

제왕의 스승 장량

장량의 초나라 노래 한 곡이 항우의 10만 대군을 흩어버린 이야기를 축약했다.

항우의 죽음

다음날 한나라 대군에 고립된 항우는 8백 명의 군사를 이끌고 해하의 포위망을 돌파했다. 추격병을 막는 과정에서 항우는 평생 익혀온 검술로 곧추 찌르고, 비스듬히 막고, 휘둘러 베는 등 자신의 신체 각 방향으로 적을 향해 돌격하면서 자신의 몸을 보호했다. 이렇게 용맹하게 싸웠지만 여전히 자신의 패배를 돌이킬 수 없었다. 항우는 한나라 군대에게 추격당해서 오강烏江(안후이성 허현和縣 우장진烏江鎮 경내) 강변으로까지 몰렸다. 그가 회수를 건너려 할 때 뒤를 돌아보니 따라온 군사가 겨우 백여 명에 불과했고, 동성東城(안후이성 딩위안현定遠縣 동남)에 이르렀을 때는 기병 28명만 남았다. 한나라 군대의 포위망을 돌파하고 다시 약속한 장소에 모였을 때는 그중 두 명이 죽고 26명이 남았다. 마지막에 오강 정장이 배를 이용하여 항우를 강동까지 데려다준다고 하자 항우는 오히려 "강동 부로父老들을 뵐 낯이 없다"는 명언을 남긴 후 오추마烏騅馬를 오강 정장에게 줬다. 그리고 뒤를 돌아 혼자서 한나라 군사 몇백 명을 죽이고 결국 스스로 칼로 목을 찔러 자결했다.[82] 당시 나이가 31세였다. 그때 한나라 장수 넷이 항우의 시신을 네 부분으로 갈랐다. 이 네 사람이 낭중기郞中騎 양희楊喜, 기사마騎司馬 여마동呂馬童, 낭중 여등呂騰과 양무楊武다.

이렇게 하여 막다른 골목에 몰린 영웅 항우와 26명의 군사가 최후의 운

---

82) 항우가 자결하자 한나라 장수 왕예(王翳)가 달려들어 항우의 목을 잘랐다.

명을 맞이했다.

어떤 사람은 항우는 영웅이며, 그의 몸에는 영웅만이 지닐 수 있는 호쾌한 기상이 넘친다고 말한다. 남송南宋 시인 이청조李淸照는 「영항우」詠項羽83)라는 오언절구를 지었다.

살아서는 인걸이 되었고, 生當作人傑

죽어서도 귀웅이 되었네. 死亦爲鬼雄

지금도 항우를 생각하며, 至今思項羽

강동으로 건너가지 않으려 하네. 不肯過江東

이 시에도 항우의 영웅적인 기상을 숭배하는 이청조의 마음이 잘 드러나 있다. 사마천도 항우를 사랑하는 마음을 숨기지 못하고 그의 몸에 독특한 재기才氣가 갖춰져 있다고 하면서 『사기』 속 제왕의 전기인 「본기」本紀에 항우의 행적을 기록했다. 고금의 시詩·사詞·가歌·부賦에서도 항우를 탄식하거나 찬미한 작품이 많다. 이런 면에서도 항우가 여전히 사람들 마음속에서 가장 위대한 영웅으로 인정받고 있음을 알 수 있다.

다만 항우의 개성이 복잡다단했기 때문에 그의 인생 방향이 지리멸렬한 결과를 빚은 것으로 보인다. 후세 학자 첸중수錢鍾書 선생의 분석에 의하면 항우에게는 "말을 온화하게 하다가도" "갑자기 심하게 질타하는" 측면도 있고, 성격이 "공손하고 자애로우면서도" "사납고 교활한" 측면도 있고, "사람을 사랑하고 선비를 예우하면서도" "현인을 질투하고 능력자를 시기하는" 측면도 있고, "여성처럼 다정하면서도" "도살과 폭행을 일삼는" 측면도 있고, "음식을

---

83) 「하일절구(夏日絶句)」라고도 한다.

나눠먹으면서도" "인색하게 인수를 수여하지 않으려는" 측면도 있었다. 이처럼 상반된 개성이 항우 한 사람의 몸에 집중되어 있기 때문에 양손에 서로 다른 책을 나눠 쥔 듯하고, 하나의 성대로 서로 다른 노래를 부르는 듯하다. 이런 특징으로 살펴볼 때, 항우의 죽음은 기실 그 자신의 성격으로 인해 유발된 비극이라 할 수 있다.

보름 후 항우는 노鲁나라 땅 곡성의 한 산비탈에 안장되었고, 무덤 앞 묘비에는 "노공지묘"鲁公之墓라는 글씨가 새겨졌다. 애초에 초 회왕이 분봉할 때 항우를 노공鲁公에 봉했으므로 그곳은 항우의 첫 번째 봉토였고, 이에 유방은 항우를 노공의 예로 장사지냈다. 이처럼 세심한 처리는 모두 장량의 건의를 받아들인 결과였다. 장량은 유방에게 이렇게 말했다.

"지금 바야흐로 천하는 평정했지만, 민심을 잘 어루만져서 전하의 관대하고 어진 덕을 드러내야 합니다. 하물며 전하께서는 항우와 함께 반진 의군을 일으켜 의형제를 맺었으므로 융숭한 의례로 항우를 장사지내야 합니다."

유방은 장량의 건의에 동의했다. 그는 직접 장례를 주관하고 제문을 지어 진나라를 멸한 항우의 공적을 현창했으며, 아울러 태공과 부인을 석방한 후의에 대해서도 감사의 마음을 표시했다. 마지막으로 그는 또 자신과 천하를 다투다가 죽은 항우가 여전히 자신이 가장 탄복하는 적수임을 밝혔다. 제문을 다 읽은 후 유방은 항우를 노공의 예로 곡성에 안장했다. 그리고 항백을 사양후射陽侯에 봉하고 나머지 항씨 친족도 각각 도후桃侯(項襄), 평고후平皋侯(項它), 현무후玄武侯(이름 불명)에 봉한 후 자신의 성인 유씨劉氏를 하사하여 왕실의 두터운 은총을 보여줬다.

이 모든 절차가 잘 마무리되자 장량은 황석노인이 생각났다. 황석노인은 장량에게 『태공병법』을 전수하면서 이렇게 말했다.

"성실하게 이 책을 읽으면 천하를 쟁취하는 제왕의 스승이 될 수 있을 것이다. 10년 후에는 틀림없이 진정한 왕이 일어난다. 잘 기억해두어라. 13년 후에 너는 곡성 땅을 지나갈 텐데 거기서 황석을 만날 것이다. 그 돌이 바로 나다."

황석노인의 가르침을 준수하여 장량은 지금 제왕의 스승이 되었고, 한 왕을 보좌하여 천하를 얻었다. 하지만 지금 황석노인은 어디에 있는가?

6장

국가

한신의 병권을
교묘하게 회수하다

유방이 한신을 불안하게 여기다

한신은 해하에서 '십면매복' 작전으로 기발한 전투를 펼쳐 항우를 성공적으로 포위해 죽였다. 그러나 유방이 항우를 곡성에 장사지낸 후 그렇게 빨리 자신에게 손을 쓸 줄은 몰랐다. 한신은 해하 일전에서 빛나는 전공을 세웠기에 서둘러 포로를 접수하고, 물자를 하나하나 점검하고, 전리품을 상부에 바친 후 유방에게 자신은 군사를 이끌고 정도定陶로 돌아가겠다고 요청할 심산이었다.

사리에 비춰봐도 초나라를 멸망시킨 뒤에는 한나라와 균형을 이룰 만한 세력이 더 이상 존재하기 어려웠다. 유방은 마침내 천하통일이라는 대업을 완수했으므로 그 자신도 더 없이 기뻐해야 마땅했다. 그러나 기실 유방은 한신이 막강한 병력을 거느리고 있고, 그의 병력이 천하무적이므로 불안감을 떨치지 못했다. 지금 항우는 죽었지만 한신이 만약 자신의 군사력에 기대 자립을 선포하면 이 어찌 큰 재앙이 아니겠는가? 이 때문에 유방은 한신의 정도 회군을 허락하면서도 마음 한구석이 찜찜했다. 어느 날 유방은 장량을 곁으로 불러서 근심을 토로했다.

"한신이 정도에 주둔한 이후로 나는 편안히 잠을 잘 수 없소. 한신을 제거하지 않으면 나는 하루도 편히 잘 수 없을 것이오. 자방! 내게 만전의 계책 한 가지를 생각해줄 수 없겠소?"

장량은 유방의 말을 듣고 경악했다. 자신이 평소에 반신반의해온 예감이 너무나 정확하게 적중했던 것이다. 유방은 끝내 한신에 대한 걱정을 내려놓지 못하고 있었다. 다만 그가 이렇게 빨리 한신을 청산하고 싶어할 줄은 예상하지 못했다. 장량은 어떻게 대답해야 할지 몰라서 한동안 주저했다. 장량은 잠시 생각한 후 이렇게 대답했다.

"전하! 천하가 방금 안정을 찾았습니다. 장졸들은 오랜 세월 전투를 치르느라 지칠 대로 지쳤습니다. 지금은 휴식 위주의 정책을 펼쳐야 합니다. 한신에 대해서는 너무 조급하게 생각하지 마십시오. 조급하게 대응하면 변란이 발생합니다."

그러나 유방은 침울한 얼굴로 불안한 표정을 지으며 말했다.

"허나 한신을 제거하지 않으면 침상 옆에 사나운 호랑이가 누워 있는 것처럼 느껴져서 숙면을 취하기 어렵소."

장량은 한신을 잘 알았다. 모든 곳에서 승리한 총사령관 한신은 지금 분명 천하 최고의 병권을 잡고 있다. 그러나 한신은 가장 높이 오르기를 바란다 해도 제후왕이 되려 할 뿐이지 황제가 되려는 야심은 없다. 하지만 유방은 그에 대해 마음을 놓지 못하고 시종일관 그를 제거하려 한다. 사실은 한신이 제나라 임시 왕을 청했을 때 한신에 대한 유방의 시기심이 본격적으로 싹트기 시작했다. 장량은 유방의 시기심을 없애는 것이 불가능하다는 사실을 알고 있었으므로, 가능한 한 유방의 결정을 늦추도록 할 수밖에 없었다.

회음후 한신

장량이 말했다.

"저는 전하께서 한신을 죽인다 해도 아무 이익을 얻지 못할 것이라고 생각합니다. 생각해 보십시오. 만약 한신을 죽이면 다른 몇몇 제후왕들도 밤낮없이 불안해하다가 반란을 일으키려 할 것입니다. 그렇게 되면 천하가 어찌다시 전쟁의 소용돌이에 휘말리지 않겠습니까. 게다가 이번 해하전투에서'십면매복' 작전은 전부 한신의 병력에 의지했습니다. 하지만 그가 장악한 병권이 너무 강력한 것도 분명합니다. 그러므로 적당한 기회에 그의 병권을 회수하는 것이 가장 좋겠습니다."

유방은 위풍당당한 한신의 통솔 위용이 떠올라 부지불식간에 길게 한숨을 쉬었다.

"한신의 병권을 회수하는 것은 정말 쉬운 일이 아니오."

장량이 말했다.

"전하! 소수무에서 있었던 일을 아직 기억하시겠지요? 전하와 하후영 두 분이 한신의 군영으로 가서 그의 병부兵符를 박탈했습니다. 어찌 그 일을 본받지 않으십니까?"

이전에 분명 유방은 소수무로 가서 한신의 병부를 박탈한 적이 있다. 하남 땅 획가현獲嘉縣(허난성 휘자현)에 동서 두 성이 있는데, 동쪽 성은 소수무이고, 서쪽 성은 대수무大修武다. 당시에 소수무는 한신과 장이의 본영이 주둔한 곳이었다. 당초에 유방은 성고에서 항우에게 곤경을 당할 때, 한신으로 하여금 연나라와 제나라를 공격하라고 명령을 내렸다. 그러나 당시 조나라에서 항복한 장수 이좌거李左車가 한신을 위해 한 가지 계책을 냈다. 그는 두 나라를 공격하지 말고 먼저 서찰 한 통을 써서 연나라에 보내는 것이 가장 좋은 방법이라고 했다. 즉 한신이 이끄는 대군의 위력과 무력을 서찰로 과시하면 연나라는 싸우지 않고도 항복할 것이라고 주장했다. 그리고 서찰을 또 한 통 써서 제나라에도 보내 연나라가 이미 항복했음을 알리면 제나라도 항복할 것이라고 했다. 칼날에 피를 묻히지 않고 이기는 것, 즉 싸우지 않고 승리하는 것이 최상의 계책이라는 것이다. 한신은 이좌거의 계책에 따랐지만 유방은 한신이 병력을 눌러두고 움직이지 않는 상태를 바라지 않았다.

어느 날 유방은 성고에서 몸을 빼내 가벼운 수레를 타고 하후영 한 사람만 대동한 채 몰래 북문으로 빠져나와 황하를 건넜다. 그는 쥐도 새도 모르게 소수무로 달려갔다. 다음날, 날도 아직 밝지 않은 이른 새벽에 두 사람은 신분을 속이고 한왕의 서찰을 전해주러 왔다고 하면서 한신의 군영으로 직진했다. 당시에 한신은 아직 단잠에 취해 있었다. 유방은 하후영에게 밖에서

금박 글자를 새긴 진나라 양릉陽陵 호부虎符

기다리라 하고 직접 한신의 장막 안으로 쳐들어가서 대장군 인수와 병부를 회수했다.

그 당시 군대를 거느리고 전투에 나선 대장에게 인수와 병부는 권력의 상징이었다. 이른바 병부는 주로 군사를 움직이고 장수를 파견하기 위한 위임장과 같았다. 황금으로 호랑이를 조각한 모양이기에 호부虎符라고도 불렀다. 호부의 등에는 글자가 새겨져 있고, 그 중앙을 반으로 갈라서, 절반은 군대를 인솔하는 장수가 보관하고, 다른 절반은 정책결정권자가 보관한다. 하나의 병부는 전문적으로 한 가지 일에 하나만 쓰고, 한 곳에도 하나만 써야 한다. 절대로 한 사람의 병부를 두 가지 일이나 두 곳에 쓸 수 없다. 군사를 움직이고 장수를 파견할 때는 반쪽을 각각 하나로 합쳐서 모양이 딱 들어맞아야 한다. 만약 양쪽 모양을 합쳐서 모양이 들어맞으면 군사 동원에 효력이 발생하는데 이것을 부합符合이라고 부른다.

『사기』「회음후열전」원문

(소수무에) 이르러 객관에 묵었다. 새벽에 스스로 한나라 사자라 일컬으며 말을 달려 조나라 성벽 안으로 들어갔다. 장이와 한신은 아직 일어나지 않았다. 그들의 침실로 들어가 인수와 부절을 박탈하고, 깃발을 이용해 장수들을 소집한 후 부대를 바꿔 배치했다. 至, 宿傳舍. 晨自稱漢使, 馳入趙壁, 張耳·韓信未起, 卽其臥內上奪其印符, 以麾召諸將, 易置之.

인수와 병부는 아주 중요한 신표이므로, 심지어 지존의 신분인 군왕이라도 자기 목숨을 보호하듯 인수와 병부를 보호해야 한다. 그러므로 군왕을 축출할 때도 첫 번째로 감행하는 일이 바로 그의 옥새와 병부를 박탈하는 것이다. 당시 유방은 이 수단을 이용하여 한신의 두 가지 신표를 자신의 손에 넣었다.

그는 득의양양하게 밖으로 나와서 군사들을 불러 모았다. 군사들이 집합하자 한신이 잠에서 깨어났다. 한신은 자신의 인수와 병부가 유방의 손에 있는 것을 보고 대경실색했다. 유방이 명령했다.

"한신! 어서 제나라를 공격하라!"

한신은 유방의 명령에 고분고분 따를 수밖에 없었다.

유방은 소수무에서 있었던 일을 물론 기억하고 있었지만, 잠시 생각을 가다듬고 다시 말했다.

"내가 정도로 가서 한신을 만날 수도 있지만 정도는 소수무가 아니고, 한신도 지난날 한신이 아니오. 이번에 정도로 가려면 단단히 준비를 해야 할 것이오."

"만약 전하께서 대군을 이끌고 가시면 당연히 한신이 의심할 것입니다. 그러나 소수의 병력만 데리고 가시면 한신에게 이길 수 없으므로 차라리 데리고 가지 않는 편이 더 낫습니다. 하지만 한신이 예상하지 못하는 방법을 써야지요."

그런데 어떤 구실을 대고 한신의 군영으로 갈 수 있겠는가? 유방과 장량

제왕의 스승 장량

이 주저하고 있을 때 밖에서 어떤 군사가 보고를 올렸다.

"각지의 제후들이 모두 한왕 전하께 귀의했지만 노현의 제후^{魯公}만 여전히 항우를 위해 노현을 고수하며 항복하려 하지 않습니다."

항우가 피살된 후 현실 동향에 밝은 초나라 각 부락 권력자들은 모두 유방에게 투항했지만 노공^{魯公}만이 항우를 잊지 못하고 유방에게 몸을 굽히지 않았다. 유방은 분노하여 군대를 보내 정벌할 생각이었다. 장량은 유방의 그런 모습을 보고 찬성하지 않았다.

"옛 노나라는 공자의 고국이고 예의의 나라입니다. 따라서 정벌해서는 안 되고 응당 위무해야 합니다. 하물며 천하가 이미 평정되었으므로 죽음으로 절개를 지키고 예의를 준수하는 노나라의 정신은 숭배할 가치가 있습니다."

장량은 또 잠시 생각에 잠겼다가 영감이 떠오른 듯 말했다.

"제게 좋은 생각이 있습니다. 노현은 작은 성이니 걱정하지 않으셔도 됩니다. 그러나 노현은 제나라와 아주 가깝습니다. 전하께서는 대군을 이끌고 노공을 공격하는 척하십시오. 한신은 전하께서 군사를 이끌고 오신다는 소식을 들어도 틀림없이 의심하지 않을 것입니다. 노현을 평정한 후에는 중원으로 회군하는 길이 정도를 거치므로, 그 참에 정도로 들어가 한신의 제나라 군대를 위로한다는 명분을 내걸고 때를 보아 한신의 병권을 회수하십시오. 그렇게 하시면 베개를 높이 베고 편히 주무실 수 있을 것입니다."

유방은 아주 좋은 방법이라 생각하고 바로 동의했다. 이에 유방은 즉시 한나라 군대의 위력을 과시하며 20만 대군을 이끌고 노현을 공격하기 위해 북상했다. 유방이 군대를 보내 노현을 공격한 방법은 아주 간단했다. 노현에 도착하여 성을 단단히 포위했지만 바로 공격하지는 않고 군사들에게 항우의 머리를 장대 끝에 높이 매달게 한 후 그 장대를 들고 성곽 밖을 빙빙 돌며 소리를 지르게 했다.

"초나라는 이미 멸망했고, 항왕도 벌써 죽었다. 장대에 매달린 항왕의 머리를 보아라. 노공은 어서 항복하라!"

노공은 성 위에서 분명하게 보았다. 그건 확실히 항우의 수급이었다. 그는 낙심하여 땅에 엎어졌다. 노공은 자신이 한나라 군대의 적수가 못 된다는 것을 알고 성문을 활짝 열고 머리를 조아리며 항복할 수밖에 없었다. 이에 유방은 노공을 여전히 노현의 현령으로 임명한 후 항우를 노현 서북쪽 곡성에 안장하고 원래 계획에 따라 중원으로 돌아가는 길로 들어섰다.

장량이 한신에게 권하다

유방은 정도에 당도하여 한신과 철저하게 대결할 준비를 했다. 이번에 그는 한신의 병권을 회수해야 할 뿐 아니라 한신이 다스리는 제나라 땅도 탈환해야 했다. 기실 장량도 연도 내내 궁리를 거듭했다. 애초에 장량은 유방에게 한신을 제나라 왕으로 봉해야 한다고 건의했고, 또 유방의 명령을 받들고 제나라 왕의 옥새를 한신에게 전하기도 했다. 지금 유방이 일심으로 한신을 제거하려 하는 상황에서 장량은 자신도 한신의 안위에 특별한 책임이 있다고 느꼈다. 또 만약 이번에 유방이 한신의 병권과 제나라 통솔권을 회수할 때 한신이 명령을 거부하고 반란을 일으키면 어찌 대사를 그르치지 않겠는가? 이에 장량이 유방에게 말했다.

"전하께서는 정도에 당도하신 후 몇 단계로 나눠 계책을 시행해야 합니다. 먼저 한신의 병권을 회수하십시오. 그런 후 다시 한신에게 초나라를 관리할 사람이 없는데, 한신이 초나라 풍속을 잘 알기 때문에 제나라 왕에서 초나라 왕으로 봉토를 바꾼다고 하십시오. 이 조치는 한편으로 한신을 제나라 땅에서 떠나게 하여 북방의 걱정을 해소하는 방안이고, 다른 한편으로는 한신으로 하여금 그의 본적지인 초나라 땅으로 금의환향하게 하는 방안이기도 합니다. 이렇게 하면 한신은 영광스럽게 고향으로 돌아가서 조상을 빛낼 수 있으니 일거양득의 조치가 아니겠습니까?"

유방은 너무나 기뻐서 웃으며 말했다.

"명분은 조상을 빛내준다고 하면서 실제로는 호랑이를 산에서 내쫓는 방안이구려. 훌륭한 계책이오."

한신을 만난 후 유방은 과연 전혀 거리낌없이 단도직입적으로 말했다.

"내가 진나라에 항거하여 군사를 일으킨 이래로 해마다 전투를 치르느라 백성들은 말로 표현할 수 없는 고통에 시달리며 사해가 다시 통일되어 태평한 시대가 오기를 학수고대했소. 이에 나는 이제 군대를 해산하고 전쟁을 하지 않기로 결심했소. 이 때문에 장군께서는 이제 병권을 반납하기 바라오. 그렇게 해야 모두들 안심하고 서로 편안한 나날을 보낼 수 있을 것이오."

한신은 유방이 기세등등하게 들이닥치자 그의 말과 안색을 살폈다. 한신은 이번에 유방의 행차가 자신에게 좋을 것이 없다는 사실을 분명하게 느꼈다. 이에 한신은 극진한 예의만 표시할 뿐 자신의 막대한 공훈은 전혀 드러내지 않았다.

한신은 유방의 몇 마디 말을 들어보고는 유방이 여전히 자신을 신뢰하지 않고 있다는 사실을 즉각 알아차렸다. 기실 유방이 한신을 불안하게 여긴 것은 하루 이틀의 일이 아니었다. 애초에 한신을 파견하여 조나라와 대나라를 공격하게 할 때도 유방은 자신이 가장 신임하는 장수이고 나중에 사돈이 된 장이를 한신 곁에 배치하여 동급 대장 역할을 수행하게 했다. 그러나 그것은 기실 한신을 견제하기 위한 조치였다. 나중에 유방은 또 가장 강력하고 가장 신임하는 동료 조참을 한신의 부장으로 삼았는데 이 또한 감군監軍으로서 한신의 일거수일투족을 감시하기 위한 계책이었다.

이러한 자잘한 감시와 견제를 한신도 물론 분명하게 알고 있었다. 지난번 소수무에서 한신은 유방으로부터 고단수 가르침을 받은 적이 있다. 다만 자신은 유방에게 귀의한 날부터 혈혈단신 혼자였고, 평지에서 떨쳐 일어나 대장군이 되었지만 형제나 친척은 한 사람도 없었다. 또 자신이 거느린 병사들도 대부분 유방의 수하들이었다. 그러므로 유방이 자신을 감시하기 위해 파견한 사람도 얼마나 많은지 알 수 없었다. 지난번 괴통이 유세하러 왔을 때 한신은 스스로 능력을 헤아려 보지도 않고 자신은 유방과 대항하려고 생각한 적이 전혀 없다고 했다. 이 때문에 유방이 지금 병부를 회수하고 군대를 옮기라고 하는데도 한신은 전혀 반항하지 않고 즉시 성의를 다해 대답했다.

"항우를 격파한 후에 저도 줄곧 언제 병권을 돌려드릴까 생각하고 있었습니다. 그런데 오늘 전하께서 직접 정도에 오셨으므로 제가 본래 자진해서 병권을 돌려드려야 했습니다. 저의 느린 행동을 용서해주십시오."

한신은 말을 마치고 인수와 병부를 가져오게 하여 자신이 직접 무릎을 꿇고 두 손으로 받들어 올렸다. 한신이 이처럼 공손하게 명령을 받들자 유방은 몰인정하게 다음 조치를 계속 시행하는 것이 좀 겸연쩍게 느껴졌다. 이에 유방은 연도 내내 쌓인 피로를 풀기 위해 하룻밤 편히 쉬기로 결정하고 다음 일은 내일 다시 논의하기로 했다.

하지만 한신은 마음속으로 생각을 굴려보았지만 유방이 자신의 병권을 불안하게 여긴다는 사실 이외에 또 무슨 걱정이 있는지, 또 앞으로 무슨 조치를 취할지 알 수 없었다. 이에 그는 먼저 유방의 잠자리를 잘 보살펴준 후 특별히 장량을 찾아와서 물었다.

"선생께 가르침을 청하오. 전하께서 저를 불안하게 여기시는 듯하오."

장량이 말했다.

"기실 전하께서는 특별히 장군을 불안하게 여기시지는 않소. 전하께서 가장 마음을 놓지 못하시는 곳은 바로 북방이오."

한신이 말했다.

"내가 제나라에 거주하게 된 것은 전하께서 나를 제나라 왕으로 봉하셨기 때문이오. 전하께서 불안하게 여기시기에 나는 이미 옥새를 반환했소. 그럼 내가 또 무슨 일을 해야 하오?"

장량은 잠시 생각하다가 간단하게 말했다.

"지금 천하는 이미 평정되었고, 한왕 전하의 공이 으뜸이오. 대장군께서 다른 제후들과 함께 연명으로 글을 올려 전하를 황제로 모셔야 한다고 건의해 주시오."

한신을 고개를 끄덕이며 말했다.

"마땅히 그리 해야지요. 또 다른 일은……?"

"내일 전하께서 대장군의 봉토를 바꿔서 초왕으로 봉하실 것이오. 마음의 준비를 하고 있으시오. 절대 화를 내며 대처하다가 소탐대실의 결과를 빚어서는 안 되오. 일이 이미 이렇게 되었으니 전하의 시기심을 부추기지 말고, 순리에 따르며 오해를 없애야 하오."

한신은 장량의 말을 듣고 마음이 덜컥 내려앉았으나 다시 생각해보니 최악의 상황은 아니었다.

'과거에 나 자신이 나를 제나라 왕으로 봉해달라고 요청했던 것은 당시 긴급한 상황 때문에 어쩔 수 없는 일이었으나, 전시 상황에 스스로 제후왕이 되겠다고 나섰으니 명분에도 맞지 않는 일이었다. 그러나 지금 천하가 태평한 시절에 초나라 왕으로 책봉된다면, 초나라가 비록 작다 해도 명실상부하

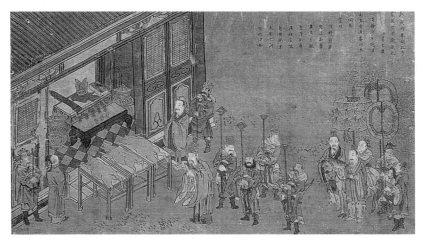
한 고조 유방이 공자에게 제사를 올리다

게 공명을 성취했다 할 만하다.'

그래서 한신은 장량에게 말했다.

"선생의 일깨움에 감사하오. 내 마땅히 명심하리다."

다음날 과연 유방은 굳은 안색으로 한신에게 말했다.

"지금 초나라 땅은 평정되었지만 항우가 그곳에 오래 머물렀으므로 아직 민심이 갈피를 잡지 못하고 있소. 나는 능력 있는 사람을 그곳으로 보내 백성을 편안하게 위무할 생각이오. 장군께서는 초나라 땅에서 태어났으니 초나라 풍속에도 밝으실 것이오. 나는 장군의 봉토를 바꿔 초나라 왕에 봉하고 하비에 도읍을 정하게 할 작정이오. 장군의 생각은 어떠하오?"

한신은 이미 자신의 봉토가 바뀐다는 사실을 알고 있었기에 유방이 이렇게 자신의 의견을 묻자 다른 생각을 할 수 없어서 바로 좋다고 답변을 했다. 유방은 한신의 선선한 동의가 좀 뜻밖이었다. 하지만 한신이 이처럼 흔쾌히 동의하자 유방은 자신의 마음을 누르던 무거운 바위가 땅바닥으로 훌쩍 떨어지는 것 같았다.

유방은 한신의 병부를 두 번 박탈했다. 첫 번째는 상황이 가장 위험한 시기였고, 둘째는 천하가 평정된 지금이었다. 상황이 가장 위험할 때도 유방에게 가장 위험한 사람은 한신이었고, 가장 안전할 때도 유방에게 가장 불안한 사람은 한신이었다. 이로써 살펴보면 한신에 대한 유방의 경계심은 매우 뿌리가 깊었음을 알 수 있다.

기실 유방의 이런 행동에 한신은 불만이 없을 수 없었지만 전쟁이 이미 끝났으므로 병권을 반환하는 것은 매우 자연스러운 일이었다. 제나라 왕의 직함이 초나라 왕으로 바뀌었다 해도 초나라는 한신 자신의 고향이므로 금의환향하는 셈이어서 한신은 여전히 우쭐한 심정이었다.

또한 한신은 유가의 가르침을 존중하며 군자로서의 언행을 강구했으므로 마음 씀씀이가 결코 잔인하지 않았다. 한신은 초나라를 봉토로 받은 후 먼저 자신의 사람됨을 알려주는 세 가지 일에 착수했다.

첫째, 한신이 하비에 당도하여 가장 먼저 찾은 사람은 바로 지난날 자신에게 밥을 준 표모漂母(빨래하는 아낙네)였다. 그는 표모에게 상금 1천 냥을 주고 마음에서 우러난 감사의 정을 표시했다. 둘째, 일찍이 자신과 더불어 취식을 함께한 남창 정장南昌亭長을 찾아 1백 전을 상으로 줬다. 셋째, 그 시절 가랑이 사이로 기어나가게 하며 자신을 모욕했던 왈패 소년을 찾아, 그를 죽이지 않고 오히려 관직에 임명했다.

한신은 그날 바로 하비로 부임하며 아무 원망의 기색도 보이지 않았다. 따라서 유방이 품었던 불안감도 자연히 해소되었다.

도읍을
결정한 사람

군신들이 남궁에서 도읍 결정에 대해 논의하다

순식간에 한나라 5년(BC 202)이 되었다. 이제 정도는 천하 사람들이 주목하는 중심 지역이 되었다. 정도는 풍수상의 길지로, 전설에 의하면 요堯 임금이 일찍이 이곳에 거주한 적이 있다고 한다. 정도 경내에는 범수氾水가 구불구불 북쪽으로 흘러서 마지막에 황하로 유입된다. 정도는 또 미인의 고장으로 유방의 총비 척희戚姬(BC 224~BC 194)가 바로 이곳에서 태어났다.

유방이 항우를 멸하자 각 지역 장수들도 지방의 반란 세력을 평정하고 앞서거니 뒤서거니 정도로 모여들었다. 당시에 한신은 장량의 건의에 따라 팽월·영포 등과 함께 글을 써서 유방에게 황제의 보위에 오르기를 요청했다.

유방은 좀 부끄러워하는 체하다가 얼마 견지하지 못하고 2월 초사흘 범수 가에 흙 제단을 높이 쌓고 성대한 황제 즉위식을 거행했다. 당시에 그를 위해 즉위식을 기획하고 주재한 사람은 나중에 사마천에 의해 '한나라 유종'

제왕의 스승 장량

漢家儒宗^{漢家儒宗}으로 칭송받은 숙손통^{叔孫通}(BC 245?~BC 190?)이었다. 유방은 곤룡포를 입고 면류관을 쓴 채 유생 숙손통이 정한 절차에 따라 성대하고 장중한 즉위식을 거행하며 황제 보위에 올랐다. 사람들은 그를 이제 '황상폐하'라 부르기 시작했다.

물론 유방 가족들의 호칭도 바뀌었다. 유방의 아내 왕후 여치는 황후로, 아들 유영^{劉盈}(BC 210~BC 188)은 황태자로 개칭되었다. 또 이미 세상을 떠난 유방의 모친에게도 소령황후^{昭靈皇后}라는 우아한 호칭이 부여되었다.

한나라 초기에 분출된 새로운 기상은 모두 한나라 때 백옥으로 만들어진 화표^{華表}[84]와 같았다. 즉위식 전례를 거행한 후 유방은 바로 낙양 남궁^{南宮}으로 귀환했지만 그곳은 임시로 머무는 거처일 뿐이라고 생각했다. 이제 즉위식을 거행했으므로 도읍을 정하는 것이 급선무로 대두했다.

즉위 첫날은 많은 대신들이 자신의 공적을 자랑하느라 시끌벅적했으며 심지어 칼을 빼들고 기둥을 내리치는 자도 있었다. 현장이 순식간에 무질서하게 변하여 유방 자신도 머리가 어지러울 지경이었다. 유방은 먼저 국가대사로서 도읍을 결정한 후에 다시 논공행상을 해야겠다고 생각했다. 이에 유방은 문무백관들에게 내일 낙양 남궁에서 이 일을 논의하겠다고 조칙을 내렸다.

다음날 유방은 남궁에 당도하여 대신들에게 좌정하라고 명령을 내렸으나 여전히 구태를 보이는 일부 사람들을 발견했다. 문신들은 그래도 좀 나은 편이어서 나름대로 예절을 갖추고 있었지만 유방과 동향인 일부 무장들은 자신의 전공을 떠벌리느라 여념이 없었다. 또 그들은 황상의 오랜 벗이라면

---

84) 화표: 중국 고대 궁전, 성곽, 교량, 능묘 앞에 세운 거대한 기둥이다. 흔히 돌로 만들며 아름다운 조각으로 장식한다.

'한병천하'漢幷天下 와당. 한 고조의 천하평정을 기념하기 위해 만듦

서 유방의 면전에서도 멋대로 행동하며 큰 소리로 소란을 피웠다.

유방은 난감함을 느꼈다. 그는 자신을 따라 군사를 일으켜 천하를 탈취한 저들의 소양이 형편없다는 사실을 알게 되었다. 한韓나라 귀족 장량을 제외하면 다른 사람들은 모두 저잣거리의 장사꾼이거나 진나라 군대의 졸개들이어서 전혀 체면을 따질 줄 몰랐다. 하지만 유방은 스스로를 돌아봐도 무식하고 무례한 정도가 그들보다 지나치면 지나쳤지 모자라지 않을 듯했다. 한번은 영포가 투항했을 때 유방은 예법에 맞게 행동할 줄 몰라서 발을 씻으며 그를 맞은 적이 있다. 이런 자들이 천하를 통일했으니 유방이 황제가 되었다 해서 바로 행동을 고치기는 어려운 일이었다. 게다가 유방 자신조차 법도에 맞는 행동을 전혀 할 줄 몰랐으니 그들만을 탓할 수도 없는 노릇이었다. 이에 유방도 더 이상 시시콜콜 예절만을 따질 수가 없어서 이렇게 말했다.

"즉위식 행사가 끝났으니 다음은 이 나라 도읍을 어디로 정해야 하는지

제왕의 스승 장량

따져봐야 하오. 짐은 생각을 정하지 못하겠소. 이제 여러분의 의견을 듣고자 하오."

유방의 말이 끝나자마자 좌중이 시끄러워졌다. 그때 몇몇 대신이 벌떡 일어나 큰 소리로 말했다.

"낙양은 천하의 중심입니다. 폐하께서 천하를 통일하셨으니 낙양에 도읍을 정하는 것이 마땅합니다."

낙양은 북으로 황하를 등에 지고 남으로 낙수洛水(허난성 뤄양시 뤄허洛河)를 바라본다. 서쪽에는 효산崤山(허난성 뤄닝현洛寧縣 서북 샤오산)이 있고, 동쪽에는 성고가 있어서 사방이 모두 산으로 둘러싸여 있다. 이처럼 자연이 병풍처럼 보호해주는 땅에 식량도 풍부하므로 도읍으로 정하기에 좋은 곳임이 분명하다.

또한 주나라 초기에 동쪽 제후들에 대한 통제를 강화하기 위해 이곳에 궁궐을 짓고 '성주成周'라는 이름을 붙였다. 나중에 다시 주나라 평왕平王이 정식으로 이곳에 천도하여 그 후 500여 년 동안 도성으로 기능해왔다. 진시황 초기에는 상국 여불위에게 낙양 땅 10만 호를 식읍으로 하사했다. 여불위는 그 기회에 대형 공사를 일으켜 지난날의 도성을 더욱 화려하게 장식했다. 지금은 유방이 군사를 이끌고 함곡관을 나서 천하를 얻었으므로 낙양을 도읍으로 삼는 것이 정리에도 부합하는 듯이 보였다.

그러나 어떤 대신이 바로 반대 의견을 표시했다.

"폐하! 다시 관중에 도읍을 정하도록 고려해 주십시오. 진나라도 결국은 그곳에 도성을 건설했습니다."

하지만 이 대신의 의견은 많은 사람들의 반대에 부딪혔다.

"폐하! 절대 관중으로 들어가서는 안 됩니다. 생각해 보십시오. 주나라는 낙양에 도읍을 정하고 나서 몇 백 년을 이어갔지만, 진나라는 관중에 도

한 고조

읍을 정하고 2세 만에 멸망했습니다. 매우 불길합니다."

절대다수는 낙양 도읍 의견에 찬성했다. 기실 여기에는 한 가지 원인이 숨어 있다. 즉 당시 대신들은 대부분 유방과 동향이었다. 그들이 볼 때 관중은 그들의 고향에서 너무 먼 곳이지만 낙양은 그래도 좀 가까운 편이었다. 이 때문에 그들은 유독 낙양에 애착을 보였다. 유방도 낙양을 도읍으로 정하리라 생각하고 있었지만 마음에 다소 미심쩍은 부분이 있었다.

누경의 건의

유방이 이러지도 저러지도 못하고 있을 때 갑자기 누경婁敬이란 사람이 황상을 만나 뵙고 국가대사를 의논하고 싶어 한다는 보고가 올라왔다. 본래

제왕의 스승 장량

누경은 제나라 사람으로, 일찍이 농서隴西(간쑤성) 일대를 지키며 이민족과의 무역을 담당했기에 변경 방비와 외교 업무에 자신만의 견해를 갖고 있었다. 그는 조정에서 도성 결정 문제를 논의한다는 소문을 듣고 특별히 낙양으로 와서 동향인 우虞 장군에게 유방을 알현하게 해달라고 부탁했다.

당시에 우 장군은 누경이 거친 베옷을 입은 것을 보고 예의에 맞는 옷으로 갈아입고 입궁하라 요구했다. 그런데 뜻밖에도 누경은 자기만의 개성을 뽐냈다.

"내가 비단 옷을 입고 왔다면 비단 옷을 입은 채로 황상을 알현할 것이오. 허나 거친 베옷을 입고 왔으므로 입은 그대로 황상을 알현할 것이오. 나는 본래 내 모습을 유지하기를 희망하오. 황상을 속이고 싶지 않소."

우 장군은 그의 말을 그대로 유방에게 전할 수밖에 없었다.

그런데 유방은 본래 귀천을 가리지 않고 재능만 있으면 형식에 구애되지 않았기 때문에 변방의 수졸戍卒이 예의를 차리지 않았다고 만나보지 않겠다는 생각을 하지 않았다. 게다가 그는 지금 도읍 결정에 관한 여러 의견을 듣고 싶었으므로 누경의 알현을 허락했다.

그리하여 누경은 거친 베옷을 입고 성큼성큼 걸어 들어와 유방을 향해 군신간의 예절을 행한 후 큰 소리로 말했다.

"소문을 들으니 폐하께서는 낙양에 도읍을 정하기로 하셨다는데 한 가지 여쭙겠습니다. 낙양이 일찍이 주나라의 도성이라 폐하께서 지금 그 주나라의 오랜 역사와 견줘보고 싶으신 것입니까?"

누경이 핵심을 찌르자 유방도 고개를 끄덕였다.

"지극히 옳은 말씀이오."

그러자 누경은 고개를 가로저으며 말했다.

"하지만 폐하! 그것은 아주 위험한 일입니다. 폐하의 천하 통일과 주나라의 천하 통일은 아주 다르기 때문입니다."

유방은 그의 말이 무슨 뜻인지 몰라서 물었다.

"무슨 이유요? 나는 그 점에 대해서 자세히 생각해본 적이 없소."

"주나라 선조는 후직后稷이 태邰(산시성 우궁현武功縣 서남쪽) 땅에 봉토를 받은 이후 몇 백 년 동안 선을 쌓고 덕을 행했습니다. 그러다가 태왕太王(古公亶父), 왕계王季(季歷), 문왕, 무왕 대에 이르러 역량이 매우 강성해졌기 때문에 은나라의 혼란을 틈타 주왕을 격파하고 천자가 되어 관중에 도읍을 정했습니다. 성왕成王이 즉위한 이후에는 성왕을 보좌한 주공周公이 낙양이 천하의 중심이어서 제후들이 조공을 바치러 오기에 편리하다는 이유로 동도東都 낙읍을 건설했습니다."

"그렇다고 내가 낙양에 도읍을 정할 수 없다는 것은 무슨 말이오?"

"절대 안 됩니다. 왜냐하면 당초에 주 무왕이 은 주왕을 정벌하기 전에 주나라는 이미 견고한 터전을 건설했기 때문입니다. 그러나 폐하께서는 풍패豊沛에서 봉기하여 파촉에 자리 잡은 후 삼진을 평정하고 중원에서 항우와 패권을 겨뤘습니다. 큰 전투를 70차례 치렀고, 작은 전투를 40차례 치렀습니다. 그 과정에서 장졸들의 몸은 상처투성이가 됐고, 백성들은 생업조차 이어가기 힘들어서 모두들 울음을 그치지 못하는 형편입니다. 그런데 지금 이 낙양은 황폐하고 척박하며 지킬 만한 요새도 없습니다. 그런데도 주나라의 융성기 때처럼 낙양에 도읍을 정하신다니, 이래서야 장차 함락당하지 않는 도성 건설이 어떻게 가능하겠습니까?"

유방은 좀 생각해볼 만한 점이 있다고 느끼며 고개를 끄덕였다.

"일리 있는 말이오. 그럼 어디에 도읍을 정해야 하오?"

누경은 도읍 결정 문제에 대해 오랜 시간 고민해왔음이 분명했다. 그는 자신만만하게 말했다.

제왕의 스승 장량

"신은 폐하께서 관중에 도읍을 정하는 것이 가장 좋은 선택이라고 생각합니다. 낙양에 비해 관중에는 방어 요새로 삼을 만한 산맥과 큰 강이 있습니다. 또 사방에 비옥한 땅이 있기 때문에 사람들은 관중을 '천부'天府(하늘이 낸 곳간)라 부릅니다. 폐하께서 관중을 도읍으로 삼으시면 설령 나라에 긴급 사태가 벌어지더라도 신속하게 백만 대군을 결집하여 동쪽으로 진격할 수 있습니다. 그때에도 관중에 의지하면 뒤를 돌아볼 걱정이 없으므로 진퇴가 자유로워 적의 포위망에 빠질 염려가 없습니다. 폐하! 깊이 생각해 주십시오."

누경의 간절한 간언이 구구절절 유방의 마음에 와 닿았다. 유방은 자신이 중원에 있을 때 몇 번인가 항우에게 포위되어 고통을 당한 일이 떠올랐다. 그때 유방은 스스로 험준한 지형에 의지했던 달콤한 경험이 있다. 특히 초한쟁패 기간에 관중을 견실한 후방으로 삼지 않았다면, 또 그 과정에서 장량의 권고를 듣지 않았다면 어떻게 항우를 끌어내려 최후의 타격을 가할 수 있었겠는가?

그러나 누경 한 사람의 의견에만 의지하여 관중에 도읍을 정하기란 너무 황망한 일이었다. 누경은 어쨌든 무명 병졸에 불과했기 때문이다. 뿐만 아니라 좌중의 장수들이 벌써 귓속말을 주고받으며 누경의 건의에 불만을 표시하고 있었다. 유방과 형제처럼 지내며 오랜 기간 함께 전투를 치러온 사람들은 모두 여러 해 동안 고향으로 돌아가지 못했다. 낙양에 도읍을 정하는 것도 이미 고향에서 멀어지는 일인데 그보다 훨씬 먼 곳인 관중에 도읍을 정하다니? 생각이 여기까지 미치자 유방은 더 주저하며 생각을 정할 수 없었다.

천도는 국가대사다. 이 때문에 유방은 또 장량을 떠올리고 신료들에게 말했다.

"도읍을 낙양에 정할지 관중에 정할지는 자방과 상의한 후 결정하겠소."

장량의 의견

애초부터 장량은 대신들의 의견에 전혀 동의하지 않았다.

"낙양은 지리상 의지할 만한 산과 강이 있으므로 유리한 점도 있지만 주변 지역이 너무 좁습니다. 불과 수백 리 땅으로 천자의 당당한 기상을 드러낼수 없습니다. 또한 낙양 주위의 토지는 매우 척박하고 동서남북이 모두 제후들의 봉토입니다. 일단 제후들이 반란을 일으키면 낙양은 사방에서 적을 맞게 됩니다. 이 때문에 낙양은 분명히 병력으로 지키기에 불리한 곳입니다."

기실 유방은 여러 해 동안 중원에서 전쟁을 하며 장량이 지적한 점을 깊이 깨달았다. 당초에 그가 항우와 밀고 당기며 싸움을 할 때도 오직 성고와 형양 일대를 맴돌았지, 낙양을 점거할 생각은 전혀 하지 않았다. 이 때문에 유방은 장량의 분석에 적극 동의했다. 그의 마음속에는 뿌리 깊은 근심이 잠복해 있었다. 그는 조만간 힘 있는 몇몇 제후와 한바탕 힘겨루기를 해야한다는 사실을 깊이 예감하고 있었다. 그런데 만약 낙양에 도읍을 정하면 나라의 기반이 부실하여 불패의 땅에 발을 딛기가 어려울 것 같았다. 이에 장량이 "낙양은 분명히 병력으로 지키기에 불리한 곳"이라고 말하자 유방의 마음이 깊이 움직였다. 이 말이 그의 근심을 건드렸기 때문이다.

장량은 누경의 진언에 찬동하며 말했다.

"훌륭한 의견입니다. 도읍 결정에 관한 여러 건의 중에서 누경의 말이 가장 현명하고 나머지는 용속한 견해에 불과합니다."

"그렇다면 관중에 도읍을 정하는 것이 좋다는 말씀이오?"

"물론입니다. 관중은 입지 조건이 완전히 다릅니다. 관중 왼쪽은 견고한 효산과 함곡관이고, 오른쪽은 험준한 농산隴山(간쑤성 동쪽 류판산六盤山)과 파촉 땅입니다. 게다가 옥토가 천 리이고, 남쪽에는 부유한 파촉 땅이 있으며,

제왕의 스승 장량

북쪽에는 목축과 무역을 할 수 있는 호족^{胡族} 땅이 있습니다. 동쪽, 북쪽, 서쪽이 막혀 있어서 지키기는 쉽고 공격하기는 어려우므로 동쪽 함곡관으로 나가서 제후들을 제압할 수 있습니다. 제후들이 편안할 때는 황화와 위수^{渭水}(산시성 웨이허^{渭河})를 이용하여 조운을 하기에도 편리하므로 도읍으로서의 수요도 만족시킬 수 있습니다. 만약 제후들이 변란을 일으키면 강물을 따라 내려가서 충분한 물자를 전방에 공급할 수도

한나라 장안성 하수도 철 갑문

있습니다. 관중은 진정 금성천리^{金城千里}이며 천부지국^{天府之國}이라 할 만합니다. 누경의 말이 분명 일리가 있습니다."

장량은 또 마지막에 한마디를 덧붙였다.

"신은 함양의 궁전이 이미 불타고 파괴되었다 하더라도 지금은 천하가 태평하므로 새로 황궁을 짓는 일이 결코 어렵지 않다고 생각합니다. 결국 황제로서 천하에 군림하여 제후들을 통치한다는 측면에 주안점을 둔다면 관중에 도읍을 정하는 것이 최상입니다. 누경의 건의가 옳습니다."

유방은 장량의 분석을 듣고 기쁨에 겨워 말했다.

"정말 훌륭한 말씀이오. 관중은 참으로 도읍을 세울 만한 땅이로군요."

장량의 이런 분석은 한나라의 심원한 앞날을 고려한 대책이었다. 그는 높은 곳에서 아래를 굽어보며 심모원려를 펼치며 구구절절 훌륭한 이치를 담았다. 유방은 자신에게 글을 올려 황제를 칭하라고 건의한 장수들 외에 수시로 그의 보위를 노리는 무리들 중 북방의 흉노도 있다는 사실을 잘 알고

영빈 배알도. 전한 시대 벽화

있었다. 유방은 늘 이들의 동향을 근심스럽게 바라보고 있었다. 이 때문에 도읍을 어디에 정하느냐는 국가의 흥망성쇠와 관련된 일이므로 반드시 입국 立國의 근본과 왕업의 영속성이라는 측면을 고려해야 했다. 유방은 장량이 이 점을 깨우쳐주자 마음이 환하게 밝아오는 느낌을 받았다.

유방은 줄곧 장량의 책략을 매우 신임해왔다. 이에 바로 명령을 내렸다.

"짐은 이제 결정했다. 관중에 도읍을 정할 것이다. 바로 수레를 출발시키 도록 하라."

문무 관리들은 그다지 기껍지 않았지만 반박 의견을 내는 사람은 하나 도 없었다. 첫째, 장량의 분석이 이치에 맞았고, 둘째 유방이 이미 정식으로 천도 명령을 내렸기 때문에 도읍 결정 문제는 그렇게 막을 내렸다.

다음은 관중의 어느 곳에 도읍을 건설하느냐가 문제였다. 진나라 도성 함양은 이미 전화에 파괴되었다. 다시 말해 진나라는 2세 만에 멸망했으므 로 매우 불길했다. 이 때문에 함양을 다시 도성으로 삼을 수는 없는 일이었 다. 군신들의 논의를 거쳐 유방은 마침내 주나라 도성 호경鎬京에서 멀지 않 은 곳에 새로운 궁궐을 짓고 그곳을 도성으로 삼기로 결정했다. 또 2세 만에

제왕의 스승 장량

멸망한 진나라의 악운을 떨쳐내기 위해 몇 차례 상의 끝에 새로운 도성을 '장안'長安이라 명명했다. 이 이름에는 "장치구안"長治久安, 즉 "길이길이 치세를 이루고 오래오래 안정을 이루라"는 뜻이 포함되어 있다. 오래지 않아 관중의 요지에 장안성이 신속하게 솟아올랐다. 역사적 사실이 증명하는 바와 같이 장량의 안목은 정확했다. 전한 왕조가 여기에 도읍을 정했을 뿐만 아니라 이후 왕망王莽(BC 45~BC 23)의 신新, 서진西晉, 전조前趙, 전진前秦, 후진後秦, 서위西魏, 북주北周, 수隋, 당唐도 모두 여기에 도읍했고 후한, 삼국시대 위魏, 오대의 후당後唐도 장안을 부속 도읍으로 삼았다. 특히 당나라 때의 장안은 세계에서 가장 유명한 대도시였다.

관중에 도읍을 정한 후에도 유방은 누경을 잊지 않았다. 그는 이 농서 병졸의 충성심을 고려하여 대신들에게 이렇게 말했다.

"누경은 미미한 병졸이지만 용감하게 간언을 올렸다. '婁'(루: 누)는 '劉'(류: 유)와 발음이 통한다. 그에게 황실 성인 유씨劉氏를 하사하여 낭중郞中에 임명하고 '봉춘군'奉春君이라 부르라."

이때부터 누경은 성이 바뀌어 유경劉敬으로 불리게 되었다.

도읍 결정 문제가 해결되자 장량은 자신의 봉토인 유현留縣[85]으로 돌아가 은거하려 했다. 그러나 유방은 장량에게 깊은 정을 보이며 이렇게 말했다.

"자방! 그대는 중요한 순간마다 나를 위해 계책을 마련해주었소. 지금 짐이 관중에 도읍하게 된 것도 그대의 공로가 크오. 이후에도 꼭 짐의 곁에 머물며 타당한 계책을 제시해주시오."

장량은 유방을 따라 관중으로 갈 수밖에 없었다.

---

85) 유현: 장량은 유현(留縣)에 봉토를 받아 유후(留侯)로 칭해졌다. 그러나 유현은 지금의 장쑤성 페이현(沛縣) 동남쪽 웨이산호(微山湖) 속에 수몰되었다.

옹치를
분봉하다

대신들이 반란을 모의하다

항우가 죽고 천하가 처음 평정되었을 때도 유방은 여전히 마음을 놓을 수 없었다. 골치 아픈 일 한 가지가 또다시 그의 앞에 닥쳐왔다. 그것은 바로 공신들을 분봉하는 일이었다.

한나라 초기의 도성은 아직 낙양 남궁이었다. 어느 날 유방은 술에 취해 궁녀들의 부축을 받으며 궁궐 안을 거닐고 있었다. 그가 궁궐 사이의 고층 회랑을 걸어가는데 갑자기 저 멀리 사람들이 모여 있는 모습이 보였다. 적지 않은 장수들이 궁궐 밖 땅바닥에 앉아서 서로 수군거리고 있었고, 어떤 자는 옷소매를 떨치며 주먹질을 하기도 했다. 유방은 한참 동안 바라봤으나 그들이 뭘 하는지 알아낼 수 없었다. 좌우 시종들에게 물어봐도 모두 무슨 일인지 모르겠다고 했다. 이에 유방은 장량을 찾아서 물었다.

"자방! 저자들이 한데 모여 뭘 수군거리고 있소?"

장량은 유방의 손가락을 따라 그들을 바라보다가 잠시 생각한 후 바로

제왕의 스승 장량

무슨 상황인지 깨닫고 정중하게 말했다.

"폐하! 모르시겠습니까? 저들은 지금 반란을 모의하고 있습니다."

유방은 깜짝 놀라며 처음에는 장량이 농담을 하는 줄 알았다. 그러다가 정색한 장량의 얼굴을 보고 황급히 물었다.

"천하가 이미 안정을 찾지 않았소? 지금은 누구나 즐거움에 젖어들 때인데 저들은 어째서 반란을 모의하고 있소?"

"폐하께서는 본래 평민 출신이신데, 저 장수들이 피를 흘리며 싸운 덕분에 천하를 얻을 수 있었습니다. 그러나 폐하께서는 천하를 얻은 이후 지금까지 폐하의 친척이나 친구들에게만 봉토를 내렸고, 이전에 폐하에게 죄를 지은 사람은 모두 죽였습니다. 지금 저 장수들은 한편으로 자신들이 봉토를 받지 못할까 걱정하면서 다른 한편으로는 과거의 실수 때문에 주살되지 않을까 근심하고 있습니다. 이 때문에 저들은 불안한 마음과 미운 감정이 교차하는지라 저곳에 모여 어떻게 반란을 일으킬지 상의하고 있습니다."

원래 한나라 6년(BC 201)에 유방은 천하를 얻고 나서 많은 공신들에게 봉토를 하사하기 시작했다. 예를 들어 한나라 5년 12월 말, 유방은 첫 번째로 조참, 하후영, 진평 등 10명을 공신으로 봉했다. 이 대신들은 비교적 조용한 모습을 보였고, 아무 분쟁도 일으키지 않았다.

이어서 또 몇 차례 분봉을 통해 모두 19명에게 봉토를 하사했다. 여후의 두 오빠, 항백, 소하, 역상酈商(?~BC 180), 주발, 번쾌, 관영, 주창 등 대부분 유방의 친인척이거나 친구들이었다.

그러나 29명을 분봉한 이후에 유방은 아무 동정도 보이지 않았다. 왜냐하면 이 일은 많은 논의를 필요로 하기 때문이다. 분봉이란 기본적으로 공로를 세운 사람에게 상을 내리는 것이다. 몸으로 힘든 결과를 이룬 것은 '공'功이라 하고, 입을 움직여 좋은 결과를 낸 것은 '로'勞라 한다. 그리고 크고 작은

『사기』「유후세가」 원문

황상이 낙양 남궁에서 복도를 통
해 여러 장수가 모래밭 가운데에
앉아 왕왕 이야기를 주고받는 모
습을 바라보았다. 황상이 말했다.
"저들이 무슨 말을 하는가?" 유후
가 대답했다. "폐하께서는 모르십
니까? 저들은 반란을 모의하고 있
습니다." 上在洛陽南宮, 從複道望見諸將往往相與坐沙
中語. 上日, '此何語?' 留侯日, '陛下不知乎? 此謀反爾.'

공로는 모두 '군공부'軍功符에 기록된다. 이 때
문에 공로의 대소를 비교하려면 '군공부'의
오래된 기록까지 뒤적여봐야 한다. 그 일은
많은 시간을 필요로 한다. 게다가 천하가 이
제 겨우 평정되어 국가대사가 바쁘기 그지없
으므로 유방은 이처럼 따지기 어려운 논공행
상에 많은 시간을 낼 수가 없었다. 따라서 많
은 공신들이 아직도 응분의 봉토와 상을 받
지 못하고 있었다.

역사의 기록에 의하면 일부 대신들은 자신의 공적을 자랑하느라 술에
취에 춤을 추기도 하고 시끌벅적하게 고함을 지르기도 했으며, 심지어 칼을
빼들고 기둥을 내리치는 자도 있었다고 한다. 이처럼 꼴불견으로 소란을 피
우는 일이 바로 이 시절에 자주 발생했다.

장량의 말을 듣고서야 유방은 일이 좀 심각하다는 사실을 알았다. 유방
이 황망하게 물었다.

"그럼 어떻게 해야 하오? 어서 짐에게 좋은 생각을 알려주시오."

장량은 한동안 깊이 생각하다가 고개를 들고 유방에게 물었다.

"폐하! 대신 중에 폐하께서 가장 싫어하는 자로서, 다른 사람들이 모두
아는 사람은 누구입니까?"

유방이 대답했다.

"옹치雍齒요!"

유방이 가장 싫어한 옹치

누군가 옹치라는 사람을 거론하기만 해도 유방은 차오르는 분노를 삭이지 못했다. 기실 옹치와 유방의 관계를 논하자면 옹치는 비견할 만한 사람이 드물 정도로 유방과 특별한 사이였다. 두 사람은 동향일 뿐 아니라 어려서부터 함께 놀아서 형제라 해도 무방할 정도였다. 이른 시기에 옹치는 유방과 함께 패현에서 진나라에 항거하는 의군을 일으켰다. 그러나 오래지 않아 유방은 진나라와 싸우기 위해 모든 병력을 동원하여 출전해야 했고, 이에 옹치를 보내 자신의 근거지 풍읍을 지키게 했다. 하지만 유방이 떠나자마자 옹치는 유방을 배반하고 위나라에 투신한 후, 위나라를 위해 성을 지켰다. 나중에 유방은 군대를 거느리고 옹치를 죽이러 갔지만 뜻밖에도 옹치는 또 고향의 자제들을 데리고 유방에게 맞섰다. 유방은 많은 힘을 들이고도 옹치가 지키는 성을 함락하지 못했고, 결국 어쩔 수 없이 항량에게 군사 5천을 빌려서야 겨우 풍읍을 탈환했다.

재미있는 것은 옹치가 그 후 여기저기 떠돌다가 결국 유방의 깃발 아래로 돌아왔다는 점이다. 옹치는 위나라에 투항했다가 나중에 다시 위나라를 버리고 조나라로 가서 장이의 깃발 아래 투항했다. 그런데 장이와 유방의 관계가 아주 좋아서 한번은 유방이 초나라를 치기 위해 조나라 장이에게 파병을 요청했는데 누가 알았으리요? 장이가 파견한 사람이 바로 옹치였다. 유방은 옹치를 보자마자 불같이 화를 내며 옹치를 죽여 지난날 그가 풍읍에서 배반한 한을 풀려고 했다.

그때 장량이 또 유방을 달랬다.

"어쨌든 옹치는 장이의 부하이고 이번에 패공을 도우러 왔습니다. 그런데 그를 죽이면 앞으로 누가 패공을 도우러 오겠습니까?"

유방은 끝까지 옹치를 살려두려 하지 않으며 분노를 터뜨렸다.

"나는 화를 참을 수 없소."

장량은 인내심 있게 유방에게 권했다.

"허나 한번 생각해 보십시오. 지금 초와 한이 패권을 다투는 때에 개인의 원한을 갚는 것이 중요합니까? 아니면 항우를 격파하는 것이 중요합니까?"

장량이 거듭 권하자 유방은 분노를 참고 소인배 옹치를 죽이지도 않고 처벌하지도 않았다. 이후 초한쟁패 과정에서 옹치는 목숨도 아까워하지 않고 부지런히 전투에 나서 여러 차례 전공을 세우고 승전보를 울렸다.

하지만 옹치는 늘 위아래 없이 행동했다. 시간이 좀 지나자 아예 머리를 꼿꼿이 쳐들기 시작했을 뿐 아니라 유방의 고향 친구인 점을 내세워 때때로 유방의 면전에서 불손한 말을 내뱉기도 했다. 유방은 여러 번 그를 죽이려 마음먹었지만 그가 용감하게 적진으로 쳐들어가 적지 않은 전공을 세운 점을 감안하여 차마 손을 쓸 수가 없었고, 이에 지금까지도 그를 죽이지 않고 있었다. 그러나 유방은 옹치에 대해서 줄곧 미움의 감정을 품고 있었다. 이런 점은 유방의 부하 장수들이 모두 알고 있는 사실이었다. 이에 장량은 유방의 말을 받아 바로 계책을 제시했다.

"지금 서둘러 옹치에게 봉토를 하사하고, 그 광경을 사람들에게 보여주십시오. 그럼 장졸들은 폐하께서 가장 미워하는 옹치에게조차 봉토를 하사하시는 걸 보고 모두들 공로에 부합하는 봉토를 받을 것이라 여길 것입니다. 이렇게 하면 저들은 마음대로 소란을 피우며 의심하지 못할 것입니다."

계포에게는 봉토를 주고 정공은 죽이다

기실 양상이 비슷한 몇 가지 분봉 사건에서 장량이 유방에게 제시한 몇

제왕의 스승 장량

가지 계책은 곱씹어볼 만한 가치가 있다. 예를 들어 계포에게는 봉토를 하사하고 정공^{丁公}(?~BC 202)에게는 죽음을 선물한 사건이 그러하다.

계포와 정공은 아버지는 다르지만 어머니가 같은 형제다. 애초에 두 사람은 모두 항우 휘하의 대장이었고, 초한전쟁 초기에 항우를 위해 큰 전공을 세웠다. 항우의 대장이 된 계포는 전장에서 몇 차례 유방을 추격하여 그를 공포에 몰아넣고 모욕한 적이 있다. 항우가 죽은 후 유방은 현상금으로 황금 2만 4천 냥을 걸고 계포를 잡으려 했고, 계포를 숨겨주는 사람은 삼족을 멸하겠다는 명령을 내렸다.

한번은 유방의 친구 하후영이 몰래 유방을 찾아와 한 가지 소식을 전해줬다. 본래 계포는 아무 데도 몸을 둘 곳이 없자 머리를 깎고 신분을 숨긴 채 산동의 호걸 주가^{朱家}에게 몸을 의탁했다. 주가는 의협심이 강한 사람이라 낙양으로 하후영을 찾아가서 계포를 위해 인정을 베풀어달라고 호소했다.

하후영이 유방에게 말했다.

"계포는 본래 충직한 사람입니다. 비록 우리가 수수에서 패배했을 때 그가 폐하를 추격한 적이 있지만 모두 과거의 이야기입니다. 폐하께서는 그를 용서해주시기 바랍니다."

그렇지만 유방은 여전히 마음이 내키지 않았다. 계포란 자는 과거에 그토록 자신을 모욕한 자가 아닌가?

잠시 후 이 일을 알게 된 장량이 계포를 위해 해명에 나섰다.

"당시에 계포는 초나라 장수였기 때문에 반드시 항우에게 충성을 바쳐야 했습니다. 폐하께서 지금 그를 사면하여 살길을 열어주지 않으시면 그는 남월^{南粵}로 도망가서 폐하께 대항하려는 적국의 우두머리에게 자신의 힘을 다 바칠 것입니다. 이 어찌 재앙의 빌미를 만드는 일이 아니겠습니까? 만약

한나라 봉니封泥. 봉니는 인장이 찍힌 흙덩이다. 주로 죽간 서찰을 밀봉할 때 사용하여 다른 사람이 몰래 뜯어보는 것을 방지한다.

계포를 사면하면 민간에 몸을 숨긴 초나라 장수들이 틀림없이 조정으로 달려와 사죄할 것입니다."

유방은 일리 있는 말이라 생각하고 이렇게 말했다.

"그렇게 본다면 계포도 결국 충신이구려. 계포가 장차 짐을 보좌한다면 더욱 좋을 듯하오."

이에 유방은 더 이상 따지지 않고 계포를 사면했을 뿐만 아니라 얼마 지나지 않아 그를 낭중郞中에 임명했다.

계포가 사면되었다는 소식이 전해지자 정공도 상을 받으러 달려왔다. 정공은 계포의 이부異父 형제로, 그도 역시 항우 휘하의 대장이었으며 일찍이 유방에게도 은혜를 베푼 적이 있다. 초한전쟁 시기에 유방이 팽성에서 패주할 때 연도 내내 정공의 추격을 받은 적이 있다. 상황이 다급해지자 유방은 정공에게 애원했다.

"우리 두 사람은 모두 일대의 인재인데 왜 서로 포용하지 못할까요?"

이에 정공은 인정을 베풀어 유방을 놓아줬다.

정공은 유방이 황제를 칭한 후에도 마음이 좀 꺼름칙하여 상을 신청하러 가지 않았다. 그런데 나중에 계포가 사면되었을 뿐만 아니라 낭중 벼슬까지 받았다는 소식을 듣고는 계포 같은 사람까지 관리가 될 정도라면 일찍이 유방에게 은혜를 베푼 자신은 더 주저할 필요가 없겠다고 생각했다. 그리하여 정공은 서둘러 낙양으로 달려가 유방에게 포상을 신청했다.

그런데 뜻밖에도 장량이 유방을 말렸다.

"정공은 초나라의 신하인데도 초나라에 충성을 다 바치지 않고 초나라를 팔아먹었습니다. 정공과 같은 자가 있기 때문에 항우가 천하를 잃은 것입니다. 폐하께서는 정공에 대한 처리를 신중하게 하셔야 합니다."

유방도 금방 눈치를 채고 잠시 생각해보다가 장량의 말에 일리가 있음을 깨달았다. 이에 정공을 참수하라고 명령을 내린 후 신료들에게 말했다.

"정공은 불충하고 불의한 자다. 절대로 그런 자를 본받아서는 안 된다."

계포와 정공은 경력이 그렇게 비슷했지만 결과는 완전히 달랐다. 계포에게는 상을 주고 정공에게는 극형을 내린 것은 기본적으로 장량의 책략이다. 이 두 가지를 자세히 음미해보면 장량의 책략이 이미 숲속의 안개처럼 변화무쌍하여 신비한 경지에 이르렀음을 느낄 수 있다.

조정에서 옹치를 분봉하다

계포에게는 상을 주고 정공은 죽이자 사람들은 유방의 분봉 원칙을 더욱 알 수 없게 되었다. 특히 옹치는 자신의 죽음이 멀지 않았음을 예감하게 되었다. 옹치 자신의 입장에서는 이미 이전에 유방의 원한을 샀다는 사실을 분명하게 알고 있었다. 또한 그는 어려서부터 유방과 함께 자랐으므로 유방이 기실 소심한 좀팽이란 사실도 잘 알았다.

유방이 어릴 때 이런 일이 있었다. 어느 날 유방은 조카 유신劉信과 마당에서 놀고 있었다. 그때 자신의 형수가 방금 끓인 국 한 그릇을 들고 나와 유신을 불러서 품에 안고 한 숟갈씩 떠먹였다. 당시에 유방도 배가 몹시 고파서 형수가 들고 온 국이 먹고 싶었다. 그런데 형수는 유방에게는 눈길조차 주지 않고 그릇 바닥이 드러날 때까지 모든 국을 유신에게만 먹였다. 국 한 그릇에 원한을 품은 유방은 끝내 시기심을 풀지 못했다. 그는 황제로 등극하여 친척들에게 봉토를 하사할 때도 조카 유신은 제외하여 지난날의 원한에 꼼꼼하게 복수했다.

이 때문에 유방이 제후들을 분봉하기 시작할 때 다른 사람들은 모두 새로운 봉토를 받으리라 기대하고 있었지만, 이에 대해 전혀 희망을 갖지 않았다. 그런데 나중에 계포까지 봉토를 받았다는 소식을 듣고 일말의 희망을 품기도 했다. 그러나 며칠 후 정공이 참수되었다는 소식을 듣고는 경악을 금치 못했다. 이리저리 생각해봐도 유방이 자신에게 어떤 태도를 보일지 짐작할 수 없었다.

옹치의 변절과 변덕에 대해 유방이 어떤 생각을 갖고 있는지 장량도 물론 잘 알았다. 하지만 장량이 보기에 옹치는 변절과 변덕이 심하여 배반을 일삼았지만 결국 함께 일을 할 만한 사람이었다. 보통 사람은 그의 능력에 미칠 수 없으므로, 어려운 일을 척척 처리할 수 있는 그의 능력은 귀하다고 할 만했다. 이 때문에 장량은 유방에게 대담하게 옹치를 분봉하라고 건의했다.

　　　　　　　　　　　　　　　　　　　　　　제왕의 스승 장량

거마 출행. 한나라 화상석

　장량은 다시 유방을 재촉했다.

　"폐하! 서둘러 옹치를 분봉하십시오. 그렇지 않으면 저 장수들이 어떤 일을 벌일지 모릅니다."

　유방은 천하가 태평해진 지금에도 이런 상황이 벌어지리라고는 전혀 상상하지 못했다. 그러나 민심을 안정시키는 일이 가장 중요하므로 그는 장량의 일깨움을 받아들였다. 그렇지 않았다면 나중에 감당하기 어려운 난관에 봉착했을지도 모를 일이다.

　이에 유방은 기회를 빌려 궁중에서 큰 연회를 열고 대소 장수들을 불러모았다. 모두들 주흥이 도도해졌을 때 유방이 큰 소리로 불렀다.

　"옹치는 짐의 명령을 받으라!"

　옹치는 즉각 지극히 공손한 모습으로 앞으로 나왔다. 물론 속으로는 당황하여 어찌할 바를 몰랐다. 그의 마음에는 이런 생각이 스쳐지나갔다.

　'과거에 여러 번 유방에게 죄를 지은 적이 있으므로 오늘 드디어 벌을 받는구나.'

『사기』「유후세가」원문

이에 황상께서 주연을 마련하여 옹치를 십방후에 봉하고 승상과 어사를 종용하여 논공행상을 하게 했다. 신료들은 주연이 끝나자 모두 기뻐하며 말했다. "옹치까지 제후가 되었으니 우리는 걱정할 것이 없겠다." 于是上乃置酒, 封雍齒爲什方侯, 而急趙丞相·御史定功行封. 群臣罷酒, 皆喜曰, '雍齒尙爲侯, 我屬無患矣.'

그런데 한바탕 희극이 벌어졌다. 유방이 큰 소리로 선언했다.

"비록 옹치는 일찍이 짐을 불편하게 했지만 짐을 따라 남정북벌하며 많은 공을 세웠다. 따라서 지금 특별히 옹치를 십방후什方侯에 봉한다."

옹치는 유방의 명령을 듣고 깜짝 놀라는 동시에 기쁨을 감출 수 없어서 얼른 머리를 조아리며 사은숙배를 올렸다. 역사 기록에 의하면 옹치는 서른 번째로 제후에 봉해져 '십방후'가 되었으며, 그의 식읍은 2500호였다. 또 나중에 논공행상을 하여 57번째 공신으로 책봉했다.

이어서 유방은 장수들을 애써 위로했다.

"여러분은 짐을 따라 전장을 누볐고, 피를 흘리며 적과 싸웠소. 짐은 그 사실을 모두 기억하고 있으므로 절대 여러분을 섭섭하지 않게 할 것이오."

바로 이어서 유방은 승상과 어사에게 분부했다. 서둘러 군공부를 조사하여 각 장졸들의 전공에 따라 착오 없이 논공행상을 하라는 명령이었다.

대신들은 매우 기뻐하며 서로서로 격려의 말을 했다.

"폐하께서 자신이 가장 미워하는 옹치까지 십방후에 봉했으니 우리의 봉작은 걱정할 것이 없겠다."

이렇게 하여 폭발 직전의 위기에 처해 있던 변란이 장량의 교묘한 계책에 의해 마침내 진정되었다. 뒷날 왕안석은 장량의 이 계책을 칠언시로 찬양했다.

한나라 대업 존망이 경황 중에 있었는데, 漢業存亡俯仰中

제왕의 스승 장량

유후는 그런 때도 언제나 침착했네. 留侯于此每從容

고릉에선 한신과 팽월에게 땅을 주자 논의했고, 固陵始義韓彭地

복도에선 옹치를 분봉하자 건의했네. 複道方圖雍齒封86)

유후를
자청하다

1차 분봉에 장량이 포함되지 않다

유방이 관중으로 들어간 후 공신 분봉 문제가 시간이 지날수록 더욱 첨예한 갈등을 빚기 시작했다. 이에 유방은 먼저 공훈이 탁월하고 명망이 높은 인물을 제후로 분봉했다. 한 차례 평가와 토론을 거쳐 오랫동안 유방을 수행한 소하, 조참, 주발, 번쾌, 하후영, 관영에게 봉토를 수여했다. 여후의 오빠인 여택과 여석지呂釋之(?~BC 193)도 제후가 되었다. 따져보면 이들은 모두 공훈이 혁혁한 위대한 공신이어서 이들을 제후로 분봉하는 것은 너무나 당연한 일이었다.

하지만 의외로 1차 분봉에 장량이 포함되지 않았다. 분봉 제후 명단을 자세히 살펴보면 분봉된 사람들 대부분이 무장임을 발견할 수 있다. 확실히 그 시대 논공행상의 유일한 표준은 전공이었다. 조금 더 구체적으로 말하자면 얼마나 많은 포로를 잡고 얼마나 많은 적을 죽였는가가 가장 중요한 표준이었다.

제왕의 스승 장량

물론 예외도 있다. 예를 들어 소하를 분봉한 것이 그것이다. 소하는 본래 문서담당 관리여서 군사를 이끌고 전투에 참여하지 않았다. 그는 줄곧 관중과 한중의 내부 관리를 책임졌을 뿐이지만 유방에 의해 분봉된 제후의 첫 자리를 차지했고, 찬후酇侯에 봉해졌으며 식읍 8천 호를 받았다. 이는 번쾌, 주발, 관영 등 오랜 공신보다 높은 지위였다. 이 때문에 제후로 분봉되지 못한 일부 사람들은 유방의 조치에 불복하고 분분히 불만을 드러냈다.

"우리는 전선에서 목숨을 걸고 수없이 많은 크고 작은 전투를 치렀다. 그러나 소하는 전장에서 한 번도 직접 적과 싸운 적이 없는데도 그 공적은 우리보다 높게 평가받았다. 도저히 이해할 수 없는 일이다."

당시에 유방은 이런 갈등을 해소하기 위해 다음과 같이 해명했다.

"여러분은 모두 사냥을 한 적이 있으므로 짐이 사냥으로 비유하겠소. 사냥할 때 야수와 토끼를 추격하는 것은 사냥개지만, 사냥개를 지휘하여 사냥물을 적절하게 잡도록 하는 것은 사냥꾼이오. 지금 여러 장수들의 공로는 사냥개와 같소. 소하는 막후의 지휘를 통해 군량과 군수품을 공급하여 여러분이 뛰어난 공적을 세울 수 있게 했소. 여러분은 사냥개이고, 소하는 사냥꾼이라면, 과연 사냥개의 공이 크오? 아니면 사냥꾼의 공이 크오?"

이 한마디에 장수들은 할 말이 없었고, 소하를 공신의 첫 머리에 올리는 결정에 기꺼이 승복했다. 하지만 이에 비해 장량이 아무 봉작도 받지 못한 것은 참으로 의외였다. 장량은 소하와 마찬가지로 '전공은 세운 적이 없는 사람'이었다. 장량은 본래 몸이 약하고 병이 많아서 전투에 참여하지 못했고 전공도 세운 적이 없었다. 평소에 혀를 놀려 유방에게 계책을 제시했을 뿐이다. 하지만 장량은 유현에서 유방과 만난 이래로 언제나 가장 중요한 순간에 묘책을 내어 위기의 상황을 안전한 상황으로 전환하고, 흉한 일을 길한 일로 바꿨다. 특히 유방은 이전에 여러 차례 장량을 높이 평가하며 '인걸'이라고 칭찬했다.

그날 유방은 낙양 남궁에서 성대한 연회를 열고 문무백관을 초청했다. 유방은 곤룡포를 입고 면류관을 쓴 채 남쪽을 바라보며 중앙 보좌에 좌정했다. 그 아래로는 문무백관이 서열에 따라 늘어서서 궁전을 가득 채웠다. 유방은 8년간 지속된 초나라와 한나라 사이의 혈전을 끝낸 후 승자의 자세로 신료들을 초대했으므로 마음속에는 자신감이 가득했다.

술이 세 순배 돌자 유방은 갑자기 매우 심도 있는 문제를 제기했다.

"여러 장수들께 물어보고 싶은 일이 한 가지 있소. 여러분은 고의로 짐을 속이지 않을 테니 아무 거리낌없이 말씀해보시오."

백관들은 유방이 무슨 질문을 할지 궁금해 하며 모두 동작을 멈추고 정신을 집중했다. 유방이 웃음을 띠며 말했다.

"짐이 처음 거병할 때 군사는 겨우 몇 백 명에 불과했소. 이후 큰 전투를 70차례, 작은 전투를 40차례 치르면서 마침내 오늘에 이르러 천하를 얻게 됐소. 이게 무슨 연유인지 말씀 좀 해보시오. 그런데 항우는 맞설 사람이 없을 정도로 용맹했고 강병만 백만이었지만 결국 패배하여 목숨을 잃고 천하까지 잃었소. 이것은 또 무슨 연유인지 말씀해보시오."

문무 대신들은 유방의 말을 듣고 서로 수군거리다가 이어서 시끌벅적하게 자신의 의견을 말하기 시작했다. 어떤 사람은 이렇게 말했다.

"왜냐하면 폐하께서는 생각이 주도면밀했지만 항우는 만행만 저지를 줄 알았기 때문입니다. 용기만 있고 꾀는 없으니 패배할 수밖에 없습니다."

또 한 사람은 이렇게 말했다.

"항우는 잔학하여 투항한 병졸들을 생매장해서 죽였습니다. 또 아방궁을 모두 불태워 민심을 잃었기 때문에 천하를 얻을 수 없었습니다."

백관들이 서로 뜨겁게 논쟁하며 열기에 싸여 있었지만 유방은 자세히 들으면서 한마디 말도 하지 않고 천천히 고개를 가로저었다. 그때 왕릉이 벌떡 일어났다. 그는 혈기왕성하게 자신의 의견을 표시했다.

"신은 이렇게 생각합니다. 폐하께서는 부하들을 너무 마음대로 대하고 때로는 모욕하기도 합니다. 이와 반대로 항우는 사람들을 인자하게 대하며 예절까지 강구합니다. 부하를 대할 때도 애호의 마음을 보입니다. 솔직하게 말해서 이 점으로만 본다면 폐하께서는 항우보다 못합니다."

백관들은 왕릉의 거침없는 말을 들으며 흘낏흘낏 유방의 표정을 훔쳐봤다. 유방의 안색은 그리 좋다고는 할 수 없었지만 여전히 이전의 모습을 그대로 유지하고 조금씩 고개를 끄덕일 뿐 특별히 화를 내지 않았다. 왜냐하면 유방은 왕릉이 기실 충성스러운 장수로 사람이 좀 강직할 뿐 다른 뜻이 없음을 잘 알고 있었기 때문이다. 왕릉은 유방과 백관들의 반응에 전혀 신경 쓰지 않고 계속 이야기했다.

"허나 폐하께서는 상벌을 분명하게 시행하며 사심을 개입시키지 않습니다. 또 전투에 승리할 때마다 투항해온 병졸들을 관대하게 대우하며 무고하게 죽이지 않으십니다. 이는 항우가 도저히 미칠 수 없는 점입니다."

이렇게 말을 하는 사이에 또 다른 장수 하나가 벌떡 일어나 왕릉의 말을 이었다.

"왕 장군의 말씀이 지당합니다. 폐하께서는 군대를 보내 성을 공격할 때 거기에서 얻은 전과는 모두 그 전투에서 전공을 세운 사람에게 귀속시켰습니다. 이는 폐하께서 지공무사하게 천하 사람들과 이익을 함께 나누는 모습입니다. 그러나 항우는 시기심이 강해서 늘 다른 사람이 큰 공을 세울까봐 근심했습니다. 이 때문에 그의 휘하에 있던 우수한 인재들도 늘 그의 시기심에 시달려야 했습니다. 승리하고 나서도 항우는 공신에게 상을 주지 않았습니다. 이 점이 그가 천하를 얻을 수 없었던 주요 원인입니다."

모두들 분분히 고개를 끄덕이며 두 사람의 의견에 동의했다. 그런데 뜻밖에도 유방은 껄껄 웃으며 고개를 가로저었다.

"여러분은 하나만 알고 둘은 모르시는구려. 더 중요한 원인이 있소. 기실 짐이 볼 때 그가 천하를 잃은 주요 원인은 잘못된 용인술用人術 때문이오. 방략을 품고 계획을 구상하여 신묘한 계산으로 장막 안에서 계책을 마련하고 천 리 밖에서 승리를 결정짓는 면은 짐이 장자방보다 못하오. 백성을 위무하고 나라의 재산을 잘 관리하면서 물자를 제때 공급하여 군대를 구제하는 면은 짐이 소하보다 못하오. 백만 대군을 거느리고 싸우면 승리하고 공격하면 이기는 작전과 지휘의 본령은 짐이 한신에 미칠 수 없소. 장량, 소하, 한신 세 사람은 모두 세상에 드문 기재奇才요. 짐은 비록 이들보다 못하지만 이들이 나를 위해 헌신할 수 있게 했소. 이 점이 바로 짐이 천하를 얻은 원인이오. 그러나 항우는 그 자신의 용맹함은 누구보다 뛰어나지만 범증 한 사람도 수용하지 못했기 때문에 짐에게 패배한 것이오."

유방이 장량, 소하, 한신 세 사람을 평가하면서 내린 이 명언은 당장 그 자리에서 만조백관의 갈채를 받았고, 후대 사람들도 이 말을 흥미진진하게 언급하며 유방이 중요한 문제의 핵심을 찔렀다고 칭찬하곤 한다.

당시에 장량도 유방의 설명을 듣고 상당히 식견 있는 의견이라고 느꼈다. 비록 첫 번째 분봉에서는 장량이 포함되지 않았지만 장량은 남이 보기에 이상할 정도로 평정한 상태를 유지하며 초연한 표정을 잃지 않았다. 마치 아무 일도 일어나지 않은 것처럼 보일 정도였다. 유방이 도대체 무슨 생각을 하는지 아무도 몰랐다.

자진해서 유현 땅을 요청하다

제왕의 스승 장량

오래지 않아 유방은 또 신료들을 소집하여 각각 자신의 전공을 보고하게 했다. 그는 다시 논공행상을 준비하여 공을 세운 장수들에게 많은 봉토를 하사하려 했다. 당일 조정은 매우 붐볐다. 왜냐하면 최근 황제가 조정의 신하들을 소집하여 상의하는 국가대사는 모두 봉작 수여와 연관된 것이기 때문이었다. 이는 모든 문무백관의 이익과 운명을 결정짓는 일이고 모든 사람의 관심사이므로 황제가 부르자마자 바로 달려왔다. 과연 예상한 바와 같이 오늘도 봉작 수여에 관한 일이 중점토론 의제였다.

다만 장량만 조정 한쪽에 미소를 띤 채 묵묵히 앉아서 시끌벅적한 문무백관을 바라보고 있었다. 뜻밖에도 유방은 첫 번째로 장량을 지목하며 말했다.

"자방은 군중에서 계책만 마련했지만 천 리 밖 전투에서 승리를 얻을 수 있게 했소. 그대의 공로는 보통 사람과 다르오."

장수들은 모두 고개를 끄덕이며 옳은 말씀이라고 했다. 유방은 미소를 지으며 장량에게 말했다.

"자방! 공이 짐에게 보여준 충성심에 보답하려 하오. 제나라 땅 중에서 3만 호를 마음대로 선택하여 봉읍으로 삼으시오."

신료들 사이에서 문득 웅성거리는 소리가 들렸다. 만호후萬戶侯도 쉽지 않은 일인데, 삼만 호에 봉하다니! 게다가 장량 스스로 제나라 땅에서 어느 곳이든 선택할 수 있다. 이런 상황에서 어느 누가 좋은 땅을 선택하지 않겠는가?

당시 육국의 옛 땅 중에서는 제나라 땅이 가장 풍요로웠다. 그런 땅에서 장량에게 3만 호를 마음대로 선택하라 했으므로 이는 가장 고귀한 포상이라 할 수 있다. 게다가 제나라는 제후국 중에서도 옥토라 할 수 있으므로 그 중요성이 관중에 버금가는 곳이다. 이 때문에 유방은 나중에 자신의 아들

『사기』「유후세가」원문

고제가 말했다. "장막 안에서 계책을 마련하여 천 리 밖에서 승리를 결정지은 일은 자방의 공이오. 스스로 제나라 땅 3만 호를 선택하시오."高帝日, '運籌策帷帳中, 決勝千里外, 子房功也. 自擇齊三萬戶'

유비劉肥(?~BC 189)를 제나라 땅에 봉했다.

그러나 소하도 식읍 8천 호에 불과했고 나중에 2천 호를 추가했지만 장량은 시작하자마자 "스스로 제나라 땅 3만 호를 선택할" 수 있게 했다. 여기서 유방의 마음속에 장량이 차지한 지위가 보통이 아님을 알 수 있다.

기실 유방이 보기에 장량의 건국 공로는 숫자로 계산하기 어려운 수준이었다. '제왕의 스승'으로 세운 공이 천하를 덮었으므로 그 어떤 큰 상을 준다 해도 지나치지 않은 것이다. 장량은 난리 속에서 충성스럽고 강직하게 유방을 수행했다. 유방이 천하를 얻은 것은 전부 장량의 계책에 의지한 결과였다. 유방은 스스로 '패공'이 된 이래 진나라 관문을 돌파하고, 함양에 진주하고, 파촉에서 회군하고, 관중을 점거하고, 삼진을 평정하고, 삼걸(한신, 영포, 팽월)과 연합하고, 항우를 고립시키고, 항우를 죽여 천하를 얻는 전 과정에서 중요한 고비마다 빛나는 전공을 거뒀다. 이는 거의 모두 장량과 함께 이룬 성과였다.

유방의 모든 건국공신 중에서 장량의 천부적 자질이 유방과 가장 가까웠다. 장량은 늘 유방의 심리를 잘 알아챘기 때문에 장량이 생각한 결과는 유방 자신이 생각한 결과와 거의 다름이 없었다. 그 원인은 유방이 장량의 말과 계책을 그대로 따랐기 때문이다.

하지만 장량의 안색은 평상시처럼 고요했다. 그는 천천히 일어나 유방에게 사은숙배를 올리고 매우 간절하게 말했다.

"신 장량이 재물을 탐하지 않고 공명도 뜬구름처럼 여긴다는 것은 모든 사람이 다 아는 사실입니다. 신은 오랫동안 몸이 약했고 병이 많았으므로 신을 풀어서 귀향하게 해주시옵소서. 이 밖에 달리 바라는 일은 없습니다."

제왕의 스승 장량

漢留侯子房公遺像

한 유후 장량

유방은 장량의 말을 듣고 깜짝 놀라며 말했다.

"자방! 짐이 내리는 상이 부족해서 그러시오?"

장량은 고개를 가로저으며 대답했다.

"당초에 신은 하비에서 의군을 일으킨 후 유현에서 폐하와 만나 폐하의 인정을 받았고, 이에 오늘의 신이 있게 되었습니다. 이 일은 하늘이 신을 폐하에게 내려 보낸 것입니다. 만약 신이 폐하를 만나지 못했다면 신에게 재능이 있다 해도 펼쳐볼 데가 없었을 것입니다. 폐하께서는 항상 신의 계책에 따르시어 오늘의 성취를 이뤘습니다. 이것도 하늘의 뜻입니다. 풍요로운 제나라 땅은 공을 세운 다른 장수들에게 나눠주십시오. 신은 유현에 봉토를 받

장량이 말했다. "처음에 신은 하비에서 거병하여 폐하와 유현에서 만났는데, 이는 하늘이 신을 폐하에게 보낸 것입니다. 폐하께서는 신의 계책을 쓰셨고, 다행히 시대와 맞아떨어졌습니다. 신은 유현에 봉토를 받길 바라고 그걸로 만족합니다. 3만 호는 감당할 수 없습니다."

良日. '始臣起下邳, 與上会留, 此天以臣授陛下. 陛下用臣計, 幸而時中. 臣願封留足矣, 不敢當三萬戶.'

을 수 있으면 그걸로 만족하겠습니다."

유방은 장량의 말에 마음이 좀 흔들렸지만 이렇게 말했다.

"짐도 공이 명리를 가볍게 여기는 줄 알지만 공은 우리 한나라 건국에 막대한 공을 세웠으므로 짐이 공에게 큰 상을 내리지 않으면 짐의 마음이 불안하지 않겠소? 더 이상 사양하지 마시오."

장량이 마지막으로 말했다.

"신은 박랑사에서 사람을 고용하여 진시황을 저격하다가 실패했습니다. 그 후 하비로 도망갔고, 폐하와 유현에서 만났으므로 저는 그 작은 고을을 잊기 어렵습니다. 폐하께서 만약 신에게 상을 내리시겠다면 유현을 신에게 주시어 그곳을 기념할 수 있게 해주십시오. 신이 어떻게 제나라 땅 3만 호를 감당할 수 있겠습니까?"

유현은 궁벽하고 작은 시골 현 소재지로, 많아야 2천 호에 불과했다. 장량은 끝내 3만 호의 봉작을 사양하고 작은 고을 유현을 달라고 했다. 만조백관의 입장에서도 장량의 큰 공로를 생각하면 제나라 땅 3만 호를 준다 해도 지나치다고 할 사람은 없었다. 그러나 장량은 큰 것을 버리고 작은 것을 취하겠다며 한사코 유현이라는 작은 고을을 요구했다. 문무백관은 분분히 고개를 가로저으며 이해하기 어렵다는 표정을 지었다.

기실 장량이 유현을 선택하여 자신의 마지막 귀의처로 삼은 까닭은 그가 일찍부터 그곳을 생각해두었기 때문이다. 유현이란 곳은 그에게 기념할 만한 장소였다. 사마천이 「공신표」에 기록한 장량의 공로는 아주 간단하다. 그러나 장량의 공로는 결코 간단한 「공신표」로 설명할 수 없다. 말하자면 장량이 유방에게 끼친 영향은 심지어 소하와 한신을 뛰어넘을 수도 있다. 하지만 장량은 제나라 땅을 요구하지 않고 유현 땅을 요구했다. 이는 자신만의 논리에 입각한 행동이다. 왜냐하면 당시 장량은 유순하게 처신하며 남과 다투지 않음이 자연의 원리에 따르는 행동으로 인식하고 있었기 때문이다.

또한 장량이 보기에 유방이 제나라 땅 3만 호를 자신에게 봉토로 준 것은 어떤 의도를 감춘 것처럼 느껴졌다. 본래 제나라 땅은 2년 전 한신에게 주었고, 장량이 직접 그 일을 주관했다. 나중에 한신은 봉토가 바뀌어 초왕楚王이 되었다가 이어서 또 회음후淮陰侯로 좌천되었다. 그런데 지금 유방이 장량에게 제나라 땅 3만 호를 마음대로 선택하라고 한 것은 어쩌면 장량을 믿지 못하겠다는 의미인지도 몰랐다.

하지만 장량은 본래 사리사욕을 탐하는 사람이 아니었다. 그는 자신이 결국 한 명의 모사일 뿐 결코 제후국을 맡아 다스릴 만한 중신이 아니라고 생각했다. 다시 말해 유방은 이미 천하를 손에 넣었으므로 장량이 중요한 계책을 내야 할 긴급 대사는 별로 많지 않을 터였다. 게다가 장량은 줄곧 건강이 그리 좋지 못했던지라, 서둘러 용퇴하여 정계에서 물러나는 것이 가장 좋은 노후 대책이라고 생각했다.

장량이 조금도 자신의 공로를 내세우지 않자 유방은 그의 태도에 내심 탄복하면서도 더욱 좋은 상을 장량에게 내려주고 싶었다. 이에 재삼 장량에게 제나라 땅 3만 호를 선택하라고 권했지만 장량은 시종일관 고개를 가로저으며 유현을 달라고 고집했다. 유방은 장량의 사람됨을 잘 알고 있었기에 더 이상 억지로 권하지 않고 바로 그 자리에서 큰 소리로 선포했다.

"좋소! 지금부터는 자방이 바로 유후留侯요."

이어서 유방은 또 모두 20여 명의 공신을 무더기로 책봉했다. 이들은 모두 무장이었다. 방금 전까지 분분히 울분을 토로하던 장수들은 황제가 내민 포상 명단에 모두 자신들의 이름이 들어 있고, 특별한 사람들이 훌륭한 역할을 했다며 인정에도 맞고 대의에도 맞게, 또 이치에도 맞고 절차에도 맞게 설명하자 순식간에 울분을 기쁨으로 바꿨다. 분봉에 관한 국가대사는 마침내 원만하게 막을 내렸다.

미앙궁의
가정 풍파

유방의 가정

유방은 자신이 황제 신분이라 해도 미앙궁未央宮을 마주하면 지나치게 화려하고 사치하다는 느낌을 지울 수 없었다. 당시에 그는 다소 과장되게 자신의 느낌에 대해 물은 적이 있다.

"천하가 아직 안정되지 못한 형편에 해마다 악전고투를 치르느라 승패를 알 수 없는 상황인데 왜 궁궐을 이렇게 화려하게 지어야 하오?"

승상 소하가 아주 당당하게 대답했다.

"천자는 사해를 집으로 삼기 때문에 웅장하게 짓지 않으면 위엄을 더할 수 없습니다."

이 때문에 유방의 눈에 비친 미앙궁은 처음부터 끝까지 황가의 웅장하고 가지런한 기상을 드러내는 건물일 뿐이었다.

미앙궁은 유방이 소하에게 분부하여 진나라 장대章臺의 기초 위에다 건축하게 한 건물이다. 한나라 초기에는 국가가 아직 황폐한 상황이라 모든 일은 검약을 위주로 했고, 이때 바야흐로 백성에게 휴식을 주고 생산을 늘리는 정책을 추진하는 중이었기에 미앙궁 건축은 당시 관례를 깨뜨리는 일이었다.

미앙궁이란 명칭은 『시경詩經·소아小雅』「정료」庭燎에 나온다.

밤이 어떻게 되었나? 夜如何其

밤이 다하지 않아, 夜未央

궁전 뜰에 횃불 비치네. 庭燎之光

여기에서 '미앙'未央은 '미진'未盡, 즉 다하지 않는다는 뜻이다.[87] 미앙궁은 동쪽 장락궁長樂宮과 멀찌감치 마주보기 때문에 흔히 서궁西宮으로도 불렸다. 미앙궁은 동궐東闕과 북궐北闕[88] 양궐兩闕이 우뚝 서 있어서 깊숙하고도 장엄한 느낌을 준다. 마치 장수 두 명이 황가의 존엄을 호위하는 듯하다. 전전前殿은 황제가 대신들을 맞아 의례를 펼치는 곳이자 궁정 연회의 장소이기도 하다. 무고武庫는 황제가 무장, 모사, 군사軍師와 군국대사를 상의하는 곳이며, 태창太倉은 황제가 문관文官을 불러서 접견하는 곳이다. 유방은 비록 말 위에서 황제가 되었지만 이제는 천하를 다스림에 있어서 문관이 가장 유력한 보좌 역량임을 깊이 깨닫게 되었다.

장량은 벌써 오랫동안 미앙궁에 가지 않다가 황제의 가정사 때문에 화

---

87) '미앙(未央)'의 출처를 『시경』으로 보고 '미진(未盡)'의 뜻으로 풀이하는 것은 꽤 오래된 견해다. 그러나 근래에는 한나라 출토 명문의 사례에 근거하여 '앙(央)'을 '앙(殃)'의 가차자로 보는 견해가 일반적이다. 따라서 미앙은 재앙이 없다는 뜻이 된다. 현재 출토된 한나라 와당 명문에는 "천추만세, 장락미앙(千秋萬歲, 長樂未央)"이란 문구가 가장 많이 등장한다.(『원본 초한지』 3, 교유서가, 300쪽 참조)

88) '궐(闕)'은 본래 궁문 앞에 세우는 높고 큰 기둥이다. 위에 화려한 누각을 지어 왕실의 위엄을 더한다. 대궐이나 궁궐이란 말도 여기에서 나왔다.

제왕의 스승 장량

려하고 장임한 궁궐로 들어섰다. 그는 미앙궁을 처음 건설했을 때 유방이 이곳에서 신료들을 접견하고 국사 논의에 심취했던 일을 아직도 희미하게 기억하고 있다. 때때로 유방은 이곳에서 신료들에게 성대한 연회를 베풀었다. 그때의 광경은 얼마나 열기에 넘쳤던가?

그러나 최근에 유방이 자주 대신들을 접견하는 것은 국사를 논의하기 위함도 아니고 연회에 초청하기 위함도 아니라 자신의 가정사 때문이었다. 그것은 바로 태자 유영과 척희 소생 여의如意(?~BC 194)의 보위 계승 문제였다.

『사기』「고조본기」원문

소 승상이 미앙궁을 짓고 동궐, 북궐, 전전, 무고, 태창을 세웠다. 고조가 돌아와 궁궐의 장엄함이 대단함을 보고 화를 내며 소하에게 말했다. "천하가 흉흉하여 여러 해 동안 악전고투를 펼쳤지만 승패를 아직 알 수 없는데 어찌하여 궁실을 과도하게 지었소?" 소하가 말했다. "천하가 아직 안정되지 못했으므로 이제 이 완성된 미앙궁에 따라 궁실을 지을 수 있을 것입니다. 또 천자는 사해를 집으로 삼기 때문에 장엄하고 화려하지 않으면 위엄을 더할 수 없습니다. 또 후세에는 이보다 더 화려하게 짓지 못하도록 하십시오." 고조가 이에 기뻐했다.蕭丞相營作未央宮, 立東闕·北闕·前殿·武庫·太倉. 高祖還, 見宮闕壯甚, 怒, 謂蕭何曰, '天下匈匈苦戰數歲, 成敗未可知, 是何治宮室過度也?' 蕭何曰, '天下方未定, 故可因遂就宮室. 且夫天子四海爲家, 非壯麗無以重威, 且無令後世有以加也.' 高祖乃說.

여후 외에도 유방은 척희, 박희薄姬(?~BC 155), 조희曹姬 와의 사이에서 모두 아들 여덟을 낳았다. 그들은 각각 제왕齊王 비肥(?~BC 189), 태자 영, 조왕趙王 여의, 양왕梁王 회恢(?~BC 181), 회양왕淮陽王 우友(?~BC 181), 회남왕淮南王 장長(BC 198~BC 174), 연왕燕王 건建(?~BC 181), 대왕代王 항恒(BC 203~BC 157)이었다. 이중 박희가 낳은 대왕 항은 나중에 문제文帝가 되었다. 그러나 당시에는 장자 유비를 제외한 나머지 아들들은 모두 아직 어렸다.

유영은 정실인 여후 소생이어서 일찍이 태자로 책봉되었다. 하지만 유영은 너무 선량하고 유약하여 유방의 눈에는 천자로서의 위엄이 없어 보였다. 유방은 아들 유영의 이런 점이 늘 불만이었다. 나중에 유영은 황제가 되었고

한나라 궁궐도

사후에 '혜'惠라는 시호를 받는데, '혜'惠 자에도 인자하고 유순하다는 뜻이 들어 있다. 유영의 일생은 이처럼 인자하고 유순했기에 평소에 부친 유방의 환심을 사지 못했다. 이 때문에 유방은 유영을 폐위하고 척희 소생 여의를 태자로 세우려 했다.

　여의는 척희가 낳은 아들이다. 척희는 유방의 총비로, 그가 한중을 빠져나와 중원에서 항우와 패권을 다툴 때 줄곧 유방을 곁에서 수행했다. 정도에서 출생한 척희는 미모에다 노래와 춤까지 능했고, 기질도 고상했다. 전설에 의하면 척희는 "소매를 떨치며 허리를 꺾는"翹袖折腰 춤을 출 수 있었고, 특별한 일이 없을 때는 궁녀들을 모아 「출새」出塞, 「입새」入塞, 「망귀」望歸 등의 악곡을 연습했는데, 그녀의 연습에 힘입어 이런 곡들이 신속하게 전국으로 퍼져나갔다고 한다. 유방도 예술 애호가여서 노래도 잘하고 축筑도 잘 탔다. 이런 면으로 추측해볼 때 유방과 척희 두 사람은 늘 한 사람이 노래를 하면 한 사

제왕의 스승 장량

여후

람은 춤을 추면서 친밀하게 어울렸음을 알 수 있다. 이 같은 정신의 높이와 조화는 유방의 정실부인 여후가 유방에게 줄 수 없는 것이었다.

척희는 춤만 잘 춘 것이 아니라 울기도 잘했다. 한나라가 건국된 이후 그 녀는 줄곧 유방의 곁에서 훌쩍훌쩍 눈물을 흘리며 자신과 아들 유영의 안전한 삶을 유방에게 간청했다. 그녀의 요구는 물론 여의를 태자로 삼아달라는 것이었다. 유방은 늘 척희의 울음에 마음이 약해져서 그녀의 요구를 고려하지 않을 수 없었다. 유방은 분명 이 문제 때문에 고민했다. 그는 자신이 죽고나면 척희가 여후의 적수가 될 수 없다는 사실을 잘 알았다. 게다가 유방은 이미 여후가 척희에게 더욱 명확한 질투와 적의를 드러내고 있음도 분명하게 느끼고 있었다.

그러나 이른 시기의 여후는 결코 이와 같지 않았고, 현숙하고 자애로운 여인이었다고 할 수 있다. 그녀는 유방을 위해 간난신고를 겪으며 구사일생으로 살아남았다. 여후와 유방은 환난을 함께 겪은 부부였고, 두 사람의 결혼 이야기에는 낭만적인 색채가 짙게 드리워져 있다. 당초에 유방이 인솔하던 죄수들을 데리고 강호로 잠적했을 때 여후는 비범한 의지력을 드러내며 늘 직접 남편을 찾아 그의 모든 행위를 지지한다고 했다. 뿐만 아니라 여후는 언제나 남편을 단번에 찾아내곤 했다. 유방이 이상하게 생각하고 여후에게 원인을 물었다.

"당신이 몸을 숨긴 곳 하늘에는 늘 오색구름이 덮여 있어서 바로 찾을 수 있었어요."

팽성 전투 후 여후는 항우에게 잡혀서 장장 3년 동안 인질로 살았다. 그녀는 항우에게 거의 죽을 뻔했지만 남편에게 한마디 원망도 하지 않았다. 그녀는 홍구 강화 이후에야 남편 곁으로 돌아와 태평한 나날을 보낼 수 있게 되었다. 한나라가 천하를 통일한 후에 유방은 출정할 때마다 여후에게 후방 방어를 맡겼다. 그녀는 남편의 든든한 방패 역할을 하며 남편의 천하 평정을 보좌했다.

이런 과정이 반복될수록 유방의 고민은 더욱 깊어졌다. 왜냐하면 유방이 보기에 이런 일들이 여후의 또 다른 성향을 드러내는 것으로 여겨졌기 때문이다. 유방은 은연 중 여후에 대한 두려움이 자라나기 시작했다. 확실히 여후는 유방을 보좌하는 기간에 한신을 참수하고, 팽월을 처형하고, 타성 제후들과 권력투쟁을 벌이며 단호하고, 살벌하고, 과감한 면을 보였다. 그녀는 분명 나약한 여인이 아니었다. 사마천은 그녀를 평가하여 "사람됨이 강인하다"라고 했다. 하지만 남편 유방이 보기에 과감하고 단호한 여후의 이런 특징은 그녀의 몰인정한 특징일 뿐이었다. 여후의 사람됨은 확실히 도량이 좁고, 마음 씀씀이가 악랄하고, 사심이 심하고, 수단도 잔혹했다. 이런 특징은 그녀가 한신을 죽인 일에서도 쉽게 간파할 수 있는 점이다. 또 한 가지 예를 들어보면 당초에 양왕 팽월이 반란을 일으키려 한다는 제보를 받고 유방은 사람을 정도로 파견했다. 그는 팽월이 방심한 틈을 타 팽월을 포박하여 낙양으로 압송했다. 유방은 팽월을 폐서인하고 사천으로 유배 보냈다. 그러나 팽월은 유배 도중에 마침 장안에서 동쪽으로 오던 여후를 만나 낙양으로 돌아가고 싶다고 했다. 이에 여후는 속임수를 써서 팽월을 낙양으로 데려갔다. 그리고 다시 유방에게 팽월 같은 맹장을 죽이지 않고 사천으로 유배하면 뒷날 후환을 남길 것이라고 참소했다. 그리고 구실을 찾아 팽월의 전 가족을 모두 죽였다.

그렇듯 여후의 일처리는 유방에 비해 훨씬 잔인했다. 이 때문에 유방은 마음속 깊이 여후를 꺼려했다. 적장자를 폐하고 어린 서자를 세우는 일은 선조들의 법도에도 어긋나는 일이다. 그러나 유방은 눈물이 그렁그렁한 척희의 눈빛을 생각할 때마다 깊은 근심을 떨칠 수 없었다. 그리하여 유방은 조만간 이 일을 해결하려 했다.

조정에서 주창이 논쟁을 벌이다

이 날 유방은 조회에 나가자마자 태자 폐위 문제를 제기했다. 그는 본래 황제의 위세에 기대 일을 처리하면 백관들이 다소 불만을 터뜨리더라도 지나치게 난감한 상황에 직면하지는 않을 것이라고 생각했다. 그런데 뜻밖에도 그의 말이 떨어지자마자 만조백관의 일치된 반대에 부딪쳤다. 유방이 고개를 들어보니 반대하는 사람 중에는 소하, 조참, 주발, 왕릉 등 줄곧 자신을 수행

조참

한 중신들도 포함되어 있었다. 그들은 고개를 가로젓고 탄식하는 모습을 보였다. 그들의 표정에는 유방이 제기한 문제가 심하게 법도를 벗어났다는 근심이 어려 있었다. 분명히 그랬다. 조정을 가득 채운 문무 대신들이 보기에 적장자를 태자로 세우는 일은 옛날부터 지금까지 모든 황실이 그렇게 했으며, 적장자를 폐하고 어린 서자를 세우는 일은 완전히 대역죄에 해당하기 때문에 근본적으로 상의할 여지조차 없는 사안이었다.

하지만 유방은 이 일에 매우 집착했다. 그는 고집스럽게 자신에 대한 대신들의 성의를 시험하려 했다. 오늘 그는 적장자를 폐위함으로써 황제로서의 욕망을 채우려 했다. 이에 그는 대전에 가득한 대신들의 반대 목소리를 돌아보지 않고 손을 내저으며 조서 작성을 준비하라고 했다. 바로 그때 어떤

제왕의 스승 장량

사람이 대전에서 거리낌없이 소리를 질렀다.

"절…… 절대로 안…… 안 됩니다."

유방이 고개를 돌려 바라보니 어사대부 주창周昌(?~BC 192)이었다. 주창도 패현 사람으로 유방과 동향이었다. 그는 처음부터 군건한 충성심으로 유방을 수행하며 진나라를 격파하고 관중으로 입성했다. 유방의 이 고향 친구는 여태껏 말을 할 때마다 인정사정없이 직언을 했다. 그가 유방이 하는 일에 거리낌없이 비판을 한 것도 이번이 처음은 아니었다. 한번은 유방이 척희와 장난을 치고 있었다. 마침 주창이 어떤 일을 아뢰러 궁궐로 들어오다가 두 사람의 친밀한 거동을 목격했다. 그는 너무나 난처하여 황망히 몸을 돌려 밖으로 나갔다. 유방이 그 모습을 보고 앞으로 달려가 그를 불러 세웠다. 그리고 천자의 체면 따위는 내팽개친 채 무뢰한의 행동으로 주창을 넘어뜨린 후 목을 타고 앉아 물었다.

"주창, 말해봐! 짐이 어떤 황제냐?"

주창은 불같이 화를 내며 대답했다.

"신이 생각하기에 폐하께서는 폭군 걸·주와 같은 황제입니다!"

유방은 그의 말을 듣고 화를 낼 수 없어서 껄껄 웃고 말았다. 그러나 그일이 있은 이후로 유방의 내면에는 이 어사대부를 두려워하는 마음이 자리잡았다.

하지만 강직하고 용감하게 간언을 올리는 주창은 담력이 뛰어난 사람임에도 불구하고 말더듬이였다. 유방이 그에게 정당한 논리를 대라고 다그치자그는 마음이 급한 나머지 후세에까지 널리 알려진 한 가지 일화를 남겼다.

"신은 말을 더듬어서 정당한 논리를 분명하게 말씀드릴 수 없지만, 신은떠듬거리더라도 그 일의 불가함은 압니다. 폐하께서 태자를 폐하신다면 신은 떠듬거리더라도 조서를 받들 수 없습니다."

이 일이 있은 이후로 옛날 학문에 뛰어난 노선생들은 어떤 일에 동의하지 않을 때 "떠듬거리더라도 불가하다고 생각합니다"^{期期以爲不可}라고 하는데, 이 말이 바로 주창에게서 나온 것이다. 주창은 이치의 올바름만 따지지 상대가 누구인지는 상관하지 않는 직신^{直臣}이었다. 그가 정치 생애에서 이룬 가장 훌륭한 일은 바로 태자를 폐하려던 유방의 의도를 저지시킨 일일 것이다. 주창이 유방에게 떠듬거리며 간언을 올리는 것을 보고 만조백관들은 와르르 웃음을 터뜨렸다. 유방은 태자 폐위를 지금 바로 결정하기는 어렵겠다고 생각했다. 이에 잠시 그 일은 내버려둔 채 백관들을 따라 웃으며 '떠듬 선생' 주창과 농담을 주고받았다.

기실 유방의 후사 문제는 남몰래 관심을 기울이는 사람이 많았다. 그날 주창이 조정에서 올린 직간이 마치 방아쇠처럼 많은 사람들의 민감한 심리를 건드렸다. 예를 들어 주창 휘하의 일개 부관이었던 조요^{趙堯}라는 사람도 남몰래 이 일에 관심을 기울였다. 당초에 조나라 사람 방여공^{方與公}이 주창에게 슬쩍 귀띔했다.

"조요는 나이가 어리지만 등한히 볼 자가 아닙니다. 주의해서 지켜보십시오. 어쩌면 장래에 공의 자리를 대신할 수도 있습니다."

주창은 그렇게 생각하지 않았다.

"조요는 잔머리나 굴리는 말단 관리일 뿐이오."

주창은 조요를 전혀 마음에 두지 않았다. 하지만 이 조요라는 자가 소인배 특유의 집요함을 발휘하여 유방에게 태자 관련 사안을 해결할 수 있는 한 가지 계책을 올렸다. 조요의 의도는 황제께서 조왕 여의를 위해 승상 한 사람을 뽑아 그를 보필하게 하자는 것이었다. 조왕을 보필할 승상은 반드시 위신이 있고 정직한 사람을 뽑아야 여후, 태자 그리고 신료들을 두렵게 할 수 있고, 이렇게 하면 이후 조왕 모자의 안위를 7~8할은 보장받을 수 있다고 했다.

유방은 잠시 어떤 사람이 적합한지 생각나지 않아서 머뭇거렸다. 그러자 조요는 바로 어사대부 주창이 가장 적합한 사람이라고 건의했다. 그 이유는 이랬다. 주창은 사람됨이 충성스럽고 정직하며 용감하게 직언을 할 뿐 아니라 일전에도 대전에서 태자 폐위 문제를 이치에 맞게 강력하게 간쟁했고, 이 때문에 여후와 태자도 모두 그에게 깊은 감사의 마음을 갖고 있다. 따라서 주창이 조왕의 승상이 되면 틀림없이 변함없는 충심으로 조왕을 호위할 것이다.

『한서』漢書 「주창전」周昌傳 원문

고조가 태자를 폐하고 척희의 아들 여의를 세우려 했다. …… 주창은 조정에서 강력하게 간쟁하는 사람이었다. 황상이 주창의 논리를 따져 물었다. 주창은 말더듬이인 데다 분노가 치솟아 이렇게 말했다. "신은 말을 잘하지 못하지만 떠듬거리더라도 그 일의 불가함은 압니다. 폐하께서 태자를 폐하신다면 신은 떠듬거리더라도 조서를 받들 수 없습니다." 高祖欲廢太子, 而立戚姬子如意. …… 昌廷爭之强. 上問其說. 昌爲人吃, 又盛怒, 曰, '臣口不能言, 然臣期期知其不可, 陛下欲廢太子, 臣期期不奉詔.'

유방은 조요의 건의에 깊이 공감하여 본래 대왕代王이었던 여의를 조왕趙王으로 옮기게 하고 주창으로 하여금 어명을 어기지 말고 조왕을 보좌하게 했다. 음미할 만한 일은 이 잔머리를 잘 굴리고 재기발랄한 조요가 과연 주창이 떠난 후 자신의 소원대로 새로운 어사대부에 임명되었다는 사실이다. 다만 주창은 조요가 자신의 배후에서 이런 일을 벌였으리라고 꿈에도 생각하지 못했을 것이다.

장량이 상산사호를 초청하라고 건의하다

조요가 주창의 배후에서 일을 꾸밀 때 여후도 놀고만 있지는 않았다. 당시에 그녀는 대전 동쪽 방에서 이 일의 전 과정을 엿듣다가 주창이 용감하

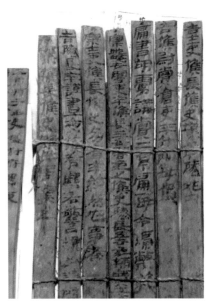

한나라 죽간

게 직간하는 모습에 감격을 금치 못했다. 그녀는 문무백관이 퇴조할 때 즉시 앞으로 달려가 주창 앞에 꿇어 엎드리며 호소했다.

"참으로 감사합니다! 선생께서 목숨을 걸고 지지해주지 않았으면 태자가 거의 폐위될 뻔했습니다."

주창도 얼른 답례를 하며 말했다.

"황후마마! 이러시면 절대 안 됩니다. 노…… 노신은 맡은 바 직분을 다했을 뿐입니다."

여후는 다시 좀 더 진전된 요구를 했다.

"저는 선생께서 계속 저와 태자를 돌봐주시기를 바랍니다."

그러나 뜻밖에도 주창은 아주 곤란하다는 표정을 지으며 말했다.

"신은 이미 모든 힘을 다 바쳤습니다. 이후의 일은 하늘이 정할 것입니다. 노…… 노신의 무능력을 용…… 용서하시옵소서."

제왕의 스승 장량

주창은 여후의 요구를 완곡하게 거절했지만 여후는 본래 보통 사람이 아니었다. 특히 이번 일을 해결하기 위해 그녀는 절대 앉아서 죽음을 기다리지 않을 터였다. 그녀는 자신과 태자의 안전 및 지위를 위해 조금도 타협하지 않고 직접 앞에 나서기로 결심했다.

여후의 머리에 가장 먼저 떠오른 사람은 장량이었다. 지난날 제왕의 스승으로 활동한 이 사람은 지금 절반은 은퇴자로 살고 있지만 그에게 부탁하면 여전히 한나라 황실을 위해 힘을 써줄 수 있을 것 같았다. 어쨌든 한나라 천하에는 장량의 지혜가 깊이 스며 있지 않은가? 이것이 바로 여후의 직감이었다. 이에 그녀는 장량의 손을 빌려 태자의 지위와 자신의 황후 보좌를 안정시키기로 결심했다.

장량은 이미 궁중에 출입하지 않고 성밖 산장 깊은 곳에 거주하며 문을 닫고 손님도 사절한 채 욕심 없고 담박한 은거 생활에 침잠해 있었다. 관중으로 들어온 후 장량은 유방에게 휴가를 청하여 자신의 거처에만 머물며 더 이상 조정 정사에 참여하지 않았다. 그는 매일 황석공이 준 책에서 도가의 양생술을 골라 운기조식하며 몸 상태를 적절하게 조절했다. 그는 점점 오곡도 먹지 않고 맑은 물과 야생 과일만 먹었다.

장량이 조정 정사에 관여하지 않는 이유는 자신의 건강이 좋지 못한 때문이지만 더 중요한 원인은 그가 궁중의 간계와 암투를 혐오했기 때문이다. 때때로 그는 한나라 황실의 일에 여전히 마음이 쓰이기도 했다. 장량은 자신의 부하 하견이 궁궐 안에서 벌어지는 일을 이야기할 때마다 정신을 집중하여 자세히 듣곤 했다. 하지만 들은 후에는 전혀 자신의 의견을 표명하지 않고 미미하게 고개를 가로저을 뿐이었다. 태자 폐위에 관한 문제는 장량 자신도 일찍부터 알고 있는 일이었다. 그러나 그는 궁중 내부의 암투를 멀리 하기로 했다. 장량의 삶과 생각은 이미 유약하고 분쟁 없고 자연에 순응하는 도가에 가까워지고 있었다. 세속의 이해관계는 그에게 뜬구름처럼 여겨질 뿐이었다.

그렇듯 장량은 공을 세운 후 뒤로 물러나 세속을 초월한 삶을 살고 있었지만 조정은 그를 잊지 않고 있었다. 유방이 태자를 폐위하려고 하자 여후는 사람을 보내 장량을 초청하여 미앙궁에서 이 일을 상의하고 싶다고 했다. 이 때문에 이번에는 장량도 이 문제에 대해 자신의 의견을 밝히지 않을 수 없게 되었다. 여후의 둘째 오빠 건성후^{建成侯} 여석지는 간절히 장량을 응시하며 물었다.

"황상께서는 공의 말을 잘 듣습니다. 지금 황상께서는 적장자를 폐위하고 어린 서자를 태자로 세우려 합니다. 무슨 묘안이 없겠습니까?"

장량은 한 가지 계책을 생각하고 있었지만 입으로는 여전히 사양하며 말했다.

"이 일은 황상의 가정사요. 이 장량도 해결할 방법이 없소."

그러나 장량은 여석지의 거듭된 간청을 이기지 못했다. 장량은 본래 관대한 군자가 아니던가? 그는 어쩔 수 없다는 듯이 말했다.

"나는 황상께서 줄곧 초빙하려 했지만 끝내 초빙하지 못한 네 분을 알고 있소. 이 네 도인은 지금 연세가 높으신 데다, 황상께서 독서인을 무시한다는 소문을 듣고 산속으로 몸을 감춘 후 한나라를 위해 일을 하지 않겠다고 맹세했다 하오. 허나 황상께서는 마음속으로 이 네 분을 지극히 공경하고 있소."

장량이 말한 네 사람은 바로 민간 전설에서 말하는 상산사호^{商山四皓}였다. 상산은 지금의 산시성^{陝西省} 상현^{商縣} 동남쪽에 있는 산이다. '호'^皓는 백발노인 이란 뜻이다. 이 네 노인의 이름은 각각 동원공^{東園公}, 기리계^{綺里季}, 하황공^{夏黄公}, 녹리선생^{角里先生}이다.

전설에 의하면 유방은 천하를 얻은 뒤 사람을 보내 덕망 높은 이 네 노

제왕의 스승 장량

인을 조정으로 초청하여 관직을 맡기려 했다
고 한다. 그러나 애석하게도 유방은 젊은 시
절에 평판이 좋지 못했다. 그는 독서인을 무
시했을 뿐 아니라 자주 욕설도 퍼부었다. 또

『사기』「육가열전」陸賈列傳 원문

"이 어르신은 말 위에서 천하를 얻
었는데 어찌 시서를 섬기겠는가?"

乃公居馬上而得之, 安事詩書.

그는 유생을 전혀 공경하지 않으면서 오히려 업신여기기까지 했다. 심지어
그들의 모자를 벗겨 거기에 오줌을 누는 등 온갖 만행도 서슴지 않았다. 어
느 날 유방은 좋은 계책을 듣기 위해 역이기를 초청했다. 역이기가 왔을 때
유방은 침상에서 다리를 벌리고 앉아 두 미녀에게 발을 씻기고 있었다. 그
태도가 매우 불경스러웠다. 또 한번은 서생 육가가 유방의 면전에서 『시』詩,
『서』書를 이야기하자 유방은 그를 마구 꾸짖으며 말했다.

"이 몸은 말 위에서 천하를 얻었다. 시 따위가 대체 뭐란 말이냐?"

이 때문에 이 네 노인은 그런 황제가 자신들을 초청하여 벼슬을 준다고
하자, 생각지도 못한 모욕을 당할까봐 겁을 먹고 상산으로 도망가서 은거생
활을 하며 일심으로 '상산사호'라는 이름에 걸맞은 행동을 하기 시작했다.
일이 없을 때 이 노인들은 상산에서 「자지가」紫芝歌라는 노래를 불렀다.

광막하고 드높은 산에, 莫莫高山

깊은 계곡 구불구불. 深谷逶迤

곱디고운 자줏빛 지초로, 曄曄紫芝

배고픔을 달랠 수 있네. 可以療飢

요순시대 이미 멀어, 唐虞世遠

나는 장차 어디로 갈까? 吾將何歸

말 네 마리 끄는 수레를 타도, 駟馬高蓋

근심은 더욱 크네. 其憂甚大

부귀하며 남을 두려워하기보다, 富貴之畏人兮

빈천해도 내 뜻대로 살리라. 不若貧賤之肆志89)

그들의 높은 기상과 깨끗한 절개가 잘 드러나 있다.

장량은 이 네 노인이 깊은 산에 은거하여 한나라의 신하가 되지 않겠다고 맹세한 것이 전부 황제 유방의 무례함 때문임을 잘 알고 있었다. 만약 네 노인에게 이해와 존경의 마음을 표시하면 그들은 자신을 알아주는 은혜에 깊이 감격할 수도 있을 터였다. 가장 중요한 점은 황상이 아직도 이 네 노인을 잊지 못하고 매우 존경한다는 사실이었다.

이에 장량은 여후의 첫째 오빠 여택에게 한 가지 길을 제시했다. 즉 태자에게 아주 공손한 어투로 서찰을 한 통 쓰게 하고, 금은보화와 쾌적한 수레를 준비한 뒤 언변에 능한 사람으로 하여금 서찰과 그 모든 선물을 갖고 가서 상산사호를 초빙하게 하면 그들이 틀림없이 내려올 것이라고 했다. 그런 후에 네 노인을 귀빈으로 예우하면서 늘 태자를 수행하여 조정에 나오게 하면 황상께서 그들을 보실 것이고 그렇게 되면 태자에게 아주 큰 도움이 될 것이라고 덧붙였다.

상산사호에게 도움을 받으려는 것은 본래 장량의 견해였다. 이처럼 신비한 인물 몇 사람을 떠올린 것은 장량이 어쩌면 당시에 오곡을 먹지 않고 전심전력으로 신선술을 배우던 일과 관련이 있을지도 모르겠다. 그런데 의외로 여씨 오누이가 정말 참을성있게 상산사호를 초청했고, 그들을 여택의 사

---

89) 상산사호가 불렀다는 「자지가(紫芝歌)」는 「자지곡(紫芝曲)」, 「채지조(采芝操)」 등으로도 불리며, 글자와 구절이 조금씩 다른 몇 가지 판본이 있다. 대표적인 판본이 『고사전(高士傳)』과 『악부시집(樂府詩集)』인데, 위의 가사는 『고사전』에 실려 있다.

저에 모셔온 뒤 태자의 공부를 도와주게 했다. 그리고 때때로 네 노인에게 태자를 위해 좋은 계책을 제시해달라고 부탁하기도 했다.

기실 역사적 사실에 비춰볼 때 이 상산사호가 실재했는지는 앞에 나온 황석노인과 마찬가지로 수수께끼다. 역사의 진실은 아마도 태자 유영의 지위를 보호하기 위해 장량이 고의로 여후에게 당시 황제 유방이 세상 밖 은사隱士 네 사람을 매우 존경한다고 암시했고, 여후는 장량의 의도를 깨닫고 용모가 은사 비슷한 네 노인을 초청했을 뿐이라고 봐야 한다. 장량의 이 수법은 그가 세상을 떠나기 전에 남겨 놓은 몇 가지 책략 중 가장 유명한 한 가지다. 유방의 후계 문제는 한나라 초기에 상당히 중요한 국가대사 중 하나였는데, 장량은 아무 동정도 없이 원만하게 해결했다. 이로써 그의 책략이 새로운 단계로 도약했음을 알 수 있다.

장량은 미앙궁에서 나와 느릿느릿 침중하게 걸었다. 그는 비록 이번에 황실의 가정 풍파를 잠재웠지만 마음속에서는 자신도 어쩔 수 없는 곤혹감이 솟아올랐다. 뒤편 미앙궁 전전前殿에는 소하가 쓴 "觀者如流水(보이는 것은 흐르는 물과 같다)"90)란 편액이 걸려 있었다. 장량은 아직도 소하와 미앙궁 전전 앞에서 서예의 '운필運筆' 법을 토론하던 일을 기억하고 있다. 그러나 지금 장량은 태자 문제를 처리한 자신의 이 운필법이 무거운 것인지 가벼운 것인지 확정할 수 없었다. 장량은 정말 흐르는 물이 바다로 귀의하듯 자신의 산장으로 돌아와 조용하게 은거생활을 계속했다.

미앙궁은 점점 더 장량에게서 멀어졌다. 그는 시간이 지날수록 정치의 뒤편으로 몸을 숨기고 만사와 다투지 않기를 강렬하게 희망했다.

---

90) 소하가 미앙궁 전전에 쓴 편액으로 알려져 있다. 소하는 몽당붓으로 전서(篆書)를 잘 썼는데, 당시 사람들은 이것을 '소주(蕭籒)'라 불렀다고 한다. 원나라 정표(鄭杓)의 『연극(衍極)』 권4 「고학편(古學篇)」 유유정(劉有定) 주에 나오는 내용이다.

상산사호

유방과 장량의 작별

유방이 병들어 여러 날 조회에도 나오지 못했다. 바로 이때 회남왕 영포의 반란 소식이 전해졌다. 본래 영포는 초왕 한신과 양왕 팽월이 차례로 살해되자 자연스럽게 다음은 자신의 차례라고 의심했다. 그는 앉아서 죽음을 기다리기보다 몸을 떨쳐 일어나 싸우는 것이 낫다고 생각했다. 앞뒤를 재보던 그는 마침내 과감하게 군대를 이끌고 반란을 일으켰다.

조정대신 중에서 주발과 관영은 영포의 반란 사실을 알고 나서 초조한 마음을 금할 수 없었다. 하지만 더욱 다급한 일은 황제 유방이 병석에 누워 10여 일 동안 조회에도 나오지 못했고, 사람들에게 자신의 침실을 들여다보지도 못하게 한다는 사실이었다. 어떻게 해볼 방법이 없게 되자 그들은 한 사람을 머리에 떠올렸다. 바로 장량이었다.

그러나 장량도 이때 병이 위중하여 병석에 누워 있었다. 문병을 온 주발과 관영에게 장량이 말했다.

전한 장신궁長信宮의 등燈

"폐하의 궁중 병상으로 쳐들어 갈 수 있는 사람은 딱 한 사람뿐이오. 그는 바로 황후의 제부 무양후舞陽侯 번쾌요."

장량의 말에 두 사람은 모두 고개를 끄덕이며 그렇다고 했고, 그보다 더 타당한 인선人選은 없다고 생각했다. 유방의 고향 친구이면서 동서이기도 한 번쾌는 본래 성격이 거친 백정이었다. 그가 궁궐로 쳐들어가는 것은 재앙을 유발하는 일이지만 유방은 절대 그것을 반란이라고 생각하지 않고 그를 죽이지도 않을 것이다.

번쾌는 이 일을 듣고 나서 선선히 그렇게 하겠다고 대답했다. 그가 뚜벅뚜벅 전진하며 유방의 침실로 쳐들어가자 그를 막을 자는 아무도 없었다. 번쾌가 유방에게 알렸다.

"영포가 반란을 일으켰습니다."

근래에 유방은 한신의 반란에서 또 다른 타성 제후 진희陳豨(?~BC 195)의

「상산사호회창구로도」商山四皓會昌九老圖. 남송 이공린李公麟

반란에 이르기까지 매번 소식이 들리면 자신이 직접 군사를 이끌고 원정에
나섰다. 이번 영포의 반란도 유방은 이미 예상하고 있었다. 다만 시간이 언
제가 될 것인지의 문제만 남아 있었다.

유방의 입장에서 영포는 아직 제거되지 못한 몇몇 타성 제후의 하나이
므로 어찌 내버려둘 수 있겠는가? 유방은 마지막으로 이 종기를 제거하지
못하면 죽어도 눈을 감지 못할 것 같았다.

유방이 말했다.

"짐은 실로 나이가 많고 이번에 또 마침 몸이 아프니 태자를 장군으로
삼아 출전하여 영포를 토벌하는 것이 좋겠소."

소식이 전해지자 여후는 매우 기뻐하며 이것이 태자의 지위를 공고히 하
고 태자의 위세를 높일 좋은 기회라고 여겼다.

그러나 뜻밖에도 태자를 보좌하는 상산사호가 이 소식을 듣고 고개를
가로저었다. 그들은 소식을 전하러 온 건성후 여석지에게 말했다.

"우리 넷이 관중으로 온 까닭은 태자를 보좌하기 위해서요. 그런데 만약
이번에 태자께서 군사를 이끌고 전장에 나가시면 사태가 매우 위험해질 것
이오."

여석지는 한참이나 생각했지만 무슨 뜻인지 알 수 없어서 몸을 굽히고

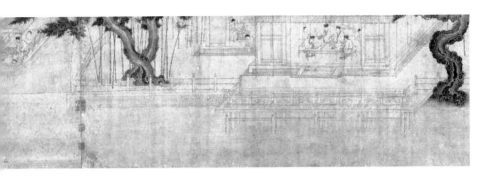

가르침을 청했다. 그중 한 노인이 말했다.

"태자께서 군사를 이끌고 영포를 토벌하여 설령 승리한다 하더라도 지금 태자의 지위보다 더 높은 자리에 오를 수는 없소. 허나 만약 실패하면 위험한 지경에 빠질 뿐 아니라 심지어 태자 지위도 보장받을 수 없소. 생각해보시오. 태자께서 군사를 이끌고 전장에 나가시는 건 아무 이득도 없이 참화를 부르는 일이 아니오?"

여석지는 놀라서 식은땀을 흘리며 네 노인에게 연신 읍을 하며 말했다.

"그렇게 말씀하시니 정말 태자 좌우에서 일을 하기가 어렵습니다. 간청하옵건대 네 분께서 좋은 계책을 마련하여 태자를 좀 구해주십시오."

그중 한 노인이 흰 수염을 꼬며 한 가지 계책을 냈다.

"어서 황후마마에게 기회를 봐서 황상폐하께 읍소하라고 요청하시오. 즉 영포는 천하에 이름을 떨친 맹장으로 용병술에 뛰어나므로, 절대 만만하게 대해서는 안 되며, 이번에 태자께서 출전하면 틀림없이 실패할 가능성이 크다고 말이오. 폐하께서 편찮으신 몸으로 싸움터에 나가시면 비록 힘은 들겠지만 이는 한나라의 천하를 위하는 일이고, 또 처자식을 위하는 일이므로, 다시 한 번만 힘을 써달라고 울면서 간청해야 하오."

여후는 이번에 태자가 출전하는 일이 그처럼 심각한 후과를 초래할 수 있다는 사실을 알고 누구보다도 초조함을 감출 수 없었다. 그녀는 다급하게 유방을 찾아가서 울며불며 호소했다.

"영포는 천하의 명장으로 용병술에 달통한 자입니다. 만일 태자에게 뜻밖의 변고라도 생기면 신첩의 남은 생애는 누구에게 의지해야 합니까?"

유방은 여후의 읍소를 들으며 마음에 갈등이 생겼다. 기실 자신도 태자가 실제 전투 경험이 없다는 사실을 잘 알고 있었다. 그러니 태자를 보내 용맹한 영포와 싸우게 할 때 태자가 승리한다는 보장이 없었다. 이번 전투에서 패배하는 것이 별 것 아니라고 말할 수도 있지만 만약 영포가 승리의 여세를 몰아 관중을 공격하고, 다른 제후들도 이에 호응하면, 자신이 천신만고 끝에 얻은 강산이 위험에 빠질 수밖에 없다.

유방이 한숨을 내쉬며 말했다.

"이제야 그 녀석이 중임을 맡기 어렵다는 사실을 알게 되었소. 좋소. 역시 내가 직접 군사를 이끌고 가는 것이 좋겠소."

다음날 유방은 자신이 군사를 이끌고 동진하여 영포를 토벌하겠다는 명령을 내렸다. 관중에 머무는 문무백관들은 모두 황제의 친정을 전송하러 왔다. 이 무렵 장량도 마침 몸이 아팠지만 병든 몸을 일으켜 전송 행렬에 참여했다. 장량은 유방을 보고 사죄했다.

"폐하의 동쪽 정벌에 신도 마땅히 좌우에서 수행해야 하나 실로 신의 병이 심각하여 어가를 따라갈 수 없습니다. 폐하! 용서해주십시오."

유방이 물었다.

"짐은 이번에 직접 영포를 정벌하기 위해 나섰지만 아마 길한 일보다 흉한 일이 많을 듯하오. 선생께서 지금 몇 가지 계책을 말씀해주시오."

장량이 잠시 생각하다가 말했다.

"영포의 군대는 사납고 용맹하니 부디 조심하셔야 합니다. 그자와 강하게 정면으로 맞붙지 않는 편이 가장 좋습니다."

유방은 가볍게 고개를 끄덕이며 장량의 말을 기억해두겠다는 모습을 보였다. 그러자 장량은 기회를 봐서 말을 이었다.

"관중 땅이 지극히 중요합니다. 이 번에 태자께서 비록 군사를 이끌고 출전하지는 못하지만 만약 태자를 장군으로 삼아 관중의 병마를 감독하게 하시면 첫째 태자의 능력을 단련할 수 있고, 둘째 폐하께서 전방에서 싸우실 때 후방에 대한 걱정을 덜 수 있습니다."

확실히 그러했다. 이번 정벌은 유방에게 심리적으로 지극히 부담이 되는 일이었다. 이전에 그가 동진하여 항우와 결전을 벌일 때는 후방에 대한 걱정이 없었다. 그때는 소하가 관중을 진무하며 군량 공급을 책임졌기 때문에 유방은 오로지 한마음으로 전력을 다해 항우와 결전을 벌일 수 있었다. 하지만 이번에는 동쪽으로 나가 영포와 싸워야 할 뿐 아니라 관중에 남아 있는 태자 걱정까지 해야 한다. 이런 의미에서 후방을 걱정하는 유방의 마음은 더욱 무거울 수밖에 없었다.

유방은 장량의 계책이 매우 용의주도하다고 느끼고 전혀 주저함없이 단호하게 고개를 끄덕였다.

"좋소! 공의 계책에 따르겠소."

이어서 유방은 또 절실한 목소리로 장량에게 말했다.

"자방! 관중을 튼튼하게 지키는 일은 정말 중요한 일이오. 숙손통이 지금 태자태부太子太傅이지만 공도 태자소부太子少傅 직을 맡아 태자가 관중을 잘 지키도록 보좌해주시오."

장량이 대답했다.

"폐하께서 이렇게 부탁하시니 신은 반드시 직분에 충실하여 어명을 욕되게 하지 않겠습니다."

장량과 유방은 서로 작별한 후 다음날 이른 새벽 각각 동쪽과 서쪽으로 길을 잡았다.

「대풍가」와 「홍곡가」

세찬 바람 일어나 구름이 휘날리네, 大風起兮雲飛揚

해내에 위엄 떨치고 고향에 돌아왔네, 威加海內兮歸故鄕

어떻게 용맹한 장사 얻어 사방을 지키랴? 安得猛士兮守四方91)

이 비분강개한 노래 「대풍가」大風歌는 유방이 고향으로 돌아갔을 때 즉석에서 흥에 겨워 소리 높여 부른 악곡이다.

유방은 군사를 이끌고 동쪽으로 정벌에 나서 영포의 반란을 평정하고 대승을 거뒀다. 돌아오는 길에 고향에 들러 여러 날을 머물렀다. 이른바 금의 환향이라 할 만했다. 그는 매일 고향에서 주연을 베풀고 노인들과 자제들을 불러 술을 마셨다. 전설에 의하면 고향의 친척·친지들과 한자리에 모여 박수

---

91) 『사기』「고조본기」에 나온다

를 치고 노래를 부르며 즐거워해야 마땅했지만 유방은 깊은 비감에 젖었다고 한다. 특히 유방은 술이 불콰하게 오르자 마음속에서 억제할 수 없는 쓸쓸함이 치솟아 올라, 주흥에 기대 한편으로는 「대풍가」를 부르며 다른 한편으로는 칼을 빼들고 칼춤을 췄다. 그는 한바탕 칼춤을 추고 나서 또다시 흐르는 눈물을 주체하지 못했다. 당시 그의 주위에는 소년 120명이 일제히 화답하며 역시 칼을 빼들고 함께 춤을 췄다. 사람을 깊이 감동시키는 장관이었다.

유방이 이처럼 비감에 젖었던 원인은 한나라를 건국한 지 이미 여러 해 지났지만 아직도 사고가 많고 전란이 그치지 않았기 때문일 터이다. 기실 일찍이 도성 장안에 미앙궁을 낙성할 때 유방은 소하에게 이렇게 말한 적이 있다.

"천하가 흉흉하여 여러 해 동안 악전고투를 펼치고 있지만 승패를 아직 알 수 없소."

한나라 왕조를 건국한 지 벌써 3년이 지났는데도 유방은 여전히 천하의 성패를 알 수 없다고 했다. 한나라 초기의 혼란한 국면이 어떠했는지 짐작할 만하다. 유방 자신도 줄곧 타성 제후왕을 토벌하기 위해 두 번 세 번 연이어 군사를 이끌고 출전해야 했다.

유방은 그처럼 오랜 세월 동안, 그처럼 힘들게 치른 전투를 생각하자 비분강개한 심정을 금할 수 없어서 눈물이 줄줄 흘러내렸다. 그는 목이 메어 고향 어르신들께 말했다.

"고향 어르신들 덕분에 천하를 얻었습니다. 이후로는 이 패현을 짐의 탕목읍湯沐邑[92]으로 삼고, 패현 백성은 대대로 부역에 종사하지 않게 하겠습니

---

92) 탕목읍: 황제, 황후, 제후, 공주 등의 일상 경비를 마련하기 위해 직속으로 제공된 봉토나 영지.

대풍가 비碑

다."

패현 백성들은 너무나 기뻐서 유방을 위해 술잔을 들고 축수했다.

유방은 군사를 거둬 조정으로 돌아왔으나 영포를 정벌할 때 화살에 맞은 상처가 갈수록 위중해졌다. 이 때문에 척희는 유방이 승하하고 나면 자신과 아들 여의의 운명이 예측할 수 없는 상황에 빠진다 여기고 아침부터 저녁까지 유방의 곁에서 눈물을 흘리며 모자 두 사람의 목숨을 살려달라고 간청했다.

유방도 이대로 가면 자신이 아마도 오래 살지 못하리라는 생각에, 서둘러 뒷일을 처리하려 했다. 이에 그는 대신들을 소집하여 유영을 폐위하고 조왕 여의를 태자로 세우는 문제를 다시 상의하게 했다. 문무 대신들은 유방의 말을 듣고 당황해하며 모두 장량을 찾아갔다.

"공은 태자소부이시니 태자를 보위해야 합니다. 바라옵건대 폐하께 간언을 올려주십시오."

장량도 어쩔 수 없어서 궁궐로 들어가 유방을 알현했다.

"태자를 폐위하는 것은 국가대사입니다. 폐하께서는 화살에 맞은 상처가 아직 다 낫지 않았으므로 옥체를 잘 요양하고 난 후에 다시 논의하는 것이 좋겠습니다."

유방은 고개를 가로저으며 유방의 말을 거절했다.

"태자는 너무 유약하여 반란을 평정할 힘이 없소. 이런 태자를 어디에다

제왕의 스승 장량

쓰겠소? 나는 이미 오래오래 생각해왔소. 이번에 반드시 태자를 폐위해야
하오."

장량이 곰곰이 생각해보니 지금 장량을 설득할 수 있는 사람은 노련한
유생 숙손통뿐이었다. 이에 장량은 숙손통을 찾아갔다.

숙손통은 과연 노련하고 날카로웠다. 그는 유방을 만나자 무릎을 꿇고
아뢰었다.

"과거 춘추시대 진晉나라 헌공獻公(?~BC 651)은 총애하는 여희驪姬(?~BC
651)를 위해 태자 신생申生(?~BC 656)을 폐위하고 여희의 아들 해제奚齊를 태자
로 세웠습니다. 그 결과 진나라는 몇 십 년 동안 혼란에 빠져서 줄곧 천하 사
람들의 웃음거리가 되었습니다. 또 진시황은 맏아들 부소를 일찍 태자로 정
하지 않았기 때문에 그가 세상을 떠난 후 조고가 가짜 유서를 만들어 호해
를 보위에 올렸습니다. 이로 인해 진秦나라는 2세 만에 멸망하고 말았습니다.
이런 일은 모두 폐하께서 잘 아시는 사례입니다. 지금 태자께서 사람됨이 인
자하고 후덕하다는 사실은 천하 사람들이 다 알고 있습니다. 황후마마와 황
상폐하께서는 환난을 함께한 부부이신데 어찌 폐하의 말씀 한마디로 바로
태자를 폐위할 수 있겠습니까? 폐하께서 꼭 그렇게 하시겠다면 신은 폐하의
면전에서 죽기를 청합니다."

말을 마치고 숙손통은 옆에 있던 시위의 칼을 빼서 자살하려는 행동을
보였다. 유방은 숙손통이 이처럼 진정으로 간언을 올리자 도무지 어떻게 할
방법이 없어서 이렇게 말했다.

"그만두시오! 짐이 입에서 나오는 대로 내뱉은 말일 뿐이오. 어떻게 정말
그리 할 수 있겠소?"

유방은 비록 이렇게 말했지만 태자를 폐위하겠다는 생각을 여전히 버리
지 못하고 적당한 기회를 찾고 있었다.

시간이 한참 지나자 유방의 상처도 점점 호전되었다. 그는 신료들에게 큰 연회를 베풀고 영포의 반란을 평정한 일에 끝맺음을 하려 했다. 그날은 특별히 태자 유영에게도 자신을 수행하라고 명령을 내렸다. 그런데 유방이 살펴보니 태자 유영의 뒤에 노인 네 사람이 따라오고 있었다. 그들은 연세가 이미 여든이 넘은 듯하고, 머리와 수염이 하얗고, 평범하지 않은 의관을 하고 있었다. 유방은 갑자기 나타난 낯선 노인 네 사람을 보고 깜짝 놀라 물었다.

"여러분은 뉘시오? 짐이 어찌하여 여태껏 뵌 적이 없소?"

네 노인은 반듯하게 예의를 갖춰 유방에게 대답했다.

"신들은 상산사호입니다."

그러고 나서 네 노인은 각각 자신의 성명을 말했다. 유방은 뛸 듯이 놀라며 또 물었다.

"아, 어쩐지! 여러분이 바로 천하에 유명한 상산사호요? 그렇게 오래도록 짐이 여러분을 찾아 천하 다스림에 도움을 받고자 했거늘 여러분은 시종일관 세상을 도피하여 몸을 드러내지 않았소. 그런데 이번에는 대체 무슨 까닭이오?"

한 노인이 대답했다.

"신들은 폐하께서 여태껏 독서인을 무시해왔고, 종종 그들에게 겸손하지 못한 언행을 하셨다고 들었습니다. 우리는 이런 모욕을 당하고 싶지 않았기 때문에 깊은 산으로 도피하여 몸을 감췄던 것입니다."

유방이 이해하지 못하겠다는 듯이 물었다.

"그럼 지금은 왜 하산하여 궁궐로 들어왔소?"

또 다른 노인이 이어서 대답했다.

"왜냐하면 우리는 태자께서 인자하고 후덕하고 효성스럽고 공손하여 식

여후의 옥새 '황후지새'皇后之璽. 지금의 셴양咸陽 창링長陵 부근 출토

견 있는 사람들을 존경하고 애호한다는 소문을 들었기 때문입니다. 지금 천하 사람들은 태자를 위해 끓는 물이나 뜨거운 불에도 뛰어들기를 원합니다. 이런 연유로 우리도 자원해서 하산하여 태자를 보좌하고 있습니다."

유방은 상산사호의 말을 듣고 마음의 평정을 유지하기 어려웠다. 왜냐하면 그도 태자가 상산사호를 모셔와 보좌를 받는 일이 장차 어떤 상황을 조성할지 잘 알고 있었기 때문이다. 이에 유방은 이렇게 말했다.

"그러시다면 수고스럽더라도 네 분께서 끝까지 태자를 잘 보좌해주시오."

상산사호는 말을 마치고 유방을 향해 축수 잔을 든 후 다시 반듯하게 예의를 갖춰 물러났다.

일은 커졌다. 이 일은 유방의 의도에 큰 타격을 가했다. 그는 이 일이 전부 여후가 배후에서 조종했다는 사실을 알았다. 그 목적은 바로 자신의 태자 폐위 시도를 막기 위한 것이었다. 그리하여 유방은 척희를 불러서 달랬다.

"태자가 천하에 명성을 떨치고 있는 상산사호를 초빙해올 줄은 상상도 하지 못했다. 짐도 천하를 통일한 후 사람을 보내 그들의 하산을 권했으나 그들은 상산으로 도망쳐 몸을 감췄다. 그런데 지금 그들이 자원해서 태자를 돕고 있으니 짐이 어떻게 태자를 폐위할 수 있겠느냐?"

유방은 하늘을 우러러보며 길게 탄식했다.

"애석하도다! 여씨가 지금 분명 날개를 달았구나."

유방은 어쩔 수 없이 척희를 부축해 일으키며 말했다.

"척희! 그대는 초나라 춤을 추라. 나는 초나라 노래를 부르며 그대의 춤에 맞추겠다."

척희가 한편에서 슬프게 춤을 추자 유방은 쓸쓸한 목소리로 슬프게 노래를 불렀다.

큰 기러기와 고니가 높이 날아서, 鴻鵠高飛

한 번에 천 리를 날아가누나. 一擧千里

날개가 어느덧 다 자라나서, 羽翮已就

사해를 횡단하며 오고가누나. 橫絶四海

사해를 횡단하며 오고가나니, 橫絶四海

그 앞을 막는 일 어찌 가하랴? 當可奈何

비록에 주살이 있다고 해도, 雖有矰繳

그것으로 어떻게 쏠 수 있으랴? 尙安所施93)

---

93) 이 노래가 「홍곡가(鴻鵠歌)」로, 『사기』 「유후세가」에 실려 있다.

제왕의 스승 장량

춤을 추는 척희의 얼굴은 온통 눈물범벅이었다. 유방의 노랫소리가 갑자기 뚝 그쳤다. 그의 늙은 눈에서도 하염없이 눈물이 흘렀다. 이로부터 그는 마음이 식은 듯 더 이상 태자 폐위에 관한 말을 꺼내지 않았다.

위대한 모사

한초漢初 삼걸三傑

유방은 비록 황제가 되었지만 해마다 전쟁터를 치달리느라 베개를 높이 베고 잠들지 못했다. 이 때문에 그의 기분은 좋았다 나빴다 종잡을 수가 없었다. 어느 날 소하가 궁궐로 들어와 유방에게 말했다.

"장안은 사람이 많고 땅이 부족합니다. 허나 폐하께서 노니시는 상림원上林苑에는 아주 넓은 땅이 황폐해 있습니다. 만약 백성들을 시켜 황폐한 상림원을 개간하여 농사를 짓게 하면 추수가 끝난 후 남은 볏짚이나 곡식 줄기로 상림원의 동물을 먹일 수 있을 것입니다. 어찌 일거양득이 아니겠습니까?"

근래에 유방은 기분이 좋지 않아서 소하가 하는 일이 마음에 들지 않았다. 과연 유방은 마음이 삐딱해져서 발끈 화를 냈다.

"상국은 장사꾼들의 뇌물을 얼마나 받아먹었는가? 짐이 노니는 상림원을 어떻게 취급하기에 이런 망발을 늘어놓는가? 여봐라! 상국을 잡아 가둬

제왕의 스승 장량

라!"

　상국 소하가 갑자기 포박되자 조정 대신들은 소문을 듣고 모두 경악했다. 그들은 소하가 무슨 죄를 지었는지 모르겠다고 투덜거렸다. 장량도 이 일에 대한 소문을 들었다.

　장량은 줄곧 몸이 약해서 병이 많았다. 그는 유방을 따라 낙양에서 장안으로 온 이후 장안 교외에 거주했다. 그는 맑은 샘과 숲과 바위를 벗하며 대문을 닫고 거의 모든 왕래를 끊었다. 그는 집안에서 전심전력으로 도가의 수양 방법을 익혔다.

　그러나 장량은 소하 사건에 대한 소문을 들은 이후 내심 슬픔을 금할 수 없었다. 소하는 백성을 편리하게 하려고 황제에게 자세히 설명했고, 이는 상국이 마땅히 해야 할 직무였다. 소하는 호의로 일을 추진했지만 영문도 모른 채 옥에 갇히고 말았으니 얼마나 억울한 일인가? 황제가 언제부터 이렇게 의심 많은 사람으로 변했단 말인가?

　이전에 황제는 전혀 이렇지 않았다. 한나라를 처음 세우고 천하를 막 평정했을 때 유방은 득의양양하게 대신들을 이렇게 추켜세웠다.

　"짐이 오늘의 영광을 갖게 된 까닭은 세 분에게 도움을 받았기 때문이오. 장막 안에서 계책을 마련하고 천 리 밖에서 승리를 결정지은 장량과, 국가를 진무하고 백성을 편안하게 어루만진 소하와, 싸우면 승리하고 공격하면 이긴 한신이 그들이오. 이 세 분은 모두 인걸인데, 짐이 등용하여 천하를 얻을 수 있었소."

　그런데 겨우 몇 년 만에 유방은 더 이상 옛 신하들을 신임하지 않게 되었다. 먼저 한신에 대해 말하자면, 줄곧 조정에서 그를 두려워하고 근심했기 때문에 결국 여후와 소하가 책략을 마련한 후 그를 장락궁 종실鐘室(궁전의 종을 매달아놓는 방)로 유인하여 모반죄로 살해하고 그의 삼족까지 멸했다. 지금은 상국 소하까지 억울한 죄명으로 하옥되었다. 한초 3대 공신 중에서 죽일 사람은 죽이고, 가둘 사람은 가둬서 이제 겨우 장량만 아무 탈없이 남아 있다. 하지만 과연 끝까지 무사할 수 있을까?

이 무렵 장량은 더 이상 조정에 나가지 않고 일절 정사에 관여하지 않았지만 소하와 관련된 일은 부득이 관여하지 않을 수 없다고 느꼈다. 그는 왕씨표氏 성을 쓰는 위위衛尉94)에게 궁궐로 들어가 유방에게 간언을 올려달라고 부탁했다.

"폐하께 여쭈옵니다. 소 상국이 무슨 죄를 지었기에 폐하를 그처럼 화나게 했습니까?"

유방은 자신의 마음속 까닭 모를 불길이 아직 다 꺼지지 않아서 투덜투덜 분노를 터뜨렸다.

"그자가 짐의 상림원을 가지고 백성들 좋은 일만 하려 했다. 이 어찌 백성을 꼬드겨 반란을 모의하는 일이 아닌가?"

왕 위위가 아뢰었다.

"아마도 폐하께서 오해하신 듯합니다. 폐하! 생각해보십시오. 우리가 초나라와 싸울 때나 진희와 영포가 반란을 일으켰을 때 폐하께서는 병력을 이끌고 외부에 주둔했고, 관중은 소 상국이 지켰습니다. 그때 만약 그가 천하를 탈취할 생각이 있었다면 작은 힘도 들일 필요가 없었을 텐데, 어찌하여 지금까지 기다렸겠습니까?"

당시에 유방은 잠시 화를 참지 못하여 소하를 체포했지만 조금 지나자 자신의 행동을 후회했다. 그런 차에 왕 위위가 이렇게 말을 해주자 바로 자

---

94) 위위: 구경(九卿)의 하나로 궁궐을 호위하는 고위 관직이다.

제왕의 스승 장량

원나라 이용근李容瑾의 「한원도」漢苑圖

신의 실수를 깨닫고 즉시 소하를 석방하라고 명령을 내렸다. 아울러 소하에게 사과했다.

"상국께서 지난번에 짐에게 아뢴 일은 기실 국가와 백성을 위한 정책이었소. 짐도 이제 분명하게 알았소. 그런데도 상국을 체포하여 옥에 가뒀으니 천하 백성들은 짐이 폭군 걸·주와 같은 임금임을 알게 되었고 상국께서는 백성을 긍휼히 여기는 현신임이 밝게 드러났소."

이 말은 겉으로 보기엔 상대를 칭찬하는 말 같지만 강직한 충신 소하가 듣기에는 말로 표현할 수 없는 쓸쓸함이 묻어 있었다.

장량은 소하가 석방되었다는 말을 듣고 다소 안심이 되었다. 장량은 유약한 모습으로 다투지 않고 순리에 따랐기 때문에 유방의 신임을 얻었다. 하지만 지금은 신중하고 소심한 소하조차도 재앙을 면할 수 없게 되었다. 이 때문에 장량은 날이 갈수록 자신이 살얼음을 밟고 있는 듯한 불안감에 젖었다.

유방과 척희

천하는 바둑과 같다. 지금 이 바둑판에 새로운 변화가 일어나는 중이었다.

유방의 병세는 더욱더 위중해졌다. 그러나 중병을 앓으면서도 유방은 편안히 요양할 수 없었다.

"폐하께 아뢰오!"

하후영이 황망하게 유방의 침실로 달려와 보고했다.

"외부 전언에 따르면 어명을 받들고 연燕 땅으로 가서 노관盧綰의 반란을

제왕의 스승 장량

한 고조 유방의 능묘인 장릉長陵. 왼쪽에 여후의 묘가 보인다.

평정한 번쾌 장군이 황후마마와 한패라고 합니다. 그들은 폐하께서 승하하시면 안팎에서 서로 호응하여 천하를 탈취하고 먼저 척희와 조왕 여의를 죽이려 한답니다."

유방은 깜짝 놀라 일렀다.

"어서 유후 장량을 모셔 오라."

그러나 이 무렵 장량은 궁궐로 들어와 다시 계책을 내지 않은 지 이미 오래였다. 장량을 부를 수 없자, 유방은 진평이라도 불러오게 했다.

진평이 말했다.

"번 장군은 황후마마의 제부이므로 쉽게 한통속이 될 수 있습니다. 어서 번 장군의 병권을 빼앗아야 대란이 발생하지 않을 겁니다."

"일리 있는 말씀이오."

유방은 진평에게 간단하고도 강력하게 분부했다.

"짐은 그대 진평과 강후 주발에게 명한다. 어서 달려가서 번쾌를 체포하

周勃繡像

주발

여 법을 정확히 집행하라."

　진평과 주발은 연 땅에 당도하여 황제의 조서를 제시하고 번쾌를 체포했다. 그러나 두 사람은 조정에서 오랜 세월 함께 뒹굴었으므로 호락호락한 사람들이 아니었다. 그들은 장안을 떠날 때 이미 여러 가지 복안을 생각하고 있었다. 두 사람은 지금 황제가 감정을 앞세워 일을 처리하면서 조변석개朝變夕改의 변덕을 부린다고 의견의 일치를 보았다. 번 장군은 황제의 고향 친구이고 공로도 하늘만큼 높은 사람인데, 어명을 받들고 즉각 그를 참수했다가 어느 날 황제의 마음이 바뀌면, 바로 충신을 주살했다는 죄를 뒤집어쓸지도 모르는 일이다. 또 지금 황제의 병이 이처럼 위중한데 만일 조만간 세상을 떠나게 되면 그때는 황후가 우리가 번 장군을 죽였다고 다그칠지 모른다. 두 사람은 왼쪽으로 갈 것인지 오른쪽으로 갈 것인지는 최후에 상의하기로 하고,

　　　　　　　　　　　　제왕의 스승 장량

우선 번쾌를 장안으로 압송하여 황제의 어명에 따라 죽일지 살릴지를 결정하기로 했다.

과연 예상대로 진평과 주발이 번쾌를 압송하여 장안에 도착한 중요한 시각에 한 고조 유방은 이미 이 세상 사람이 아니었다. 태자 유영이 보위를 계승하여 새 황제가 되었고, 여후는 순리대로 황태후가 되었다.

유방이 죽은 이후 오히려 국가는 평화로웠다. 상국 조참이 정사를 잘 처리했다. 여태후가 다시 왕릉을 우승상, 진평을 좌승상, 주발을 태위로 임명한 것은 기본적으로 유방의 유언에 따른 조치였다. 이처럼 국가 초석 세 사람의 지탱하에 한나라 강산은 태산처럼 튼튼해졌다.

그러나 여태후는 늘 한 가지 근심을 내려놓지 못했다. 아들 유영이 새 황제가 된 지 벌써 6년이 지났지만 몸이 허약하고 성격이 나약하여 정사를 제대로 처리하지 못했기 때문이다. 그녀는 늘 깊은 시름에서 벗어나지 못했다.

당시에 벌써 나이가 스물셋이던 황제 유영이 그렇게 된 데에는 그 나름의 까닭이 있었다. 당초에 조정의 대권이 여태후의 수중에 떨어지자 그녀는 국가대사를 서둘러 처리하지 않고 먼저 번쾌를 석방한 후 자신의 소소한 원한의 대상인 척희에 관한 일을 처리했다. 그녀는 척희를 영항永巷에 가두고 죄수복을 입혀 매일 아침부터 저녁까지 방아를 찧게 하라고 명령을 내렸다. 척희는 자신의 불행한 운명을 곱씹다가 멀리 천 리 밖에 떨어져 있는 아들이 생각나서 슬픔이 밀려 왔다. 이에 척희는 방아를 찧으며 노래를 불렀다.

아들은 제후왕이 되었지만, 子爲王

어미는 포로가 되었네. 母爲虜

온종일 저녁까지 방아 찧으며, 終日舂薄暮

언제나 죽음과 함께한다네. 常與死爲伍

서로 떨어진 거리가 삼천 리이니, ^{相離三千里}

어느 누가 너에게 알릴 수 있나? ^{當誰使告汝95)}

척희가 방아를 찧으며 노래를 부른다는 사실은 일찌감치 여태후에게 보고되었다. 그녀는 분노를 이기지 못하고 이를 갈며 조왕 여의를 소환하여 독약을 써서 죽였다. 그런 후 또 척희의 팔과 다리를 자르고, 눈알을 파내고, 불로 귀를 태우라고 명령을 내렸다. 또 벙어리가 되는 약을 먹인 후 돼지우리에 던져 넣고 '인간 돼지'^{人彘}라 불렀다.

여태후는 이렇게 하고도 부족하다고 느꼈는지 아들인 황제 유영을 데리고 가서 자신의 걸작을 감상하게 했다. 그러나 황제 유영의 어진 마음은 모친 여태후와 완전히 달랐다. 그는 돼지우리 앞으로 가서 비참하게 찢어진 척희의 모습을 보고 비통함을 금치 못하며 울부짖었다.

"이건 인간이 할 짓이 아니다. 나는 태후의 아들로서 천하를 다스리기 어렵다."

이때부터 그는 정사를 한쪽으로 밀어둔 채 온종일 술을 마시며 소일했다.

이에 여태후는 어떻게 하면 아들의 기분을 좋게 할 수 있을까 고민하지 않을 수 없었다. 그녀는 장량을 떠올렸다. 애초에 유방이 태자를 폐위하려 했을 때 장량이 반대했고, 또 그가 상산사호를 초빙하여 태자를 보좌하게 하자고 건의하여 마침내 황제로 하여금 자신의 계획을 포기하게 했다. 이 때문에 여후는 장량에게 시종일관 감사의 마음을 갖고 있었다. 여후는 궁궐

---

95) 「용가(春歌)」 또는 「척부인가(戚夫人歌)」라고도 한다. 『한서』「외척전(外戚傳)」에 실려 있다.

제왕의 스승 장량

한 혜제 유영

안에 특별히 주연을 마련하고 장량을 초청해 밥을 먹게 했다.

적송자를 따라 놀다

그러나 이 무렵 장량은 이미 밥을 먹지 않고 벽곡辟穀과 도인술導引術로 몸을 수양하고 있었다. '벽곡'辟穀이란 밥을 먹지 않고 오직 기氣만 마시면서 몸안에 축적된 영양 물질로 생명을 유지하는 방법이다. 배고픔을 극복하고 신체의 고통을 줄이기 위해 도인導引과 토납吐納이라는 운기 방법을 쓴다. 장량은 이런 방법을 운용하여 운기조식으로 온몸을 다스리고 있었다.

장량은 불로 익힌 음식을 먹지 않는 방법으로 자신의 마음을 맑게 하고

"사람이 한 세상을 살아가는 것
은 마치 흰 망아지가 작은 틈을 스
쳐지나가는 것과 같은데 어찌하여
스스로를 괴롭힘이 이와 같은 지경
에 이르렀소?" 유후는 부득이하여
억지로 태후의 말에 따라 음식을
먹었다. 人生一世間, 如白駒過隙, 何至自苦如此乎?' 留侯
不得已, 彊聽而食.

욕심을 적게 하면서 어떤 것도 자신을 유혹
하거나 해치지 못하기를 희망했다. 바로 유약
하게 살아가는 이러한 경지를 터득함으로써
그는 시종일관 편안하고 무사한 삶을 살 수
있었다. 이것은 분명히 그가 생사의 이치를
깊이 이해했기 때문에 얻은 삶의 경지이다.

여태후는 사람을 보내 장량을 궁궐 안으
로 초청한 후 이렇게 말했다.

"유후여! 그대가 상산사호를 초빙해온 덕분에 태자가 오늘날 황제 보위
에 올랐소. 나는 참으로 그대에게 감사하오!"

장량이 말했다.

"신은 태자소부이므로 마땅히 해야 할 일을 했을 뿐입니다."

여태후는 장량의 수척한 모습을 바라봤다. 평소 소문에 장량이 집에서
화식火食을 하지 않고 고행으로 몸을 닦는다더니 사람들의 말이 진실임을 알
게 되었다. 이에 여태후는 참을 수 없다는 듯 장량에게 권했다.

"사람의 한 평생은 흰 망아지가 작은 틈을 지나가는 것에 비유할 수 있
소. 눈 깜짝할 사이에 지나갈 뿐이오. 이 때문에 즐길 수 있을 때 즐겨야 하
오. 그런데 어찌하여 이렇게 자신을 괴롭힌단 말이오?"

여태후는 장량을 위로하는 한편 직접 그에게 술을 따라주며 은근하게
권했다. 장량은 황태후의 권유를 물리칠 수 없어서 억지로 한 모금 마셨다.

여태후가 이어서 말했다.

"공은 선 황제의 중신이고, 현 황제가 평생 존경해온 분이오. 현 황제는
심신이 위축되어 떨쳐 일어나지 못하고 있소. 만약 공이 하산하여 현 황제를
보좌해주시면 내가 감격을 이기지 못할 것이오."

장량은 태후의 제의를 완곡하게 사절했다.

"태후마마의 후의에 감사드립니다. 다만 신은 지금 정사에 아무 관심이 없습니다."

여태후는 장량이 거절할 이유를 찾는다 생각하고 바로 제의했다.

"내가 중임을 맡길 것이오."

그러나 뜻밖에도 장량은 고개를 가로저으며 천천히 자신의 이야기를 했다.

"우리 장가 집안은 몇 대를 이어 한韓나라 재상을 지냈습니다. 한나라가 망한 후 신은 황금 1만 냥에 해당하는 집안 재산을 처분하여 진秦나라에 복수하려 했고, 이 일은 당시에 천하를 진동시켰습니다. 지금은 입술을 좀 놀린 연유로 제왕의 스승으로 존경받으며 만호후에까지 봉해졌습니다. 이는 일개 백성이 도달할 수 있는 최고의 지위입니다. 신의 입장에서는 매우 만족스러운 생애입니다. 지금 신이 품고 있는 유일한 희망은 이 번거로운 속세를 떠나서 적송자를 따라 노닐며 티끌세상 밖에서 구름처럼 떠도는 것입니다."

여후는 더 이상 장량을 설득할 방법이 없음을 알고 그대로 연회를 끝낼 수밖에 없었다.

이것이 우리가 알고 있는 선에서, 장량이 마지막으로 인간 세상에 대해 내린 논평이다. 그가 언급한 적송자赤松子는 전설 속 신농神農 시대의 우사雨師로, 오곡 대신 오로지 수정만 먹으며 수련하다가 마지막에 불 속으로 뛰어들어 스스로 몸을 태우고 신선세계로 갔다고 한다. 이 수련 방법이 대대로 전

『사기』「유후세가」원문

"우리 집안은 대대로 한韓나라에서 재상을 지냈다. 한나라가 멸망함에 미쳐, 만금의 재물도 아끼지 않고 한나라를 위해 강력한 진나라에 복수하려 했고, 이 일로 천하가 진동했다. 지금 세 치 혀로 제왕의 스승이 되었고, 만호후에 봉해졌고, 제후의 지위에 올랐으니 이는 포의布衣의 극한에 오른 것이다. 나 장량에게는 만족스러운 일이다. 바라건대 인간사를 버리고 적송자를 따라 노닐고 싶을 따름이다."家世相韓, 及韓滅, 不愛萬金之資, 爲韓報讎彊秦, 天下振動. 今以三寸舌爲帝者師, 封萬戶, 位列侯, 此布衣之極, 於良足矣. 願棄人間事, 欲從赤松子游耳.

해졌고, 이에 근거하여 스스로 선도仙道를 수련하면서 이치를 터득한 사람을 흔히 '적송자'라고 칭하기도 한다. 장량이 마지막에 정말 적송자를 따라 갔는지 여부는 후세 연구자들이 매우 흥미를 갖는 대목이다.

예를 들어 사마광은 이렇게 분석했다.

"삶이 있으면 죽음이 있다. 이는 마치 낮이 있으면 밤이 있는 것과 같다. 옛날부터 지금까지 한 사람의 예외도 없었다. 장량의 진실한 지혜와 탁월한 견해에 비춰 봐도 신선에 관한 일은 허황한 말에 불과함을 알 수 있다. 그러나 그가 적송자를 따라 놀고 싶어 한 것은 그 나름의 이유가 있었으니, 그것이 바로 장량의 지혜임을 우리는 알아야 한다. 공명이란 공훈과 명성인데, 이는 인생에서 가장 얻기 어려운 덕목이다. 한 고조 유방이 칭찬한 전한前漢 건국공신의 영웅은 '삼걸'三傑일 뿐이다. 그러나 한신은 멸문지화를 당했고, 소하는 감옥에 갇혔다. 이 어찌 공명을 가득 누리고도 멈출 줄 몰랐던 결과가 아닌가? 이 때문에 장량은 신선에 의탁하여 인간세상을 버리고, 공명을 바깥세상 사물과 같게 여겼으며, 영화와 이익을 버려두고 돌아보지 않았다. 이른바 명철보신明哲保身하며 살아간 사람으로는 장량이 있을 뿐이다."

확실히 총명하고 지혜로운 사람은 스스로 방향 설정을 잘한다. 춘추시대의 월나라 범려는 공적을 이루고 명성을 성취한 뒤 정계를 떠났다. 이후 그는 장사를 해서 천하 갑부가 되었고, 사람들은 그를 바뀐 이름인 '도주공'陶朱公이라 불렀다. 그러나 장량이 선택한 길은 은거와 운유雲遊였다. 바로 노자가 "공명을 이루고 몸을 뒤로 물리는 것은 하늘의 도다"功遂, 身退, 天之道也96)라고 말한 바와 같다. 장량은 줄곧 이처럼 자유롭고 구속 없는 경지를 추구했다.

---

96) 『노자(老子)』 제9장에 나온다.

사마천은 『사기』 「유후세가」에서 장량의 죽음을 지극히 간단하게 기록했다.

> 그 뒤 8년 만에 세상을 떠났다. 시호는 문성후다. ^後八年卒, 謚爲文成侯.

어쩌면 장량은 본래 인간세상을 초월한 사람이고, 자연을 추구한 사람이고, 물아일체物我一體를 이룬 사람이고, 신비함이 가득한 사람일지도 모른다. 그는 마지막에 인간의 불로 익힌 음식을 먹지 않는 방법으로 자신의 마음을 맑게 하고 욕심을 적게 하면서 어떤 것도 자신을 유혹하거나 해치지 못하기를 희망했다. 바로 유약하게 살아가는 이러한 경지를 터득함으로써 그는 시종일관 편안하고 무사한 삶을 살 수 있었다. 이것은 분명히 그가 생사의 이치를 깊이 이해했기 때문에 얻은 삶의 경지이다.

후세 연구자들은 장량의 '기이함'奇이 그가 터득한 '나아감'進과 '물러남'退의 방식, 그리고 '등장'과 '퇴장'의 과정에 있다고 지적했다. 예를 들어 '진시황 저격'과 '황석노인 상봉' 사건은 장량이 유방을 보좌하기 이전에 발생했으므로 장량의 등장 과정을 대표한다고 할 수 있다. 그런데 '상산사호' 이야기는 장량이 식읍을 받은 이후에 발생했으므로 그의 퇴장 과정을 대표한다고 할 수 있다.

기실 장량은 퇴장 이후에도 기이하고 특별한 사적을 남겼는데, 그것은 우리가 아직도 풀 수 없는 수수께끼다. 그의 분묘와 연관된 유적이 바로 그렇다. 역사서 『괄지지』括地志97)의 기록은 이렇다.

---

97) 『괄지지』: 당나라 태종의 아들 위왕(魏王) 이태(李泰)가 편찬한 지리학 서적으로, 전체 555권이다.

한나라 장량의 묘는 서주徐州 패현 동쪽 65리에 있고 유성留城과 가깝다.漢張良墓在

徐州沛縣東六十五里, 與留城相近也.

하지만 학설에 의하면 지금까지 장량의 묘와 연관된 유적은 모두 3천 곳이 넘는다고 한다. 지금의 산시성 한중시 류바현留壩縣 류허우진留侯鎭 먀오타 이쯔가廟臺子街 서쪽에는 또 장량 사당이 있고, 그 이름이 유후사留侯祠인데 꽤 유명한 관광지로 알려져 있다.

장량은 일개 모사이지만 위대한 모사에 속한다. 범증, 역이기, 진평 등과 비교해 봐도 장량의 수준이 훨씬 높다. 그는 '제왕의 스승'이란 호칭에 부끄 럽지 않은 사람이다. 장량이라는 역사 속 인물을 직접 보지는 못했지만, 모 사라는 집체로 말하면 후대에 그의 뒤를 이은 사람이 많이 등장했다. 앞으 로도 무대만 있으면 분장을 하고 무대에 오르는 사람이 끊임없이 이어질 것 이다.

제왕의 스승 장량

유후론留侯論

– 송宋 소식蘇軾

옛날 이른바 호걸로 불린 지사는 반드시 남보다 뛰어난 행실을 실천했다. 사람으로서 참을 수 없는 상황에 부닥칠 때, 보통 사람은 그런 치욕을 당하면 바로 칼을 빼들고 떨쳐 일어나 몸을 던져 싸울 것이다. 하지만 그런 사람을 용감하다고 하기엔 부족한 감이 있다. 천하의 위대한 용자勇者는 돌발 상황이 닥쳐도 놀라지 않고, 까닭없이 치욕을 당해도 분노하지 않는다. 이는 그가 지닌 흉금이 매우 넓고 그가 품은 지향이 매우 원대하기 때문이다.

대저 장량이 이교圯橋 위의 노인에게서 책을 받은 일은 매우 기괴하다. 하지만 진秦나라 때 은거한 어떤 군자가 나타나 그를 시험한 일이 아니라고 어떻게 장담할 수 있겠는가? 그 노인이 은밀하게 자신의 의도를 드러낸 방식을 살펴보면 그의 모든 언행에 성현들이 사람을 일깨우고 경계하던 의미가 담겨 있다. 그런데 세상 사람들이 그런 의미를 자세히 살피지 못하고 노인을 귀신처럼 여기는 것은 너무 지나친 일이다. 또 노인의 진정한 의도는 (장량에게) 책을 전해주는 데에 있지 않다.

한韓나라가 멸망할 때 진秦나라는 바야흐로 전성기를 구가하며 칼, 톱, 기름 끓는 솥과 같은 형벌 도구로 천하의 지사를 다뤘다. 이 때문에 죄를 짓지 않았는데도 멸문지화를 당한 사람이 부지기수였다. 맹분孟賁이나 하육夏育 같은 용사가 있다 해도 용기를 발휘할 수 없었다. 대저 법 집행이 지나치게 사나운 자의 예봉은 건드릴 수 없고, 그 사나운 기세는 노려볼 틈이 없다. 그러나 장량은 울분을 참지 못하고 필부의 힘을 발휘하여 진시황을 한 번 저격하는 순간에 통쾌함을 얻으려 했다. 그때 장량은 죽지 않았지만 그 사이에 털끝 하나도 용납되지 않는 긴박한 사태가 전개되었으니 매우 위험한 상황이었다.

천금을 가진 부잣집 자제는 도적의 손에 죽지 않으려 한다. 무슨 이유인가? 자신의 몸이 아까워서 도적에게는 죽을 수 없다고 여기기 때문이다. 당시에 장량은 세상을 덮을 만한 재능을 지녔음에도 이윤伊尹이나 강태공의 지모智謀를 발휘하지 않고, 겨우 형가荊軻나 섭정聶政의 계교를 썼다. 그럼에도 죽지 않은 것은 요행이지만 이 점을 이교 위의 노인은 매우 안타깝게 여겼다. 이러한 까닭에 그 노인이 거만하고 무례한 태도로 장량의 마음을 심하게 꺾었다. 이는 장량이 능히 참을성을 기른 이후에야 큰일을 성취할 수 있다고 보았기 때문이다. 이 때문에 "가르쳐볼 만한 젊은이로다"라고 했다.

초楚나라 장왕莊王이 정鄭나라를 공격하자 정 양공襄公은 웃옷을 벗고 양을 끌며 그를 영접했다. 장왕이 말했다. "군주가 남에게 자기 몸을 낮출 수 있으니 틀림없이 그 백성을 믿고 쓸 수 있을 것이다." 이에 그를 풀어줬다. 월越나라 구천勾踐은 회계會稽에서 곤욕을 당하고도 다시 돌아가 오吳나라에 신하 노릇을 하면서 3년 동안 게으름을 피우지 않았다. 대저 복수의 뜻을 품고도 남에게 자신을 낮추지 못하는 것은 필부의 강함일 뿐이다. 그 노인은 자방이 재능은 충분하지만 도량이 부족함을 근심한 것이다.

이 때문에 젊은이의 강하고 예리한 기운을 심하게 꺾어서 작은 분노를

참고 큰 지모를 이루게 했다. 무슨 까닭인가? 평생 교분이 없었고 갑자기 초
야에서 만난 사이임에도 몸종이 하는 일을 시켰는데 유연하게 대처하며 이
상하게 여기지 않았기 때문이다. 이에 진실로 진시황도 그를 놀라게 할 수
없고, 항우도 그를 분노하게 할 수 없다.

　한 고조가 승리할 수 있었던 이유와 항우가 패망한 이유를 살펴보면 참
을성이 있느냐 참을성이 없느냐의 사이일 뿐이다. 항우는 참을성이 없었기
에 백전백승하면서도 그 예봉을 경솔하게 사용했다. 한 고조는 참을성이 있
었기에 자신의 온전한 예봉을 기르며 항우가 피폐하기를 기다렸는데, 이는
장량이 가르친 것이다. 회음후^{淮陰侯} 한신^{韓信}이 제나라를 격파하고 스스로 왕
이 되려 하자 고조가 분노하여 말과 표정에 그 기색이 드러났다. 이런 점에서
도 고조에게는 아직 참을성이 없고 강하게만 대처하려던 경향이 있었음을
알 수 있다. 장량이 아니었다면 그 누가 한 고조를 온전히 보호할 수 있었겠
는가?

　태사공^{太史公} 사마천^{司馬遷}은 장량이 신체가 크고 우락부락하게 생겼을 것
으로 의심했지만 그의 모습은 여성과 같아서 그가 품은 뜻과 기상에 어울리
지 않았다. 아! 이 점이 바로 위대한 장량이 된 까닭이리라!

古之所謂豪傑之士者, 必有過人之節. 人情有所不能忍者, 匹夫見辱, 拔劍而起, 挺身

而鬪, 此不足爲勇也. 天下有大勇者, 卒然臨之而不驚, 無故加之而不怒. 此其所挾持

者甚大, 而其志甚遠也.

夫子房受書於圯上之老人也, 其事甚怪. 然亦安知其非秦之世, 有隱君子者出而試之.

觀其所以微見其意者, 皆聖賢相與警戒之義. 而世不察, 以爲鬼物, 亦已過矣. 且其意

不在書.

當韓之亡, 秦之方盛也, 以刀鋸鼎鑊^鑊待天下之士. 其平居無罪夷滅者, 不可勝數. 雖有

賁·育, 無所復施. 夫持法太急者, 其鋒不可犯, 而其勢未可乘. 子房不忍忿忿之心, 以匹夫之力而逞於一擊之間. 當此之時, 子房之不死者, 其間不能容發, 蓋亦已危矣.

千金之子, 不死於盜賊, 何者? 其身之可愛, 而盜賊之不足以死也. 子房以蓋世之才, 不爲伊尹·太公之謀, 而特出於荊軻·聶政之計, 以僥幸於不死, 此圯上老人所爲深惜者也. 是故倨傲鮮腆而深折之. 彼其能有所忍也, 然後可以就大事. 故曰, "孺子可教也."

楚莊王伐鄭, 鄭伯肉袒牽羊以逆. 莊王曰, "其君能下人, 必能信用其民矣." 遂舍之. 勾踐之困於會稽, 而歸臣妾於吳者, 三年而不倦. 且夫有報人之志, 而不能下人者, 是匹夫之剛也. 夫老人者, 以爲子房才有餘, 而憂其度量之不足. 故深折其少年剛銳之氣, 使之忍小忿而就大謀. 何則? 非有生平之素, 卒然相遇於草野之間, 而命以仆妾之役, 油然而不怪者, 此固秦皇之所不能驚, 而項籍之所不能怒也.

觀夫高祖之所以勝, 而項籍之所以敗者, 在能忍與不能忍之間而已矣. 項籍唯不能忍, 是以百戰百勝而輕用其鋒. 高祖忍之, 養其全鋒而待其弊, 此子房教之也. 當淮陰破齊而欲自王, 高祖發怒, 見於詞色. 由此觀之, 猶有剛强不忍之氣, 非子房其誰全之?

太史公疑子房以爲魁梧奇偉, 而其狀貌乃如婦人女子, 不稱其志氣. 嗚呼! 此其所以爲子房歟!

장량 연보

BC 260~BC 250년 전후(한韓 환혜왕桓惠王 13년~23년 전후)

- 전국시대 한韓나라 귀족 가문에서 출생. 자字는 자방子房. 조부 장개지張開地는 소후昭侯, 선혜왕宣惠王, 양애왕襄哀王 3세 동안 상국相國 역임, 부친 장평張平은 희왕僖王, 환혜왕桓惠王 2세 동안 상국 역임, 장량의 집안에서 총 5세 동안 한나라 상국을 지내다.

BC 250(환혜왕 23년)

- 장량의 부친 장평張平 사망. 장량은 어려서 가업을 잇지 못하다.

BC 230(한왕韓王 안安 9년)

- 한나라가 진秦나라에게 멸망하여 장량의 가문도 몰락하다. 당시 장량의 집에는 노복 300명이 있었고, 이 무렵 동생이 죽었다. 장량은 동생의 장례도 치르지 않은 채 집안의 노복을 풀어주고 재산을 모두 털어 한나라 복수를 위한 진왕秦王 암살 계획에 착수하다.

BC 230~BC 218(한왕 안 9년~진시황秦始皇 29년)

- 장량이 회양淮陽으로 가서 예禮를 배우고, 동방 예穢 땅으로 가서 창해군倉海君과 교유하며 역사力
  士를 만남. 진시황을 저격하기 위해 무게가 120근에 달하는 철추鐵椎를 만들다.

BC 218(진시황 29년)

- 장량이 박랑사博浪沙에서 역사를 시켜 철추로 진시황의 수레를 저격하게 했으나 실패하여 도
  주하다. 진시황이 분노하여 전국에 대수색령을 내리다.

BC 217(진시황 30년)

- 장량이 수색령을 피해 하비下邳로 달아나 숨다.

BC 216(진시황 31년)

- 장량이 하비 이교圯橋에서 황석노인黃石老人을 만나 『태공병법』太公兵法을 전수받다. 이후 7년간
  『태공병법』을 중심으로 유가, 도가, 병가 등 서적을 공부하여 경전, 예법, 군사, 책략, 유세 등
  부문의 고수가 되다.
- 장량이 하비에서 협객 생활을 하며 사람들을 도왔고, 이 때 살인을 저지른 후 하비로 도피해
  온 항백項伯(항우의 숙부)을 숨겨주다. 이 인연으로 장량은 이후 평생토록 항백의 도움을 받
  다.

BC 209(진이세秦二世 원년)

- 진승陳勝과 오광吳廣이 대택향에서 진秦나라에 항거하여 거병하자 전국에서 반진反秦 무장봉기
  가 일어나다. 유방은 풍택豊澤에서, 항량과 항우는 회계會稽에서 반진 군사를 일으키다.
- 장량도 하비에서 반진 깃발을 들고 젊은 장정 100여 명을 모으다. 당시 유현留縣에는 경구景駒
  가 초나라 가왕假王으로 자립하여 세력을 모으고 있었는데, 장량은 경구에게 의탁하러 가다
  가 도중에 유방劉邦과 만나다.

제왕의 스승 장량

BC 208(진이세 2년)

- 항량項梁과 항우項羽가 강력한 세력을 형성한 후, 설성薛城에서 전국 제후들을 모아 회의를 개최하자 장량과 유방도 이 회의에 참가하다. 당시 항량은 반진 세력의 구심점으로 삼기 위해 전국시대 초楚나라 왕실의 후예를 초 회왕懷王으로 옹립하다. 이를 기회로 장량은 항량에게 멸망한 한韓나라 공자 횡양군橫陽君 한성韓成을 한왕韓王으로 세우자고 건의하여 동의를 얻다. 또 항량은 장량을 한왕의 사도司徒로 임명함. 이에 장량은 자신의 소원을 이뤄 한나라 건설과 부흥에 매진하다.
- 항량이 장함章邯에게 패배하여 피살되다.
- 초 회왕이 유방과 항우에게 진나라 공격을 명령하다. 이 때 진나라 도성 함양咸陽에 먼저 입성하는 사람을 관중關中 왕으로 삼기로 약속하다.
- 진이세가 조고趙高의 모함을 듣고 이사李斯를 죽인 후 조고를 승상에 임명하다.

BC 207(진이세 3년)

- 장량은 유방이 영천潁川을 공격할 때 다시 만나 함께 진나라 정벌에 나서다.
- 장량의 계책으로 유방은 완성宛城, 무관武關, 요관嶢關을 함락하고 관중으로 가장 먼저 입성하여 패상灞上에 주둔하다. 유방이 관중 백성을 보호하며 약법삼장約法三章을 시행하다.
- 항우가 거록鉅鹿에서 장함의 군대를 격파하다. 장함이 20만 대군을 이끌고 항복하다.
- 조고가 진이세를 시해하고 자영子嬰을 왕위에 올리다. 자영이 조고를 죽이다.

BC 206(한漢 고제高帝 원년)

- 진왕 자영子嬰이 유방에게 항복하여 진나라가 3세 만에 멸망하다.
- 항우가 40만 대군을 이끌고 함양으로 입성하여 진왕 자영을 죽이고 함양을 폐허로 만들다.
- 장량이 적절한 계책을 써서 홍문연鴻門宴에서 위기에 빠진 유방을 구출하다.
- 항우가 유방을 기습하려 하자 항백이 장량의 은혜에 보답하기 위해 정보를 장량에게 알려줘

서 위기를 벗어나다.

- 항우가 스스로 서초패왕西楚覇王이 되어 제후를 분봉하면서 유방을 한중漢中으로 좌천시키다.

- 장량이 유방을 보좌하여 한중으로 가던 도중 잔도를 불사르다. 유방이 한중에서 한漢나라 터전을 닦고 한왕漢王으로 불리기 시작하다.

- 장량이 팽성으로 가서 한왕 성을 만났으나 항우가 한왕 성을 죽이자 다시 유방에게 귀의하다.

- 장량과 소하蕭何가 한신韓信을 유방에게 추천하자, 유방이 그를 대장군에 임명하다.

- 한신이 잔도를 수리하는 체하다가 몰래 진창도陳倉道로 나와 삼진三秦을 격파하다.

BC 205(고제 2년)

- 항우가 회왕을 시해하자 유방은 자신의 군사들로 하여금 소복을 입고 회왕을 애도하게 하여 천하의 민심을 얻다.

- 항우가 제나라 정벌에 나선 틈에 유방이 팽성을 기습하여 점령하다. 항우가 정예병 3만 명으로 팽성을 습격하여 유방의 연합군 56만 명을 격파하다.

- 유방은 천신만고 끝에 탈출했으나 그의 부친 태공太公, 그의 부인 여치呂雉가 항우에게 사로잡혀 인질이 되다.

- 장량이 하읍下邑에서 유방에게 영포英布, 팽월彭越, 한신韓信과 연합군을 구성하여 항우에 대항해야 이길 수 있다고 계책을 올리다.下邑奇謀

BC 204(고제 3년)

- 장량은 유방이 역이기酈食其의 말을 듣고 육국六國 후예를 분봉하려 하자 여덟 가지 불가不可한 이유를 들어 저지하다.

- 진평陳平이 반간계를 써서 항우와 범증范增을 이간시키다. 범증은 추방되어 팽성으로 돌아가던 중 사망하다.

제왕의 스승 장량

- 형양滎陽에서 기신紀信이 유방의 옷을 입고 대신 항복하는 사이에 유방은 포위망을 뚫고 탈출하다.
- 유방과 하후영이 한신의 군영을 불시에 방문하여 한신과 장이의 인수를 박탈하다.

BC 203(고제 4년)

- 유방이 광무廣武에서 항우와 대치하다가 화살을 맞고 부상당하다. 장량은 유방으로 하여금 부상을 숨기고 군영을 한 바퀴 돌게 하여 군사들을 안심시키다.
- 제나라를 함락한 한신이 유방에게 임시 제나라 왕에 봉해달라고 요청하자 유방이 화를 내며 거절하려고 했는데 장량이 유방의 발을 밟으며 한신의 요구를 받아들이게 하다.
- 괴철蒯徹이 한신에게 천하삼분지계天下三分之計를 올렸으나 거절당하다.
- 항우가 전쟁 중지를 위한 홍구강화鴻溝講話를 받아들이고 태공과 여후를 석방하다.

BC 202(고제 5년)

- 장량은 홍구강화에 따라 관중으로 돌아가려던 유방을 만류하고 항우를 공격하게 하다.
- 장량이 해하垓下에서 사면초가四面楚歌 계책으로 초나라 군사들을 흩어지게 하다.
- 항우가 유방, 한신, 팽월, 영포의 연합군에 패배하여 오강烏江에서 자결하다.
- 유방이 황제에 즉위하다.
- 유방이 낙양 남궁南宮에서 잔치를 열고 소하, 장량, 한신을 삼걸三傑로 꼽은 후 그중 장량을 찬양하여 "장막 안에서 계책을 마련하고 천 리 밖에서 승리를 결정짓는 면은 내가 자방보다 못하다."라고 하다.

BC 201(고제 6년)

- 장량이 제나라 3만 호 봉읍을 사양하고 유후留侯를 자청하다.
- 장량이 유방에게 옹치雍齒를 십방후什方侯에 봉하게 하여 공신들의 불신을 잠재우다.

- 장량이 누경婁敬의 의견에 찬성하며 도읍을 낙양에서 관중으로 옮기게 하다.

- 장량이 병을 핑계로 점차 조정에 나오지 않고 신선술을 익히며 은거 생활을 하다.

BC 200(고제 7년)

- 황제 유방이 백등白登에서 흉노에 포위되었다가 진평의 가짜 미인계로 풀려나다.

BC 197(고제 10년)

- 황제 유방이 태자 유영劉盈을 폐하고 척희戚姬의 아들 여의如意를 세우려 하자, 주창周昌 등 문무 대신들이 반대하다.

- 장량이 태자 유영을 보필하게 하려고 상산사호商山四皓를 모시고 오게 하다.

BC 196(고제 11년)

- 한신이 반란 혐의로 체포되어 참수되다.

- 팽월이 반란 혐의로 체포되어 참수되다.

- 영포가 반란을 일으키다.

BC 195(고제 12년)

- 영포가 패배하여 참수되다.

- 황제 유방이 상산사호가 태자 유영을 보필하는 것을 보고 태자 폐위를 단념하다.

- 황제 유방이 세상을 떠나다.

- 태자 유영이 보위에 오르다(혜제惠帝).

BC 194(혜제惠帝 원년)

- 여태후가 조왕趙王 여의와 척희를 살해하다.

- 승상 소하가 세상을 떠나다.

- 조참曹參이 후임 승상으로 임명되다.

BC 189(혜제 6년)

- 유후 장량이 세상을 떠나다. 조정에서는 장량의 시호를 문성후文成侯로 정하고, 그의 아들 불

  의不疑에게 유후 봉작을 세습하게 하다.

제왕의 스승

장 량

| **제1판 1쇄 발행** | 2021년 03월 25일 |
| **제1판 2쇄 발행** | 2021년 05월 10일 |

지은이	위리
옮긴이	김영문
펴낸이	김덕문

책임편집	손미정
디자인	블랙페퍼디자인
마케팅	이종률
제작	백상종

펴낸곳	더봄
등록번호	제399-2016-000012호(2015.04.20)
	서울시 노원구 화랑로51길 78, 507동 1208호
대표전화	02-975-8007 ‖ 팩스 02-975-8006
전자우편	thebom21@naver.com
블로그	blog.naver.com/thebom21

한국어 출판권 ⓒ 더봄, 2021

ISBN 979-11-88522-85-9 03910